高级财务会计

主　编

张远录　张建芳

副主编

高玉梅　姚　嘉　李思锦

参　编

张　昕　吴　霞　张亚芳

张慧敏　王玲玉　赵妍冰

Advanced Financial Accounting

内容简介

本教材是应用型本科会计和财务管理专业系列教材之一。本书共12章,主要是针对一般企业涉及的特殊交易或事项的会计处理,内容包括绪论、租赁会计、非货币性资产交换会计、借款费用、所得税会计、政府补助会计、或有事项会计、外币折算会计、债务重组会计、企业合并会计、合并财务报表和破产清算会计。

本书除第一章外,其余各章按照知识准备、知识运用、知识应用的逻辑结构安排内容,把理论教学、实务教学和实践教学有机地结合在一起,既符合学生的认知规律,又充分体现"理论够用,重在应用"的应用型本科教学要求。本教材为应用型财会专业本科教材,也可作为中高级财会人员培训使用。

图书在版编目(CIP)数据

高级财务会计/ 张远录,张建芳主编. —上海:上海交通大学出版社,2022.8

ISBN 978-7-313-26915-7

Ⅰ.①高… Ⅱ.①张… ②张… Ⅲ.①财务会计 Ⅳ.①F234.4

中国版本图书馆CIP数据核字(2022)第131103号

高级财务会计

GAOJI CAIWU KUAIJI

主　　编:张远录　张建芳

出版发行:上海交通大学出版社　　地　　址:上海市番禺路951号

邮政编码:200030　　电　　话:021-64071208

印　　制:苏州市古得堡数码印刷有限公司　　经　　销:全国新华书店

开　　本:787 mm×1092 mm　1/16　　印　　张:18

字　　数:351千字

版　　次:2022年8月第1版　　印　　次:2022年8月第1次印刷

书　　号:ISBN 978-7-313-26915-7

定　　价:58.00元

前　言

FOREWORD

根据“理论够用，重在应用”的应用型本科教学要求，结合当前应用型财会本科教材现状，本着实用、好用的精神编写本教材。本教材的主要特点包括：

1. 对标应用型本科教学理念

按照“校企合作、产教融合”的应用型本科教育理念，教材以理论够用为度，突出“应用”，重在培养学生的实际业务能力。除第一章绪论外，其他各章均以基本知识、实务和实训三部分构成，其中实务和实训均以企业实例、案例作为教学的素材，紧贴企业财会业务实际。

2. 体现学用结合

教材以培养学生应用能力为主线，在内容结构上做了精心安排，按照知识准备、知识转化、知识运用的逻辑，把理论教学、实务教学与实践教学三环节有机结合起来，顺应了应用型人才从认知、理解到实践的培养路径要求。

3. 体例新颖

高级财务会计内容超前、难度较大，因此，在内容的呈现、结构的安排上需要结合应用型本科教学的特点进行组织。在本教教中，对于基本知识，大量采用了一览表的形式，将相关概念、业务分类、业务确认与计量、业务与账务处理方法等以呈现给读者，一目了然，便于读取；对于实务知识，将实务产生的原因、背景、过程和内容，以及会计处理步骤、具体环节等完整系统地展现出来，让读者有置身其境的感觉；对于课程实训，从实训目标、要求、方式、任务以及考核等有系统的指导，可操作性强。另外，各章节均安排了配套练习，便于边学边练，复习巩固所学知识。

4. 配套教学资源丰富

本教材配套有电子课件、案例库、习题库、模拟试题和参考答案等教学资源，方便课程教学。另外，根据所涉及的相关法律法规、会计准则、典型案例等内容，以二维码资源的形式在书中展示，读者可以扫码获取资源。

本教材由张远录、张建芳担任主编，负责全书的结构设计、草拟编写提纲、组织编写等工作。全书共12章，其中第一、四、十、十一章由张远录编写；第二章由张建芳编写；第三、九章由姚嘉编写；第五章由高玉梅编写；第六、八章由张昕编写；第七章由李思锦编写；第十二章由吴霞编写；张亚芳老师参与了资料收集、整理和校对；张慧敏、王玲玉、赵妍冰负责教学课件制作。教材最后由张远录总纂定稿。

在教材编写过程中得到了南通市崇川区审计局审计专员、高级审计师蒋勇先生的帮助和指导，特此致谢！

由于编者水平有限，且为首次编写应用型本科教材，如有不当之处，敬请读者批评指正。

编　者

2022年5月

目录
CONTENTS

第一章 绪 论

【结构框架】

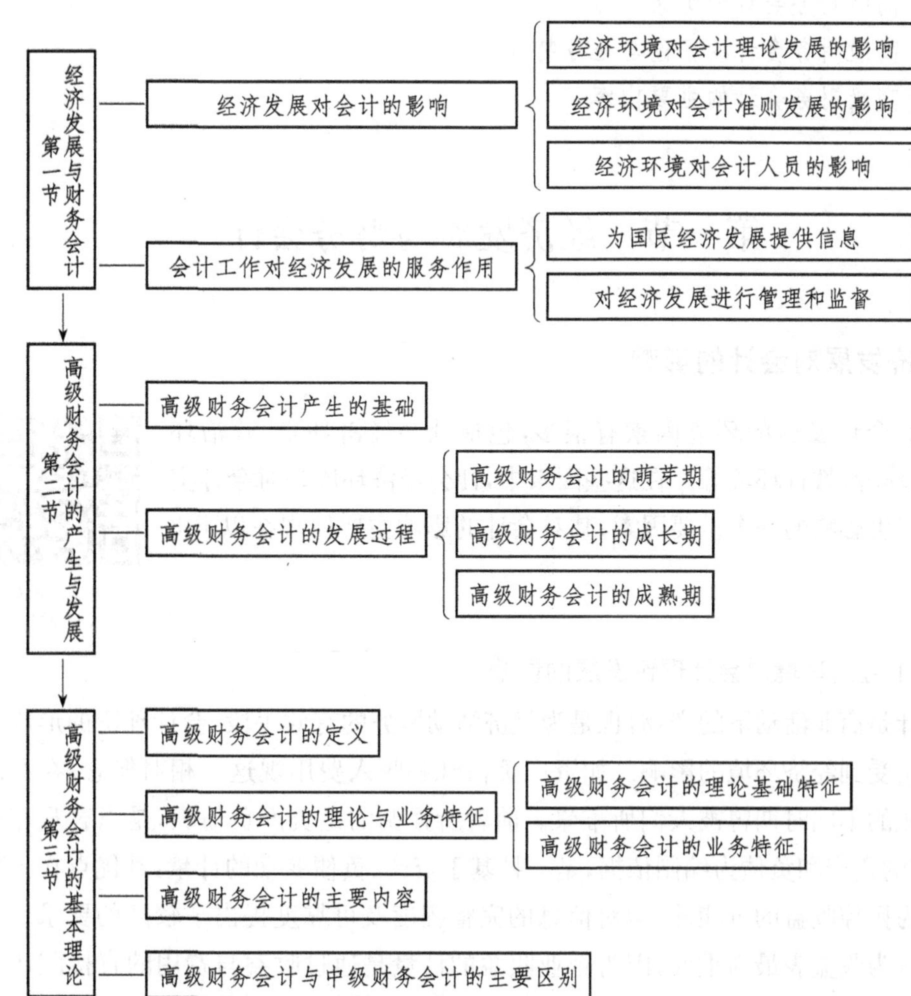

【主要知识点】

(1) 介绍高级财务会计的产生基础。

(2) 介绍高级财务会计的发展过程。

(3) 介绍高级财务会计的含义和特征。

【学习目标】

(1) 了解经济发展与财务会计的关系。

(2) 了解高级财务会计的发展过程。

(3) 理解高级财务会计的定义。

(4) 理解并掌握高级财务会计的理论与业务特征。

(5) 熟悉高级财务会计的内容。

【重点难点】

(1) 高级财务会计的定义。

(2) 高级财务会计的理论与业务特征。

(3) 高级财务会计的主要内容。

第一节 经济发展与财务会计

一、经济发展对会计的影响

影响会计发展的环境因素有很多,包括社会经济环境、政治环境、文化环境、教育环境等。在这些因素中,社会经济环境是对会计实践活动产生影响的一个重要因素,其对会计的影响主要体现在以下 3 个方面。

资产负债观和收入费用观

(一) 经济环境对会计理论发展的影响

会计是商业活动下的产物,也是为经济活动服务的有效手段,会计理论的形成和发展直接受到经济环境的影响。如资产负债观和收入费用观这一相对概念,在经济环境变化的不同时期曾被人们所推崇。前者所强调的是资产负债表,是以客观存在的、真实的资产和负债为编制依据,是一种基于资产、负债变动的计量,其优点在于减少了人为操控收益的可能性,但对信息的完整程度及可靠度提出了较高的要求。而后者则认为收益表最为重要,因为企业收益的计量是通过收益与费用的直接配比来完成的,更能反映企业的现实经营状况。但由于在计量过程中经过了包括应计、摊销、递延和分配等会计处理程序,使收益表的数据带有很强的主观性,从而导致会计信息质量远低于前者。

最早被作为收益计量基础的是资产负债观,直到 20 世纪 30 年代,由于西方国家遭受了严重的经济危机,让投资者们开始关心企业收益,以及企业的资本能否得到最有效的使用。此时，收益表成了最能衡量企业经营成功与否的重要依据，也就意味着收入费用观取代了资产负债观的地位。但是收入费用观存在着一个很大的问题，即在业务的会计处理中会将某些并不符合资产定义的项目记录到资产行列中，比如递延费用、开办费等。于是，人们通过反思意识到，只有以直接运用资产和负债的资产负债观为基础的资产负债表才能最真实的反映收益，所以从 20 世纪 80 年代开始，资产负债观又重返历史舞台。

(二) 经济环境对会计准则发展的影响

纵观全球各国的会计准则可以发现，不同的经济体制对会计准则会产生不同程度的影响，尤其是政府在本国经济发展中所扮演的角色最为关键。经济发展在一定程度上推动了会计准则的形成、发展和完善，经济越是发达，对会计的要求则越高，发展中国家和发达国家在会计准则上的差距，表明经济发展对会计准则的发展有着重大影响。

随着经济全球化的不断深入，会计准则也在不断地进行着更新和完善。从 20 世纪 70 年代末我国开始实行改革开放政策至今，我国所运用的会计准则发展大致经历了起步(1978—1992 年)、具体化(1992—2001 年)、国际化(2002—2005 年)和会计准则体系构建(2006 年以来)4 个阶段。目前，我国的会计准则体系由 1 项基本准则、42 项具体准则和相关应用指南构成，这标志着适应我国市场经济发展要求、与国际惯例趋同的企业会计准则体系已经建立。

(三) 经济环境对会计人员的影响

伴随着经济全球化进程和会计国际化进程的不断推进，对会计人员的业务能力、职业素质提出了更高的要求。蓬勃发展的经济贸易，逐渐完善的会计理论、准则等，要求会计人员在完全透彻了解本国会计内容的基础上，对国际会计要求也有一定的掌握和了解。能够运用会计专业外语直接获取和掌握国际会计信息，熟悉相关法律、计算机、外语、金融等领域的知识的会计人员将在会计领域如鱼得水。

总之，不断处理和协调好社会经济环境与会计的关系，既是会计研究的内容，也是会计发展的动力。

二、会计工作对经济发展的服务作用

马克思在《资本论》中指出“过程越是按社会的规模进行，越是失去纯粹个人的性质，作为对过程的控制和观念总结的簿记就越是必要。因此，簿记对资本主义生产比对手工业和农业的分散生产更为必要，对公有生产比对资本主义生产更为必要”。这里讲的“簿记”指的就是会计，过程指的是再生产过程。马克思的这段论述包括两层意思：一是搞经济离不开会计，经济越发展会计越重要；二是对再生产过程的控制和观念总结，是会计的基本职能。会计工作对经济发展的服务作用主要体现在以下两点。

（一）为国民经济发展提供信息

国民经济的发展需要计算与计量，会计则采用专业方法，将各种物质量统一以价值量的形式予以科学的分类、汇总、计算，并采用公认的方式为使用者提供报告。国民经济的发展总量、资源的消耗量、利用率以及其他各项经济指标的计算，都离不开会计人员的辛勤工作。

（二）对经济发展进行管理和监督

会计是以货币为主要计量单位，以凭证为主要依据，借助于专门的技术方法，对会计主体的资金运动进行全面、综合、连续、系统的核算与监督，并向有关方面提供会计信息、参与经营管理的活动。会计旨在提高经济效益，是一种经济管理活动。也就是会计除了会计核算、监督两个基本职能之外，还有分析经济情况、预测经济前景、参与经济决策、对经济活动进行控制等职能，这是管理对会计要求提高的必然趋势。随着大数据、智能化时代的到来，会计对经济发展进行管理和监督的作用将会越来越明显。

随着我国社会主义市场经济的快速发展和新技术、新业态的不断产生，人们对会计的要求会越来越高，会计在社会经济生活中的作用不仅越来越重要，而且对社会经济发展的反映变得日益敏感和迅速。在市场经济体制不断完善、科学技术不断进步、社会经济快速发展的特定经济环境下，会计不仅要服务于社会宏观调控，促进经济发展，而且要能够运用现代信息处理手段对会计主体产生的一般经济业务、特殊经济业务和特殊事项及特殊会计主体的经营活动进行迅速地会计处理，并及时准确地为会计主体及其利益相关者提供决策有用的信息。这是当前对会计在宗旨、任务和目标上提出的基本要求。

第二节　高级财务会计的产生与发展

一、高级财务会计产生的基础

高级财务会计的产生，是在客观经济环境发生变化引起会计假设松动后，人们对背离会计假设的特殊会计事项进行理论和方法研究的结果。客观经济环境的变化造成会计假设的松动是高级财务会计产生的基础。也可以说，划分中级财务会计与高级财务会计最基本的标准在于它们所涉及的经济业务是否在四项假设的限定范围之内。属于四项假设限定范围内的会计事项属于中级财务会计的研究范围;而背离四项假设的会计事项则归于高级财务会计的研究范围。基于这一考虑,将企业合并、企业破产、持有待售、债务重组、非货币性资产交换、外币折算等内容归于高级财务会计。比如,企业合并和企业集团的建立突破了原来的会计主体观念,需要编制合并财务报表。又比如,在跨国经营活动中,由于汇率变动,使得流动项目和非流动项目、货币项目和非货币项目所受汇率的影响是不同的,需要进行外币折算等。

二、高级财务会计的发展过程

我们知道,会计的发展经历了3个阶段:古代会计、近代会计和现代会计。高级财务会计是现代会计中财务会计的分支,是针对背离会计假设的特殊会计事项或不经常发生的事项进行理论和方法研究的会计,是会计学专业的主干课程之一。高级财务会计的发展大致经历了萌芽、成长、成熟3个阶段。

(一)高级财务会计的萌芽期

现代会计从一产生就孕育了高级财务会计的胚芽。西方工业革命和产业革命的成功,有力地推动了社会生产力的发展,企业自由竞争进一步走向垄断,市场竞争更加激烈,企业兼并合并及其母子公司的产生成为必然。合并报表的编制、经济实体概念的提出、合并中商誉的处理、通货膨胀对财务信息的影响等都是财务会计面临的新情况、新问题。美国早期会计学家亨利·W.斯威尼在1936年出版了《通货膨胀会计》一书,提出了对通货膨胀的会计处理方法,被会计界誉为物价变动会计的首创模式,标志着高级财务会计进入了萌芽期。

(二)高级财务会计的成长期

第二次世界大战后,特别是从20世纪60年代开始,世界经济出现了迅速发展的局面,科技的突破,计算机、激光、宇航、核能、海洋开发、合成材料等新兴产业的出现,必然要求拥有巨额资金的企业来实现并在一定范围内进行垄断,因而形成了第三次企业兼并合并浪潮。在这一浪潮中产生了大量控股公司,并进而发展成集团公司,使财务会计的目标更主要地转向外部报告。这一期间,美国会计程序委员会(CAP)、美国注册会计师协会(AICAP)和美国会计原则委员会(APB)先后提出了融资租赁会计处理方法的若干意见、合并报表编制的若干指导意见、物价变动对财务信息影响的会计处理指导等规范性文件,此为高级财务会计的成长期。

(三)高级财务会计的成熟期

进入20世纪70年代,国际贸易、国际投资、跨国经营迅速发展,大量在60年代企业兼并合并基础上形成的更加庞大的跨国集团公司纷纷出现，不仅进一步推行商品资本和货币资本的国际化，而且大规模实行生产资本的国际化，从而促使国际间贸易和投资不断扩大，突破了企业经济活动以国内为主的特征。跨国集团公司纷纷出现，使会计货币计量单位多元化，产生了大量的外币业务和汇兑业务；由于汇率的变动，需要对合并报表中相关项目所反映的金额进行折算，因而外币业务会计就产生了；期货交易市场的健全，建立和完善的期货会计处理方法，便形成了期货会计；由于税率的不同，国际间相互投资、母子公司内部价格转移等存在税收差异，需要对此进行规范处理，所得税会计应运而生。

20 世纪 80 年代以来，随着会计业务环境的不断变化，新的会计业务不断出现，高级财务会计的基本内容、会计处理指导思想和方法都已经基本形成，并得到会计职业界的广泛认可和接受，成为一种会计惯例，这标志着高级财务会计走向成熟。

第三节　高级财务会计的基本理论

一、高级财务会计的定义

高级财务会计是指在传统财务会计理论和方法的基础上，对因经济环境变化而产生的各种背离和突破会计假设核心理论的特殊会计事项，以及某些复杂、疑难、非常规的经济业务和新的会计问题，以新的会计理论和方法进行核算与监督的一种专业会计。高级财务会计是相对中级财务会计而言的，从内容上看主要讲述中级财务会计所没有涉及的内容，与中级财务会计互为补充、相得益彰，共同构成现代财务会计的完整体系。

二、高级财务会计的理论与业务特征

从高级财务的含义中可以看到，高级财务会计是解决背离和突破会计假设核心理论的特殊会计事项，以及某些复杂、疑难、非常规的经济业务和新的会计问题的，具有鲜明的个性特征，主要体现在以下两方面。

（一）高级财务会计的理论基础特征

高级财务会计相对于中级财务会计而言，其理论基础发生了变化，特别是在 4 个基本假设上产生了背离或突破，进而在会计处理的范围和内容上有着明显的区别。

1. 会计主体假设的突破

会计主体从单一性向复合性、分化性、多维性、虚拟性等方向转化，生成了合并会

计报表、分支机构会计等。现代市场经济的发展，使得会计主体之间的界限已处于一种模糊状态，越来越多的跨国公司、企业集团本身就是一个会计主体，同时它们又下设许多子公司、分支机构等，也分化成更多的会计主体。

2. 持续经营假设的背离

会计主体的持续经营向非持续经营延伸，产生了破产清算会计等。在变幻莫测的市场经济中，很多不确定性因素随时都可能导致企业解散、重组或破产清算，这些情况的出现显然都是对持续经营假设的否定。

3. 会计分期假设的背离

会计分期从以会计年度为核心的等距期间向非常规的、非等距的期间或特定时点拓展，形成了衍生金融工具会计、企业合并会计等。随着社会经济环境的变化，衍生金融工具、企业合并、期货等业务的出现已对会计年度财务报告制度提出了挑战，定期决算与报告所依据的会计期间必须要重新划分，中期报告与实时披露已经被很多企业所采用，并且随着大数据、云计算和智能化等信息手段的运用将越来越普遍。

4. 货币计量与币值不变假设的演变

经济全球化，贸易自由化，让货币计量与币值不变假设逐渐演变为记账本位币假设和不变购买力货币单位假设，出现了外币交易会计、物价变动会计等。外币交易的出现与物价变动的影响，使得货币计量单位已不再统一，货币价值也已不再稳定，对原有会计假设造成了严重的冲击。

(二) 高级财务会计的业务特征

由于高级财务会计是解决背离和突破会计假设核心理论的特殊会计事项，以及某些复杂、疑难、非常规的经济业务和新的会计问题的，概括起来主要有以下 3 个基本特征。

1. 高级财务会计是特殊业务会计

所谓特殊业务，是指一般企业所没有的或很少发生的经济业务。这些业务与一般生产经营活动中的业务有很大的区别，不具有普遍性。特殊业务主要包括：租赁、非货币性资产交换、外币交易、外币报表折算、衍生金融工具、资产评估、合并会计报表等。

2. 高级财务会计是特殊行业会计

所谓特殊行业，是指区别于制造业、商品流通业经营的具有自身特色的行业。特殊行业会计主要包括：租赁会计、证券会计、期货会计等。特殊行业会计不同于一般的工商业会计，它所处理的业务比较复杂，需要具备该行业的专业知识才能理解和正确处理其会计业务。

3. 高级财务会计是特殊时期会计

所谓特殊时期，是指突破持续经营假设和币值不变假设等前提条件的时期。特殊时期会计主要包括：企业重组或改组、企业合并、破产清算、物价变动等事项的会计处理。

特殊时期会计的显著特点是只在某个特定时间段才会出现，如破产清算期间的破产清算会计，企业合并期间的合并会计，物价变动期间的物价变动会计等。

三、高级财务会计的主要内容

根据高级财务会计的含义及其特征，高级财务会计的核算内容可以归纳为4类。一是各类企业均可能发生的特殊会计业务，主要包括外币交易会计、外币报表折算会计、租赁会计、分支机构会计、资产评估会计、衍生金融工具会计等。二是特殊经营行业的会计业务，主要包括证券会计、期货会计等。三是复合会计主体的特殊会计业务，主要包括企业合并会计、合并会计报表等。四是特殊时期的特殊会计业务，主要包括破产清算会计、物价变动会计等。

根据应用型本科财会专业人才培养目标及高级财务会计课程教学要求，本教材的内容主要包括租赁会计、非货币性资产交换会计、所得税会计、政府补助会计、或有事项会计、外币折算会计、债务重组会计、企业合并会计和破产清算会计；另外，考虑到借款费用处理和合并财务报表编制的复杂性，将借款费用和合并财务报表各作为一章编入教材。

四、高级财务会计与中级财务会计的主要区别

高级财务会计与中级财务会计的区别主要体现在所针对的业务性质上。中级财务会计是就一般经济业务进行会计处理，体现了业务的连续性、系统性、全面性和综合性。而高级财务会计针对的是那些背离或突破会计假设的特殊业务和复杂、疑难、非常规的经济业务，这些业务发生在特定时期、特定企业和特定空间，除特殊行业会计外，一般不具有连续性、系统性和综合性。

课后练习

一、单项选择题

1. 在下列环境中，(　　)是对会计实践活动产生影响的重要因素。

A. 社会经济环境　　B. 政治环境　　C. 文化环境　　D. 教育环境

2. 目前，我国会计准则准则体系中有(　　)项具体准则。

A. 38　　B. 39　　C. 42　　D. 43

3. 高级财务会计产生的基础是(　　)。

A. 客观经济环境的变化造成会计目标的变动

B. 客观经济环境的变化造成会计假设的松动

C. 社会政治环境的变化造成会计假设的松动

D. 客观经济环境的变化造成会计科目的变动

4. 企业合并和企业集团的建立突破了(　　)会计假设。

A. 会计主体　　B. 持续经营　　C. 会计分期　　D. 货币计量

5. 在跨国经营活动中汇率变动需要进行外币折算背离了(　　)会计假设。

A. 会计主体　　B. 持续经营　　C. 会计分期　　D. 货币计量

6. 破产清算会计背离了(　　)会计假设。

A. 会计主体　　B. 持续经营　　C. 会计分期　　D. 货币计量

7. 下列(　　)属于高级财务会计的成长期。

A. 20 世纪 30 至 40 年代　　B. 20 世纪 50 至 60 年代

C. 20 世纪 70 至 80 年代　　D. 20 世纪 80 至 90 年代

8. 下列(　　)属于高级财务会计的成熟期。

A. 20 世纪 30 至 40 年代　　B. 20 世纪 50 至 60 年代

C. 20 世纪 70 至 80 年代　　D. 20 世纪 80 至 90 年代

二、多项选择题

1. 高级财务会计的核算内容包括(　　)。

A. 各类企业均可能发生的特殊会计业务　B. 特殊经营行业的特殊会计业务

C. 复合会计主体的特殊会计业务　　D. 特殊经济时期的特殊会计业务

2. 我国的会计准则体系由(　　)三部分构成。

A. 基本准则　　B. 具体准则　　C. 应用指南　　D. 基本规范

3. 高级财务会计的发展大致经历了(　　)三个阶段。

A. 萌芽　　B. 成长　　C. 成熟　　D. 初创

4. 高级财务会计的业务由(　　)三部分构成。

A. 特殊会计业务　　B. 特殊行业会计业务

C. 特殊时期会计业务　　D. 投融资业务

5. 以下(　　)企业组织形式突破了会计主体假设。

A. 合伙企业　　B. 跨国公司　　C. 集团公司　　D. 独资企业

6. 以下(　　)事项背离了持续经营假设。

A. 企业解散　　B. 企业重组

C. 企业破产清算　　D. 企业对外投资

7. 以下(　　)业务或事项的披露背离了会计分期假设。

A. 企业合并　　B. 期货业务　　C. 衍生金融工具　　D. 长期借款

8. 以下(　　　)使货币计量与币值稳定假设发生了演变。

A. 外币交易会计　B. 期货会计　C. 物价变动会计　D. 证券会计

三、判断题

1. 教育环境的变动是高级财务会计产生的根本原因。(　　)

2. 发展中国家和发达国家在会计准则上没有差别。(　　)

3. 马克思在《资本论》中所讲的"簿记"就是现在企业的账簿。(　　)

4. 为国民经济发展提供信息离不开一线会计人员的辛勤工作。(　　)

5. 客观经济环境发生变化引起会计假设松动是高级财务会计产生的基础。(　　)

6. 高级财务会计与中级财务会计是不同层次的会计。(　　)

7. 高级财务会计和中级财务会计一样,都是对经济业务进行连续、系统、全面和综合的核算和监督。(　　)

四、简答题

1. 为什么说不断处理和协调好社会经济环境与会计的关系,既是会计研究的内容,也是会计发展的动力?

2. 为什么说随着大数据、云计算、智能化时代的到来,会计对经济发展进行管理和监督作用将会越来越明显?

第二章 租赁会计

【结构框架】

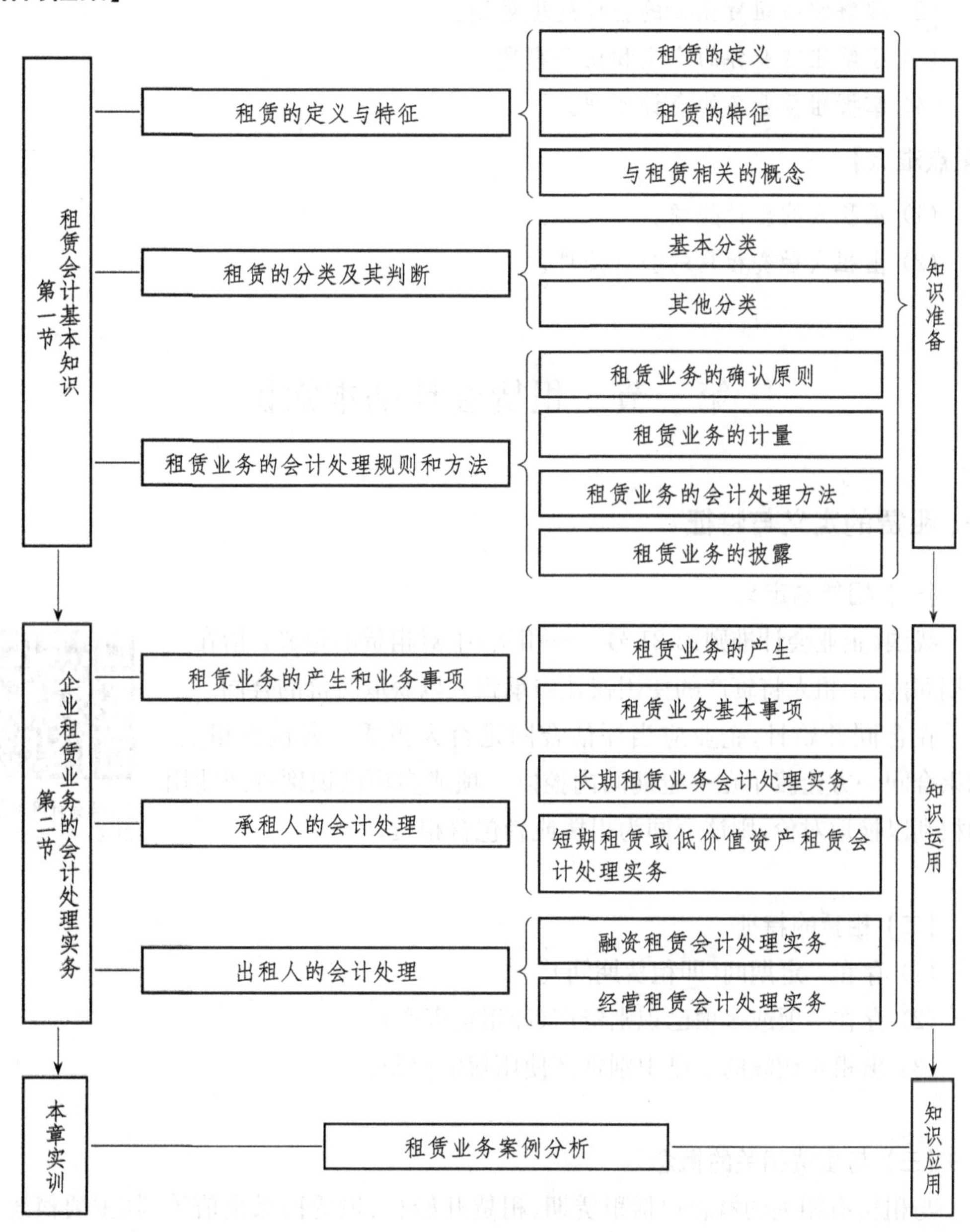

【主要知识点】

(1) 租赁的定义、特征和分类。

(2) 租赁业务的会计处理规则。

(3) 租赁业务的会计处理方法。

(4) 租赁业务的会计处理实务。

【学习目标】

(1) 了解掌握租赁的定义、特征和分类。

(2) 理解掌握租赁业务的会计处理规则。

(3) 了解租赁业务的产生和业务事项。

(4) 掌握租赁业务的会计处理。

【重点难点】

(1) 承租人的会计处理。

(2) 出租人融资租赁的会计处理。

第一节　租赁会计基本知识

一、租赁的定义与特征

(一) 租赁的定义

我国《企业会计准则第21号——租赁》中对租赁的定义：指在一定期间内，出租人将资产的使用权让与承租人以获取对价的合同。

《企业会计准则第21号——租赁》

在合同开始日，企业应当评估合同是否为租赁或者包含租赁。如果合同一方让渡了在一定期间内控制一项或多项已识别资产使用的权利以换取对价，则该合同为租赁或者包含租赁。

(二) 租赁的特征

(1) 存在一定期间(即租赁期间)。

(2) 存在一项或多项已识别资产(即租赁资产)。

(3) 出租人让渡的是已识别资产使用权的控制。

(三) 与租赁相关的概念

与租赁有相关的概念包括租赁期、租赁开始日、租赁担保余值等，其主要概念及其含义如表 2-1 所示。

表 2-1 与租赁相关的概念一览表

相关概念	基 本 含 义
租赁期	租赁期是指承租人有权使用租赁资产且不可撤销的期间
租赁开始日	租赁开始日是指租赁协议日与租赁各方就主要租赁条款做出承诺日中的较早者
租赁期开始日	租赁期开始日是指承租人有权行使其使用租赁资产权利的日期,表明租赁行为的开始
初始直接费用	初始直接费用是指为达成租赁所发生的增量成本。如租赁协议签订中发生的律师费用、手续费等
履约成本	履约成本是指承租人在租赁期内为租赁资产支付的各种使用费用
资产余值	资产余值是指在租赁期开始日估计的租赁期届满时租赁资产的公允价值
担保余值	担保余值是指与出租人无关的一方向出租人提供担保,保证在租赁结束时租赁资产的价值至少为某指定的金额。就承租人而言,是指由承租人或与其有关的第三方担保的资产余值;就出租人而言,是指就承租人而言的担保余值加上与承租人和出租人均无关、但在财务上有能力担保的第三方担保的资产余值
未担保余值	未担保余值是指租赁资产余值中,出租人无法保证能够实现或仅由与出租人有关的一方予以担保的部分(租赁资产余值中扣除就出租人而言的担保余值以后的资产余值)

二、租赁的分类及其判断

(一) 基本分类

根据与租赁资产所有权有关的风险和报酬是否归属于承租人,租赁业务分为融资租赁和经营租赁,其基本分类及其判断标准如表 2-2 所示。

表 2-2 基本分类及判断标准

基本分类	定 义	判 断 标 准
融资租赁	融资租赁,也称资本租赁,是指出租人将与租赁资产所有权相关的全部风险和报酬在实质上都转移给了承租人的租赁	满足以下标准之一的,应认定为融资租赁 (1) 在租赁期届满时,租赁资产的所有权转移给承租人 (2) 承租人有购买租赁资产的选择权,并且所订立的购买价款预计远低于行使选择权时租赁资产的公允价值,因而在租赁开始日就可合理确定承租人将行使这种选择权 (3) 租赁期占租赁资产使用寿命的大部分;这里的"大部分"一般是指租赁期占租赁开始日租赁资产可使用寿命的 75%以上(含 75%)

续 表

基本分类	定 义	判 断 标 准
融资租赁	融资租赁，也称资本租赁，是指出租人将与租赁资产所有权相关的全部风险和报酬在实质上都转移给了承租人的租赁	(4) 在租赁开始日，租赁收款额的现值几乎相当于租赁资产的公允价值。这里的“几乎相当于”，一般应在 90%以上(含 90%) (5) 租赁资产性质特殊，如果不作较大改造，只有承租人才能使用 (6) 一项租赁存在下列一项或多项迹象的，也可分类为融资租赁：① 若承租人撤销租赁，撤销租赁对出租人造成的损失由承租人承担；② 资产余值的公允价值波动所产生的利得或损失归属于承租人；③ 承租人有能力以远低于市场水平的租金继续租赁至下一期间
经营租赁	经营租赁，也称一般租赁，是指出租人将与租赁资产所有权相关的全部风险和报酬在实质上并未转移给承租人的租赁	不满足融资租赁判断标准的租赁应认定为经营租赁

(二) 其他分类

按租赁资产的投资来源分，租赁业务可分为直接租赁、杠杆租赁、售后租回和转租赁。

(1) 直接租赁是指由出租人承担购买租赁资产所需全部资金的租赁业务。购买租赁资产的这部分资金可以是出租人的自有资金，也可以是其借入的资金。

(2) 杠杆租赁是出租人的租赁资产主要依靠第三方提供资金购买或制造，再将资产出租的租赁业务。通常，出租人自筹所需资金的一部分(20%～40%)。由于在这项租赁业务中出租人利用了财务杠杆原理，以较少投资经营较大金额项目，故称杠杆租赁。

(3) 售后租回又称返回租赁，是指企业(买主兼出租人)将其拥有的自制或外购资产售出后再租赁回来的租赁业务。企业出售资产的目的是利用购买者的自有资金，而购买者出租购入资产则是其选择的投资方式。

(4) 转租赁是指从事租赁的单位一方面租入其他企业的资产成为承租人，另一方面又将租入的资产再转租给他人而成为出租人的租赁业务。

按租赁资产的对象分，租赁业务可以分为不动产租赁和动产租赁两种。

三、租赁业务的会计处理规则和方法

租赁业务的会计处理规则包括会计确认原则和计量要求；租赁业务的会计处理

方法包括会计科目设置与主要账务处理。考虑到本教材的适用对象,本章只就一般租赁业务的会计处理规则和方法进行阐述,对租赁变更、售后租回等特殊租赁事项的会计处理规则和方法未做阐述。

(一) 租赁业务的确认原则

1. 承租业务

在租赁期开始日,承租人应当对租赁确认使用权资产和租赁负债,应用短期租赁和低价值资产租赁简化处理的除外。为了便于区分,本教材将承租业务分为长期租赁、短期租赁和低价值资产租赁,不再区分经营租赁和融资租赁。

(1) 对于长期租赁均确认使用权资产和租赁负债,参照固定资产准则对使用权资产计提折旧,采用固定的周期性利率确认每期利息费用。

(2) 对于短期租赁和低价值租赁采用简化会计处理模式,不确认使用权资产和租赁负债。

2. 出租业务

出租人应当在租赁开始日将租赁业务分为融资租赁和经营租赁,并分别进行不同的会计处理。

(1) 在租赁期开始日,出租人应当对融资租赁确认应收融资租赁款,并终止确认融资租赁资产。

(2) 在租赁期内各个期间,出租人应采用直线法或者其他系统合理的方法将经营租赁的租赁收款额确认为租金收入。

(二) 租赁业务的计量

租赁业务的计量涉及租赁负债、使用权资产、短期租赁、低价值租赁、融资租赁和经营租赁的计量,其中租赁负债、使用权资产、融资租赁又分初始计量和后续计量。租赁业务的计量比较复杂,尤其是租赁负债的计量更为复杂,需要特别注意。明确其计量要求,并准确进行租赁业务发生额的计算是进行租赁业务会计处理的关键。

1. 租赁负债的初始计量

租赁负债应当按照租赁期开始日尚未支付的租赁付款额的现值进行初始计量。识别应纳入租赁负债的相关付款项目是计量租赁负债的关键。

1) 租赁付款额的计算

租赁付款额,是指承租人向出租人支付的与在租赁期内使用租赁资产的权利相关的款项。租赁付款额包括以下五项内容。

(1) 固定付款额及实质固定付款额。租赁业务中的实质固定付款额是指在形式上可能包含变量但实质上无法避免的付款额。

【例 2-1】甲公司是一家知名零售商,从乙公司处租入已成熟开发的零售场所开设一家商店。根据租赁合同,甲公司在正常工作时间内必须经营该商店,且甲公司不得将商店闲置或进行分租。合同中关于租赁付款额的条款为:如果甲公司开设的这家商店没有发生销售,则甲公司应付的年租金为100元;如果这家商店发生了任何销售,则甲公司应付的年租金为1 000 000元。

分析:本例中,该租赁包含每年1 000 000元的实质固定付款额。该金额不是取决于销售额的可变付款额。因为甲公司是一家知名零售商,根据租赁合同,甲公司应在正常工作时间内经营该商店,所以甲公司开设的这家商店不可能不发生销售。

租赁激励,是指出租人为达成租赁向承租人提供的优惠,包括出租人向承租人支付的与租赁有关的款项、出租人为承租人偿付或承担的成本等。存在租赁激励的,承租人在确定租赁付款额时,应扣除租赁激励相关金额。

(2) 取决于指数或比率的可变租赁付款额。可变租赁付款额,是指承租人为取得在租赁期内使用租赁资产的权利,而向出租人支付的因租赁期开始日后的事实或情况发生变化(而非时间推移)而变动的款项。可变租赁付款额可能与下列各项指标或情况挂钩。

一是由于市场比率或指数数值变动导致的价格变动。例如,基准利率或消费者价格指数变动可能导致租赁付款额调整。二是承租人源自租赁资产的绩效。例如,零售业不动产租赁可能会要求基于使用该不动产取得的销售收入的一定比例确定租赁付款额。三是,租赁资产的使用。例如,车辆租赁可能要求承租人在超过特定里程数时支付额外的租赁付款额。

(3) 购买选择权的行权价格,前提是承租人合理确定将行使该选择权。在租赁期开始日,承租人应评估是否合理确定将行使购买标的资产的选择权。在评估时,承租人应考虑对其行使或不行使购买选择权产生经济激励的所有相关事实和情况。如果承租人合理确定将行使购买标的资产的选择权,则租赁付款额中应包含购买选择权的行权价格。

(4) 行使终止租赁选择权需支付的款项,前提是租赁期反映出承租人将行使终止租赁选择权。在租赁期开始日,承租人应评估是否合理确定将行使终止租赁的选择权。在评估时,承租人应考虑对其行使或不行使终止租赁选择权产生经济激励的所有相关事实和情况。如果承租人合理确定将行使终止租赁选择权,则租赁付款额中应包含行使终止租赁选择权需支付的款项,并且租赁期不应包含终止租赁选择权涵盖的期间。

【例 2-2】甲公司租入某办公楼的一层楼，为期 10 年。甲公司有权选择在第 5 年后提前终止租赁，并以相当于 6 个月的租金作为罚金。每年的租赁付款额为固定金额 200 000 元。该办公楼是全新的，并且在周边商业园区的办公楼中处于技术领先水平。上述租赁付款额与市场租金水平相符。

分析：在租赁期开始日，甲公司评估后认为，6 个月的租金对于甲公司而言金额重大，同等条件下，也难以按更优惠的价格租入其他办公楼，可以合理确定不会选择提前终止租赁，因此其租赁负债不应包括提前终止租赁时需支付的罚金，租赁期确定为 10 年。

(5) 根据承租人提供的担保余值预计应支付的款项。如果承租人提供了对余值的担保，则租赁付款额应包含该担保下预计应支付的款项，它反映了承租人预计将支付的金额，而不是承租人担保余值下的最大敞口。

2) 折现率的确定

租赁负债应当按照租赁期开始日尚未支付的租赁付款额的现值进行初始计量，租赁付款额与租赁付款额现值之间的差额作为未确认融资费用反映在“租赁负债”科目下。在计算租赁付款额的现值时，承租人应当采用租赁内含利率作为折现率；无法确定租赁内含利率的，应当采用承租人增量借款利率作为折现率。

租赁内含利率，是指使出租人的租赁收款额的现值与未担保余值的现值之和等于租赁资产公允价值与出租人的初始直接费用之和的利率。

承租人增量借款利率，是指承租人在类似经济环境下为获得与使用权资产价值接近的资产，在类似期间以类似抵押条件借入资金须支付的利率。

【例 2-3】甲公司与出租人乙公司签订了一份车辆租赁合同，租赁期为 5 年。在租赁开始日，该车辆的公允价值为 100 000 元，乙公司预计在租赁结束时其公允价值(未担保余值)将为 10 000 元。租赁付款额为每年 23 000 元，于年末支付。乙公司发生的初始直接费用为 5 000 元。乙公司计算租赁内含利率 r 的方法如下。

$$23\,000\times(P/A,r,5)+10\,000\times(P/F,r,5)=100\,000+5\,000$$

本例中，计算得出的租赁内含利率 r 为 5.79%。

2. 使用权资产的初始计量

使用权资产，是指承租人可在租赁期内使用租赁资产的权利。在租赁期开始日，承租人应当按照成本对使用权资产进行初始计量。该成本包括下列四项。

(1) 租赁负债的初始计量金额。

(2) 在租赁期开始日或之前支付的租赁付款额;存在租赁激励的,应扣除已享受的租赁激励相关金额。

(3) 承租人发生的初始直接费用。

(4) 承租人为拆卸及移除租赁资产、复原租赁资产所在场地或将租赁资产恢复至租赁条款约定状态预计将发生的成本。

3. 租赁负债的后续计量

1) 计量基础的确定

在租赁期开始日后,承租人应当按以下原则对租赁负债进行后续计量。

(1) 确认租赁负债的利息时,增加租赁负债的账面金额。

(2) 支付租赁付款额时,减少租赁负债的账面金额。

(3) 因重估或租赁变更等原因导致租赁付款额发生变动时,重新计量租赁负债的账面价值。

租赁期开始日后,承租人应按合同分期支付租赁付款额,这将减少租赁负债的账面金额,同时承租人应当按照固定的周期性利率(租赁负债进行初始计量时所采用的折现率)计算租赁负债在租赁期内各期间的利息费用,并计入当期损益,但按照《企业会计准则第 17 号——借款费用》等其他规定应当计入相关成本的除外。

周期性利率是指承租人对租赁负债进行初始计量时所采用的折现率,或者因租赁付款额发生变动或因租赁变更而需按照修订后的折现率对租赁负债进行重新计量时,承租人所采用的修订后的折现率。

【例 2-4】甲公司与出租人乙公司签订了为期 7 年的商铺租赁合同。每年的租赁付款额为 450 000 元,在每年年末支付。甲公司无法确定租赁内含利率,其增量借款利率为 5.04%。

分析:在租赁期开始日,甲公司按租赁付款额的现值所确认的租赁负债为 2 600 000 元。在第 1 年年末,甲公司向乙公司支付第一年的租赁付款额 450 000元,其中 131 040 元(2 600 000×5.04%)是当年的利息,318 960 元(450 000−131 040)是本金,即租赁负债的账面价值减少 318 960 元。

2) 租赁负债的重新计量

在租赁期开始日后,当发生下列四种情形时,承租人应当按照变动后的租赁付款额的现值重新计量租赁负债,并相应调整使用权资产的账面价值。使用权资产的账面价值已调减至零，但租赁负债仍需进一步调减的，承租人应当将剩余金额计入当期损益。

(1) 实质固定付款额发生变动。如果租赁付款额最初是可变的，但在租赁期开始日后的某一时点转为固定，那么，当潜在可变性消除时，该付款额就成为实质固定付款额，应纳入租赁负债的计量中。承租人应当按照变动后租赁付款额的现值重新计量租赁负债。在该情形下，承租人采用的折现率不变，即采用租赁期开始日确定的折现率。

【例 2-5】 承租人甲公司签订了一份为期 10 年的机器租赁合同。租金于每年年末支付，并按以下方式确定：第 1 年，租金是可变的，根据该机器在第 1 年下半年的实际产能确定；第 2～10 年，每年的租金根据该机器在第 1 年下半年的实际产能确定，即租金将在第 1 年末转变为固定付款额。在租赁期开始日，甲公司无法确定租赁内含利率，其增量借款利率为 5%。假设在第 1 年末，根据该机器在第 1 年下半年的实际产能所确定的租赁付款额为每年 20 000 元。

分析：本例中，在租赁期开始时，由于未来的租金尚不确定，因此甲公司的租赁负债为 0。在第 1 年末，租金的潜在可变性消除，成为实质固定付款额(每年 20 000 元)，因此甲公司应基于变动后的租赁付款额重新计量租赁负债，并采用不变的折现率(即 5%)进行折现。在支付第 1 年的租金之后，甲公司后续年度需支付的租赁付款额为 180 000 元(20 000×9)，租赁付款额在第 1 年末的现值为 142 156 元(20 000×(P/A,5%,9))，未确认的融资费用为 37 844 元(180 000−142 156)。

(2) 担保余值预计的应付金额发生变动。在租赁期开始日后，承租人应对其在担保余值下预计支付的金额进行估计。该金额发生变动的，承租人应当按照变动后租赁付款额的现值重新计量租赁负债。在该情形下，承租人采用的折现率不变。

(3) 用于确定租赁付款额的指数或比率发生变动。在租赁期开始日后，因浮动利率的变动而导致未来租赁付款额发生变动的承租人应当按照变动后租赁付款额的现值重新计量租赁负债。在该情形下，承租人应采用反映利率变动的修订后的折现率进行折现。

在租赁期开始日后，因用于确定租赁付款额的指数或比率(浮动利率除外)的变动而导致未来租赁付款额发生变动的，承租人应当按照变动后租赁付款额的现值重新计量租赁负债。在该情形下，承租人采用的折现率不变。

需要注意的是，仅当现金流量发生变动时，即租赁付款额的变动生效时，承租人才应重新计量租赁负债，以反映变动后的租赁付款额。承租人应基于变动后的合同付款额，确定剩余租赁期内的租赁付款额。

(4) 购买选择权、续租选择权或终止租赁选择权的评估结果或实际行使情况发生变化。在租赁期开始日后，发生承租人可控范围内的重大事件或变化，且影响承租人是否合理确定将行使续租选择权或终止租赁选择权的，承租人应当对其是否合理确定将行使相应选择权进行重新评估，评估结果发生变化的，承租人应根据新的评估结果重新确定租赁付款额。承租人在计算变动后租赁付款额的现值时，应当采用剩余租赁期间的租赁内含利率作为折现率；无法确定剩余租赁期间的租赁内含利率的，应当采用重估日的承租人增量借款利率作为折现率。

4. 使用权资产的后续计量

1) 计量基础的确定

在租赁期开始日后，承租人应当采用成本模式对使用权资产进行后续计量，即以成本减累计折旧及累计减值损失计量使用权资产。

2) 使用权资产折旧的计提

承租人应当参照《企业会计准则第 4 号——固定资产》有关折旧规定，自租赁期开始日起对使用权资产计提折旧。使用权资产通常应自租赁期开始的当月计提折旧，当月计提确有困难的，为便于实务操作，企业也可以选择自租赁期开始的下月计提折旧，但应对同类使用权资产采取相同的折旧政策。计提的折旧金额应根据使用权资产的用途，计入相关资产的成本或者当期损益。

承租人在确定使用权资产的折旧方法时，应当根据与使用权资产有关的经济利益的预期实现方式作出决定。通常，承租人按直线法对使用权资产计提折旧，其他折旧方法更能反映使用权资产有关经济利益预期实现方式的，应采用其他折旧方法。

承租人在确定使用权资产的折旧年限时，应遵循以下原则：承租人能够合理确定租赁期届满时取得租赁资产所有权的，应当在租赁资产剩余使用寿命内计提折旧；承租人无法合理确定租赁期届满时能够取得租赁资产所有权的，应当在租赁期与租赁资产剩余使用寿命两者孰短的期间内计提折旧。如果使用权资产的剩余使用寿命短于前两者，则应在使用权资产的剩余使用寿命内计提折旧。

3) 使用权资产减值的处理

在租赁期开始日后，承租人应当按照《企业会计准则第 8 号——资产减值》的规定，确定使用权资产是否发生减值，并对已识别的减值损失进行会计处理。使用权资产减值准备一旦计提，不得转回。承租人应当按照扣除减值损失之后的使用权资产的账面价值，进行后续折旧。

5. 短租赁和低价值资产租赁计量

承租人应当将短期租赁和低价值资产租赁的租赁付款额，在租赁期内各个期间按照直线法或其他系统合理的方法计入相关资产成本或当期损益。

(1) 短期租赁是指在租赁期开始日，租赁期不超过 12 个月的租赁。包含购买选择权的租赁，即使租赁期不超过 12 个月，也不属于短期租赁。

(2) 低价值资产租赁是指单项租赁资产为全新资产时价值较低的租赁。常见的低价值资产的例子包括平板电脑、普通办公家具、电话等小型资产。

承租人在判断是否是低价值资产租赁时，应基于租赁资产的全新状态下的价值进行评估，不应考虑资产已被使用的年限。

6. 融资租赁的初始计量

出租人对应收融资租赁款进行初始计量时，应当以租赁投资净额作为应收融资租赁款的入账价值；租赁投资总额与租赁投资净额现值之间的差额作为未实现融资收益反映在“应收融资租赁款”科目下。

租赁投资净额为未担保余值和租赁期开始日尚未收到的租赁收款额按照租赁内含利率折现的现值之和。

租赁收款额是指出租人因让渡在租赁期内使用租赁资产的权利而应向承租人收取的款项，具体如下。

(1) 承租人需支付的固定付款额及实质固定付款额。存在租赁激励的，应当扣除租赁激励相关金额。

(2) 租赁收款额取决于指数或比率的可变租赁付款额。该款项在初始计量时根据租赁期开始日的指数或比率确定。

(3) 购买选择权的行权价格，前提是合理确定承租人将行使该选择权。

(4) 承租人行使终止租赁选择权需支付的款项，前提是租赁期反映出承租人将行使终止租赁选择权。

(5) 由承租人、与承租人有关的一方以及有经济能力履行担保义务的独立第三方向出租人提供的担保余值。

7. 融资租赁的后续计量

出租人应当按照固定的周期性利率计算并确认租赁期内各个期间的利息收入。纳入出租人租赁投资净额的可变租赁付款额只包含取决于指数或比率的可变租赁付款额。在初始计量时，应当采用租赁期开始日的指数或比率进行初始计量。出租人应定期复核计算租赁投资总额时所使用的未担保余值。若预计未担保余值降低，出租人应修改租赁期内的收益分配，并立即确认预计的减少额。

出租人取得的未纳入租赁投资净额计量的可变租赁付款额，如与资产的未来绩效或使用情况挂钩的可变租赁付款额，应当在实际发生时计入当期损益。

8. 经营租赁的计量

根据会计准则规定，经营租赁会计计量的要求如表 2 - 3 所示。

表 2-3 经营租赁会计计量一览表

项 目	会 计 计 量
租金的处理	在租赁期内各个期间,出租人应采用直线法将经营租赁的租赁收款额确认为租金收入
出租人对经营租赁提供激励措施	出租人提供免租期的,出租人应将租金总额在不扣除免租期的整个租赁期内,按直线法或其他方法进行分配,免租期内要确认租金收入
初始直接费用	出租人发生的与经营租赁有关的初始直接费用应当资本化至租赁标的资产的成本,分期计入当期损益
折旧和减值	对于经营租赁资产中的固定资产,出租人应当采用类似资产的折旧政策计提折旧。出租人应当按照《企业会计准则第 8 号——资产减值》的规定,确定经营租赁资产是否发生减值,并对已识别的减值损失进行会计处理
可变租赁付款额	出租人取得的与经营租赁有关的可变租赁付款额,如果是与指数或比率挂钩的,应在租赁期开始日计入租赁收款额;除此之外的,应当在实际发生时计入当期损益
经营租赁的额变更	经营租赁发生变更的,出租人应自变更生效日开始,将其作为一项新的租赁进行会计处理,与变更前租赁有关的预收或应收租赁收款额视为新租赁的收款额

(三) 租赁业务的会计处理方法

1. 会计科目设置

根据租赁业务会计核算的需要,租赁业务涉及的会计科目及其核算内容如表 2-4 所示。

表 2-4 租赁业务科目设置与核算内容一览表

承租业务		出租业务	
会计科目	核算内容与明细设置	会计科目	核算内容与明细设置
使用权资产	核算承租人持有的使用权资产的原价	融资租赁资产	核算租赁企业作为出租人为开展融资租赁业务取得资产的成本
	可按租赁资产的类别和项目进行明细核算		可按租赁资产类别和项目进行明细核算
租赁负债	核算承租人尚未支付的租赁付款额的现值	应收融资租赁款	核算出租人融资租赁产生的租赁投资净额
	分别设置“租赁付款额”“未确认融资费用”等进行明细核算		分别设置“租赁收款额”“未实现融资收益”“未担保余值”等进行明细核算

续 表

承 租 业 务		出 租 业 务	
使用权资产累计折旧	核算使用权资产的累计折旧	租赁收入	核算租赁企业作为出租人确认的融资租赁和经营租赁的租赁收入
	可按租赁资产的类别和项目进行明细核算		可按租赁资产类别和项目进行明细核算
使用权资产减值准备	核算使用权资产的减值准备	应收融资租赁款减值准备	核算应收融资租赁款的减值准备
	可按租赁资产的类别和项目进行明细核算		按租赁客户进行明细核算

2. 主要账务处理

根据租赁业务的基本分类，租赁业务的账务处理也分为融资租赁和经营租赁两类业务，主要账务处理如表2-5、表2-6所示。

表2-5 融资租赁业务主要账务处理一览表

业务发生	承租业务——长期租赁	出租业务——融资租赁
租赁期开始日	借：使用权资产 租赁负债——未确认融资费用 贷：租赁负债——租赁付款额 银行存款预计负债	借：应收融资租赁款—租赁收款额 贷：融资租赁资产 资产处置损益 应收融资租赁款——未实现融资收益
租赁开始日后	(1) 支付租赁付款额 借：租赁负债——租赁付款额 贷：银行存款 同时，借：财务费用 贷：租赁负债——未确认融资费用 (2) 对使用权资产计提折旧 借：制造费用或管理费用等 贷：使用权资产累计折旧 (3) 对使用权资产计提减值准备 借：资产减值损失 贷：使用权资产减值准备	(1) 收取租赁收款额 借：银行存款 贷：应收融资租赁款——租赁收款额 同时，借：应收融资租赁款——未实现融资收益 贷：租赁收入 (2) 应收融资租赁款发生减值 借：信用减值损失 贷：应收融资租赁款减值
租赁期届满	(1) 返还租赁资产时 借：使用权资产累计折旧 使用权资产减值准备 租赁负债——租赁付款额 贷：使用权资产 租赁负债——未确认融资费用	(1) 收回租赁资产 借：融资租赁资产 贷：应收融资租赁款——租赁收款额

续 表

业务发生	承租业务——长期租赁	出租业务——融资租赁
租赁期届满	(2) 留购租赁资产 借：固定资产 使用权资产累计折旧 使用权资产减值准备 租赁负债——租赁付款额 贷：使用权资产 租赁负债——未确认融资费用 银行存款	(2) 留购租赁资产 承租人行使优惠购买选择权，出租人收到购买资产的价款： 借：银行存款 贷：应收融资租赁款——租赁收款额

表 2-6　经营租赁业务主要账务处理一览表

业务发生	承租业务——短期租赁或低价值租赁	出租业务——经营租赁
租赁期开始日	借：租赁付款额(预付租赁款) 贷：银行存款	借：银行存款 贷：应收融资租赁款(预收租赁款)
租赁开始日后	分期摊销预付租金 借：制造费用或管理费用等 贷：租赁付款额(预付租赁款)	分期确认租赁收入 借：预收租赁款 贷：其他业务收入

(四) 租赁业务的披露

租赁业务的披露要求如表 2-7 所示。

表 2-7　租赁业务披露要求

承租人的会计处理	(1) 每类租入资产在资产负债表日的账面原值、累计折旧及账面净额 (2) 资产负债表日后连续三个会计年度每年将支付的最低租赁付款额及以后年度将支付的最低租赁付款额总额 (3) 未实现融资费用的余额 (4) 分摊未实现融资费用所采用的方法
出租人的会计处理	(1) 资产负债表日后连续三个会计年度每年将收到的最低租赁收款额及以后年度将收到的最低租赁收款额总额 (2) 未实现融资收益的余额 (3) 分配未实现融资收益所采用的方法
有关会计指标的报表列示	(1) 未确认融资费用 在编制资产负债表时，“未确认融资费用”作为“长期应付款”的抵减项目列示 (2) 未实现融资收益 在编制资产负债表时，“未实现融资收益”应作为“长期应收款”的抵减项目列示

第二节 企业租赁业务的会计处理实务

一、租赁业务的产生和业务事项

（一）租赁业务的产生

租赁对于各企业来讲都是一项十分重要的融资手段，它可以使企业付出较少的成本而获得设备，进而利用该设备获取利润。出租方按合同的规定出租租赁物定期收取租金，承租方租赁资产享有资产的使用权，为自己创造收益，定期支付租金。

（二）租赁业务基本事项

每一项租赁业务都涉及承租和出租双方，不同的租赁业务涉及的业务环节和事项有所区别。租赁业务基本环节和事项如表 2－8 所示。

表 2－8 租赁业务基本环节和事项一览表

承租业务		出租业务	
承租业务——长期租赁	承租业务——短期租赁和低价值资产租赁	出租业务——融资租赁	出租业务——经营租赁
取得租赁资产时	预付租赁款	出租资产时	收到租赁预付款
使用权资产折旧	分期分摊	应收融资租赁款发生减值	分期确认租赁收入
使用权资产发生减值	期满退还租赁资产	分期收到融资租赁款，并确认未实现融资收益	期满收回租赁资产
分期支付租赁费		期满收回租赁资产时	
期满返还租赁资产		优惠续租租赁资产	
期满优惠续租资产		期满留购租赁资产	
留购租赁资产			

二、承租人的会计处理

在租赁期开始日，除了短期和低价值资产租赁采用直接费用化简化处理外，承租人应当对租赁确认的使用权资产和租赁负债进行资本化处理。

(一) 长期租赁业务会计处理实务

下面以甲公司为例，就公司一项长期租赁业务的租赁过程、涉及的问题与会计处理进行讲解。

【实务资料】

2020年7月1日，乙公司将一栋商住建筑物的一层楼出租给甲公司用于办公，租赁期10年，甲公司拥有5年的续租选择权。有关资料如下。

(1) 初始租赁期内的不含税租金为每年50 000元，续租期间为每年55 000元，租赁期开始日支付第一笔租金50 000元，其余款项每年年初支付。

(2) 为获得该项租赁，甲公司发生的初始直接费用为20 000元，其中，15 000元为向该楼层前任租户支付的款项，5 000元为租赁交易的房产中介的佣金。

(3) 作为对甲公司的激励，乙公司同意补偿甲公司5 000元佣金。

(4) 在租赁期开始日，甲公司评估后认为，不能合理确定将行使续租选择权，因此，将租赁期确定为10年。

(5) 甲公司无法确定租赁内含报酬率，其增量借款利率为每年5%，该利率反映的是甲公司以类似抵押条件借入期限10年，与使用权等值的借款必须支付的利率。(不考虑相关税费)

【问题】

承租人甲公司的相关会计处理。

【会计处理】

1. 初始计量的会计处理

(1) 计算租赁负债的初始计量金额。

① 租赁期开始日甲公司尚未支付的租赁付款额为9×50 000=450 000(元)。

② 折现率为5%。

③ 租赁付款额现值为50 000×(P/A,5%,9)=355 391(元)。

④ 租赁负债——租赁付款额为450 000(元)。

⑤ 租赁负债——未确认融资费用：450 000−355 391=94 609(元)。

租赁负债的初始计量为租赁付款额的现值355 391元，也就是两个明细科目的净额(450 000−94 609)。

(2) 计算使用权资产的初始计量金额。

① 甲公司租赁负债的初始计量金额为355 391元。

② 甲公司在租赁期开始日支付的租赁付款额为50 000元，收到的乙公司的租赁激励

为 5 000 元。

③ 甲公司发生的初始直接费用为 20 000 元。

④ 承租人为拆卸及移除租赁资产、复原租赁资产所在场地或将租赁资产恢复至租赁条款约定状态预计将发生的成本，本例没有涉及。

⑤ 使用权资产的初始计量金额为 355 391＋50 000－5 000＋20 000＝420 391(元)。

⑥ 支付的银行存款金额为 50 000－5 000＋20 000＝65 000(元)。

(3) 编制会计分录。

借：使用权资产　420 391
　　租赁负债——未确认融资费用　94 609
　贷：租赁负债——租赁付款额　450 000
　　　银行存款　65 000

2. 租赁负债后续计量的会计处理

(1) 编制未确认融资费用摊销表(见表 2-9)。

表 2-9　未确认融资费用摊销表(折现率 5%)

日　期	① 租赁付款额	② 利息费用	③ 租赁负债的减少额	④ 租赁负债的余额
		②＝④×5%	③＝①－②	期末④＝期初④－③
第一年年初				355 391
第二年年初	50 000	17 770	32 230	323 161
第三年年初	50 000	16 158	33 842	289 319
第四年年初	50 000	14 466	35 534	253 785
第五年年初	50 000	12 689	37 311	216 474
第六年年初	50 000	10 824	39 176	177 298
第七年年初	50 000	8 865	41 135	136 163
第八年年初	50 000	6 808	43 192	92 971
第九年年初	50 000	4 649	45 351	47 620
第十年年初	50 000	2 380(倒推)	47 620	0
合　计	450 000	94 609	355 391	

(2) 租赁负债后续计量相关会计分录。

第一年年末

借：财务费用　17 770
　贷：租赁负债——未确认融资费用　17 770

第二年年初

借：租赁负债——租赁付款额　　50 000

　贷：银行存款　　50 000

第二年年末

借：财务费用　　16 158

　贷：租赁负债——未确认融资费用　　16 158

第三年年初

借：租赁负债——租赁付款额　　50 000

　贷：银行存款　　50 000

以后年度以此类推。

3. 使用权资产后续计量的会计处理

甲公司租赁的是房产，一般不存在使用权资产减值问题，因此，后续计量只有折旧问题。由于甲公司无法合理确定租赁期届满时能够取得租赁资产所有权，所以甲公司要在租赁期和租赁资产剩余使用寿命二者孰短的期间内计提折旧。

(1) 该资产的折旧年限应当为 10 年。

(2) 每年折旧额应当是 420 391/10＝42 039.1(元)。

因甲公司所租房产是用于办公，则每年期末计提折旧的会计分录为：

借：管理费用　　42 039.1

　贷：使用权资产累计折旧　　42 039.1

4. 租赁期满的会计处理

第 10 年年末租赁期满，甲公司应把租赁资产归还给出租人乙公司，此时未确认融资费用已摊销到财务费用中，租赁付款额也随着租金的支付全部偿付完毕，即租赁负债余额全部为零，甲公司只需将使用权资产和使用权资产累计折旧对冲，其会计分录如下：

借：使用权资产累计折旧　　420 391

　贷：使用权资产　　420 391

(二) 短期租赁或低价值资产租赁会计处理实务

下面仍以甲公司为例，就公司一项短期租赁业务的租赁过程、涉及的问题与会计处理进行讲解。

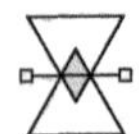

操作实例

【实务资料】

2020 年 7 月 1 日，甲公司从乙公司租赁办公设备一台，租期 1 年，在租赁和签订租赁合同过程中发生可归属于租赁项目的手续费、律师费、差旅费、印花税共计1 000元，该设备的价值为200 000元，预计使用年限为10年，租赁合同规定，租赁开始日(2020年7月1日)甲公司向乙公司一次性支付租金120 000元。租赁期届满后，乙公司收回设备。假设甲公司2020年下半年实现销售收入1 000 000元，根据租赁合同规定，甲公司应按照销售收入的2%计算可变租赁付款额，甲公司应支付给乙公司的租金为20 000元。

【问题】

承租人甲公司的相关会计处理。

【会计处理】

此项租赁期限未超过1年，应作为短期租赁处理。

(1) 2020年7月1日支付直接费用。

借：管理费用　　1 000

　贷：银行存款　　1 000

(2) 2020年7月1日支付租金。

借：预付账款——乙公司　　120 000

　贷：银行存款　　120 000

(3) 租期内每月末分摊租金。

借：管理费用　　10 000

　贷：预付账款——乙公司　　10 000

(4) 2020年12月31日，计算可变租赁付款额。

借：销售费用　　20 000

　贷：预付账款——乙公司　　20 000

三、出租人的会计处理

(一) 融资租赁会计处理实务

下面以乙公司为例，就公司一项融资租赁业务的租赁过程、涉及的问题与会计处理进行展示和讲解。

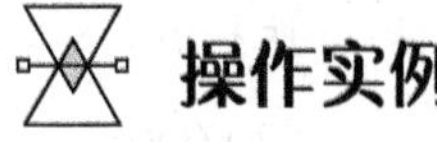

操作实例

【实务资料】

2021年12月31日，甲公司作为承租人与乙公司签订了一份租赁合同。该生产线的账面价值为454 900元，公允价值为474 900元。合同主要条款和其他资料如下。

(1) 租赁标的物：生产线。

(2) 租赁期开始日：租赁资产运抵甲公司生产车间之日(即2022年1月1日)。

(3) 租赁期：从租赁期开始日起5年，租赁内含利率为15%。

(4) 租金支付方式：租赁期内每年年初支付租金100 000元。

(5) 为获得该项租赁，乙公司发生初始直接费用10 000元，以银行存款支付。

(6) 甲公司对租赁资产的担保余值为160 000元，没有其他方提供担保，未担保余值为40 000元。

(7) 该生产线的使用寿命为6年。

【问题】

出租人乙公司的相关会计处理。

【会计处理】

1. 租赁业务的确认

租赁收款额的现值为100 000+100 000×(P/A,15%,4)+160 000×(P/F,15%,5)=465 020(元)大于租赁开始日该生产线公允价值474 900元的90%，即427 410元；租赁期5年占租赁开始日租赁资产使用寿命6年的83%，所以判断为融资租赁。

2. 初始计量的会计处理

(1) 租赁投资总额。

租赁投资总额=4×100 000+160 000+40 000=600 000(元)

(2) 租赁投资净额。

租赁投资净额=100 000×(P/A,15%,4)+160 000×(P/F,15%,5)+40 000×(P/F,15%,5)=384 900(元)

(3) 未实现融资收益。

未实现融资收益=600 000−384 900=215 100(元)

(4) 编制会计分录如下。

	借方	贷方
借：银行存款	100 000	
应收融资租赁款——租赁收款额	560 000	
应收融资租赁款——未担保余值	40 000	
贷：融资租赁资产		454 900
资产处置损益		20 000
银行存款		10 000
应收融资租赁款——未实现融资收益		215 100

3. 应收融资租赁款后续计量的会计处理

(1) 编制未确认融资收益表(见表2-10)。

表 2－10 未确认融资收益分配表(折现率为 15%)

日　期	租赁收款额	利息收入	租赁投资净额的减少额	租赁投资净额余额
第一年年初				384 900
第二年年初	100 000	57 735	42 265	342 635
第三年年初	100 000	51 395	48 605	294 030
第四年年初	100 000	44 105	55 895	238 135
第五年年初	100 000	35 720	64 280	173 855
第五年年末	200 000	26 145	173 855	0
合　计	600 000	215 100	384 900	

(2) 后续计量相关会计分录。

第一年年末

借：应收融资租赁款——未实现融资收益　　57 735

　贷：租赁收入——利息收入　　57 735

第二年年初

借：银行存款　　100 000

　贷：应收融资租赁款——租赁收款额　　100 000

第二年年末

借：应收融资租赁款——未实现融资收益　　51 395

　贷：租赁收入——利息收入　　51 395

以后年度以此类推。

4. 租赁期满的会计处理

第 5 年年末租赁期满，甲公司应把租赁资产归还给了出租人乙公司，此时乙公司未确认融资收益已分配到租赁收入中，租赁收款额也随着租金的收取全部完毕，只剩下应收融资租赁款——未担保余值 40 000 元，其会计分录如下。

借：融资租赁资产　　40 000

　贷：应收融资租赁款——未担保余值　　40 000

(二) 经营租赁会计处理实务

下面仍以乙公司为例，就公司一项经营租赁业务的租赁过程、涉及的问题与会计处理进行展示和讲解。

操作实例

【实务资料】

乙公司为专业租赁公司，2019年1月1日向甲公司出租一套全新专用生产设备，租赁期为3年。设备价值为200 000元，预计使用年限为10年。租赁合同规定，租赁开始日(2019年1月1日)甲公司向乙公司预付租金15 000元，第一年年末支付租金15 000元，第二年年末支付租金20 000元，第三年年末支付租金25 000元。三年的租金总额为75 000元，租赁期届满后乙公司收回设备。(假定乙公司采用直线法在年末确认租金收入，并且不存在租金逾期支付的情况)

【问题】

出租人乙公司的相关会计处理。

【会计处理】

(1) 2019年1月1日预收租金时。

借：银行存款　　15 000

　贷：预收账款　　15 000

2019年12月31日，确认租金收入：

借：银行存款　　15 000

　　预收账款　　10 000

　贷：租赁收入　　25 000(75 000÷3)

2020年12月31日，确认租金收入。

借：银行存款　　20 000

　　预收账款　　5 000

　贷：租赁收入　　25 000(75 000÷3)

(2) 2021年12月31日，确认租金收入。

借：银行存款　　25 000

　贷：租赁收入　　25 000(75 000÷3)

本章实训

【实训目标与能力要求】

本实训目标是培养学生用所学知识对案例企业租赁的业务进行分析的能力。其能力要求包括如下两点。

(1) 掌握企业租赁业务确认、计量和报告要求，以及会计处理方法。

(2) 能够针对具体的案例事件，通过分析提出处理意见，并进行相应账务处理。

【实训方式】

实训分小组进行，以小组为单位完成案例分析和账务处理，并形成案例分析报告，参加讲评和讨论。

【实训考核】

根据各实训小组提交成果（案例分析报告）的质量和参与讨论的情况进行评分。实训成绩按百分制评定。

小组项目实训成绩＝实训准备（满分 10）＋实训成果（满分 80）＋小组协作（满分 10）。

个人项目实训成绩＝小组项目实训成绩×个人贡献系数（个人贡献系数由组长根据其在实训中的贡献大小决定）

【实训步骤】

(1) 由任课教师引导学生解读实训案例资料，提示学生应注意哪些问题，并布置具体实训任务和时间要求。

(2) 各实训小组根据组内分工，通过拟定案例分析方案、查找与案例相关的背景资料、对案例事项进行分析并得出结论、根据分析结果进行账务处理四个环节，进行案例分析。在分析过程中，小组内对案例初步分析要进行讨论、修改、形成共识，最后按照要求形成案例分析报告。

(3) 各实训小组组长将案例分析报告交给学委，由任课老师组织互评。

(4) 任课老师根据互评结果和课堂讲评、讨论情况确定实训成绩。

【实训资料】

南通工美文化传媒有限公司是一家出售艺术品的公司，在 2018 年底需要租赁办公用房。与江苏神创信息技术有限公司签订了一份租赁合同，承租一处办公用房，合同主要条款如下：① 租赁资产：尚东国际 4－1 401 办公用房，面积 120 平方米；② 租赁期：2019 年 1 月 1 日—2021 年 12 月 31 日，共三年；③ 租金支付方式：每年年初支付租金 50 000 元（含税价，增值税税率 9%），江苏神创按照合同约定开具增值税专用发票，租赁内含利率为 5%。④ 租赁合同规定利率 5%，与市场利率相同。⑤ 该办公房是江苏神创 2017 年购置的，原值 1 000 000 元，已经计提折旧 80 000 元。

【实训任务】

南通工美文化和江苏神创对该项租赁业务应如何确认、计量？并分别进行账务处理。

课后练习

一、单项选择题

1. 关于租赁合同，以下表达不正确的是（　　）。

A. 资产供给方随意替换标的资产的可能性较小

B. 资产在使用期内由客户(资产使用方)控制

C. 标的资产必须是固定资产

D. 必须存在已识别资产

2. 关于租赁付款额,以下表达不正确的是( )。

A. 固定租金应计入租赁付款额

B. 全部担保余值均应计入租赁付款额

C. 预计可能赔付的担保余值应计入租赁付款额

D. 基于消费者价格指数的可变租金应计入租赁付款额

3. 关于租赁的分类,以下表达正确的是( )。

A. 根据现行会计准则的规定,出租人的租赁可分为融资租赁和经营租赁

B. 根据现行会计准则的规定,租赁业务不再区分为融资租赁和经营租赁

C. 根据现行会计准则的规定,承租人的租赁可分为融资租赁和经营租赁

D. 根据现行会计准则的规定,不论承租人和出租人,租赁业务都可区分为融资租赁和经营租赁

4. 在租赁期开始日,租赁投资总额等于( )。

A. 租赁收款额现值和未担保余值现值之和

B. 标的资产公允价值和初始直接费用之和

C. 租赁收款总额与未实现融资收益的差额

D. 租赁收款额和未担保余值之和

5. 下列中,出租人应认定为经营租赁的是( )。

A. 在租赁期届满时,租赁资产的所有权转移给承租人

B. 在租赁开始日,租赁收款额的现值几乎相当于租赁资产的公允价值

C. 租赁资产性质特殊,如果不作较大改动,只有承租人才能使用

D. 租赁资产的所有权的风险和报酬属于出租人

6. 租赁开始日是指( )。

A. 承租人进行会计处理的日期

B. 租赁各方就主要租赁条款做出承诺日

C. 租赁协议日与租赁各方就主要租赁条款做出承诺日中的较早者

D. 租赁协议日与租赁各方就主要租赁条款做出承诺日中的较晚者

7. 一项融资租赁合同,租赁期为 5 年,每年年末支付租金 50 万元,承租人担保的资产余值为 25 万元,与承租人有关的第三方担保的资产余值为 5 万元。租赁期间,履约成本为 25 万元,或有租金为 10 万元。独立于承租人和出租人的第三方对出租人的担保余值为 15 万元,未担保余值为 5 万元。则就承租人而言,最低租赁付款额

为( )万元。

A. 280　　B. 335　　C. 295　　D. 300

8. A公司采用融资租赁方式出租设备一台给B公司。租赁合同主要内容有：① 租赁期为5年，每年支付租金15万元；② 基于收入一定比例的可变租赁付款额8万元；③ B公司担保的资产余值为6万元；④ 与A、B公司均无关的第三方担保的资产余值4万元。A公司该设备的租赁收款额为( )万元。

A. 93　　B. 81　　C. 85　　D. 75

9. 甲公司租入一台设备，租赁期开始日为2020年1月1日，租赁期为5年，租赁付款额的现值为650万元，在租赁谈判和签订租赁协议过程中发生谈判费、差旅费、律师费等合计2万元。租赁开始日租赁资产的公允价值为670万元。甲公司为拆除租赁资产预计将发生的成本为10万元。不考虑其他因素，该使用权资产的入账价值为( )万元。

A. 650　　B. 660　　C. 680　　D. 682

10. 承租人发生的初始直接费用应当计入( )。

A. 制造费用　　B. 财务费用

C. 管理费用　　D. 使用权资产的成本

二、多项项选择题

1. 关于租赁期开始日的租赁投资净额，以下表达正确的有( )。

A. 等于租赁资产的账面价值与初始直接费用之和

B. 等于租赁期开始日租赁资产的公允价值与初始直接费用之和

C. 等于租赁投资总额与未实现融资收益的差额

D. 等于出租人购买租赁资产发生的实际成本

2. 关于租赁负债，以下表达正确的有( )。

A. 该账户应设置“租赁付款额”“未确认融资费用”明细账户

B. 租赁负债等于租赁付款额的现值

C. 租赁期开始日租赁负债的入账价值应计入使用权资产账户

D. 该账户应设置“租赁收款额”“未实现融资收益”明细账户

3. 如果承租人有购买租赁资产的选择权，所订立的购价预计远低于行使选择权时租赁资产的公允价值，则租赁付款额应包括( )。

A. 购买价格

B. 承租人应支付或可能被要求支付的各种款项

C. 未担保余值

D. 或有租金

E. 担保余值

4. 以下构成出租人租赁收款额的项目有（　　）。
A. 应收取的固定租金
B. 承租人确定在租赁期满时购买租赁资产应支付的买价
C. 基于承租人租赁资产产量而收回的可变租金
D. 基于利率或费率应收取的可变租金
5. 下列项目中，影响使用权资产入账价值的有（　　）。
A. 租赁付款额　　B. 租入资产支付的租赁合同印花税
C. 出租人内含利率　　D. 租赁资产的公允价值
6. 以下关于使用权资产表达正确的有（　　）。
A. 使用权资产应在租赁期内采用平均法摊销
B. 该账户在后续核算中以历史成本计量
C. 使用权资产用于核算承租人取得的使用权资产的原值
D. 该账户在后续核算中以公允价值计量

三、判断题

1. 在租赁业务中，如果承租人对资产余值提供担保，则该担保余值应计入租赁付款额。（　　）
2. 租赁付款额与租赁收款额之间的关系是：两者永远相等。（　　）
3. 甲乙公司签订一份 15 年的合同，约定甲公司取得乙公司连接 A、B 城市中五分之一带宽的光纤使用权，该合同存在可识别的资产。（　　）
4. 使用权资产通常从租赁期开始的当月计提折旧。（　　）
5. 承租人在计算租赁付款额的现值时只能采用内含利率作为折现率。（　　）
6. 在租赁开始日，承租人应当对租赁确认使用权资产和租赁负债。（　　）
7. 使用权资产就是指承租人可在租赁期内使用租赁资产的权利。（　　）
8. 租赁期包含续租选择权所涵盖的期间。（　　）

四、计算分析题

1. 甲企业与乙商场签订了一项租用其某一指定零售单元的合同。有关条款如下：
（1）租赁期从 2018 年 1 月 1 日起至 2020 年 12 月 31 日止，共 3 年，续租期 2 年。
（2）租赁期内租金为 200 000 元/年，于每年年末支付；续租期间租金仍为 200 000 元/年。甲公司于 2018 年 12 月 31 日支付了第一年的租金。
（3）甲公司发生的初始直接费用为 20 000 元。
（4）在租赁期开始日，甲公司可以合理确定在租赁期满时将行使续租权。
（5）甲公司以增量借款利率 5%作为整个租赁期内租赁付款额的折现率。

要求：计算租赁期开始日甲公司的租赁付款额和使用权资产的金额，并编制甲公司在租赁期开始日的会计分录。

2. 2021 年 1 月 1 日，甲公司向乙公司租入一套全新专用生产设备，租赁期为 3 年。设备价值为 200 000 元，预计使用年限为 10 年。租赁合同规定，租赁开始日(2021 年 1 月 1 日)甲公司向乙公司预付租金 15 000 元，第一年年末支付租金 15 000 元，第二年年末支付租金 20 000 元，第三年年末支付租金 25 000 元。三年的租金总额为 75 000 元，租赁期届满后乙公司收回设备。

要求：对甲公司的租赁业务进行账务处理。

3. 2021 年 7 月 1 日，乙公司向甲公司出租办公设备一台，租期 1 年，该设备的价值为 200 000 元，预计使用年限为 10 年，租赁合同规定，租赁开始日(2021 年 7 月 1 日)甲公司向乙公司一次性支付租金 120 000 元。租赁期届满后，乙公司收回设备。假设甲公司 2021 年下半年实现销售收入 1 000 000 元，根据租赁合同规定，甲公司应按照销售收入的 2%计算可变租赁付款额，甲公司应支付给乙公司的租金为 20 000 元。(假定乙公司采用直线法在年末确认租金收入，并且不存在租金逾期支付的情况)

要求：对乙公司的租赁业务进行账务处理。

4. 2020 年 12 月 21 日，乙公司与甲公司签订了一份租赁合同，乙公司向甲公司租入塑钢机一台。合同主要条款如下。

(1) 租赁标的物：塑钢机。

(2) 起租日：2021 年 1 月 1 日

(3) 租赁期：2021 年 1 月 1 日—2026 年 12 月 31 日，共 6 年。

(4) 租金支付：自 2021 年 1 月 1 日起，每年年末支付租金 150 000 元。

(5) 该机器在 2021 年 1 月 1 日的公允价值为 700 000 元。

(6) 乙公司的增量借款利率为 7%。

(7) 乙公司发生租赁初始直接费用 1 000 元。

(8) 该机器的账面价值为 715 050 元，估计使用年限为 10 年，已使用 3 年，期满无残值。承租人采用年限平均法计提折旧。

(9) 租赁期届满时，乙公司享有优惠购买该机器的选择权，购买价为 100 元，估计该日租赁资产的公允价值为 80 000 元。

要求：确定甲、乙公司的相关会计分录。

第三章 非货币性资产交换

【结构框架】

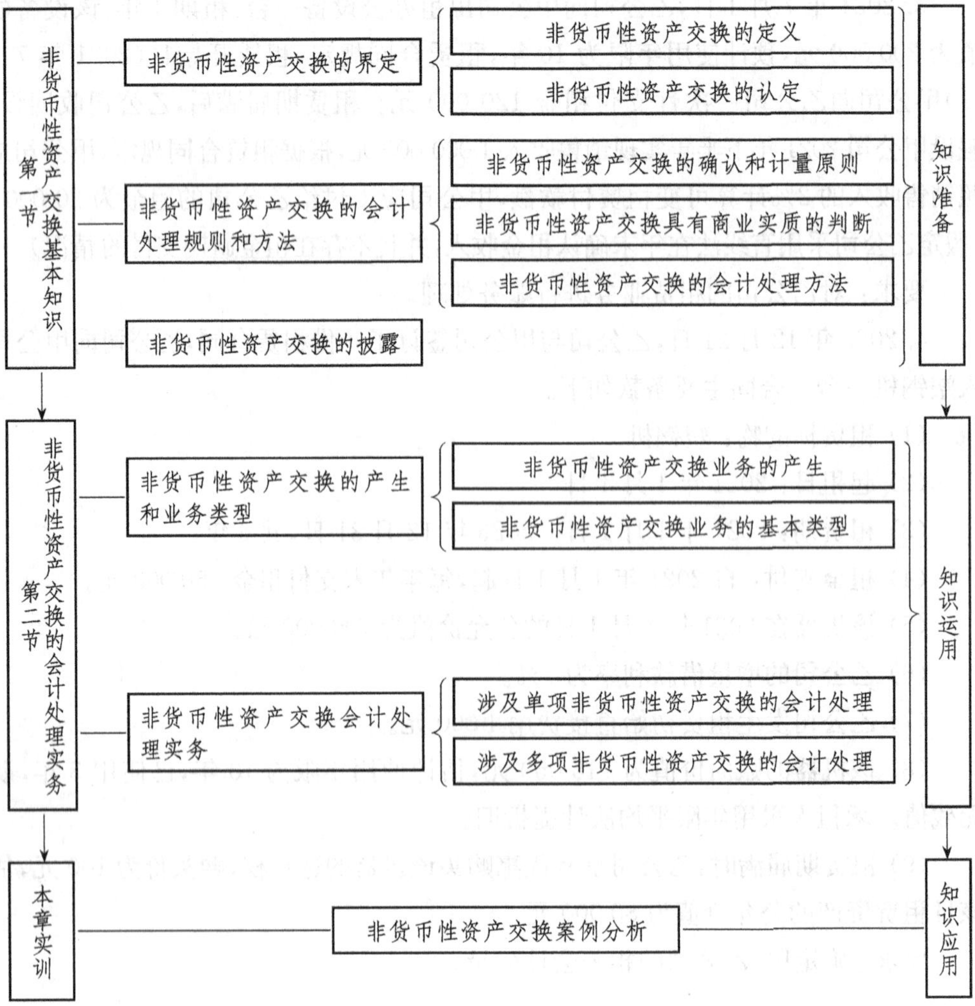

- 第一节 非货币性资产交换基本知识（知识准备）
  - 非货币性资产交换的界定
    - 非货币性资产交换的定义
    - 非货币性资产交换的认定
  - 非货币性资产交换的会计处理规则和方法
    - 非货币性资产交换的确认和计量原则
    - 非货币性资产交换具有商业实质的判断
    - 非货币性资产交换的会计处理方法
  - 非货币性资产交换的披露
- 第二节 非货币性资产交换的会计处理实务（知识运用）
  - 非货币性资产交换的产生和业务类型
    - 非货币性资产交换业务的产生
    - 非货币性资产交换业务的基本类型
  - 非货币性资产交换会计处理实务
    - 涉及单项非货币性资产交换的会计处理
    - 涉及多项非货币性资产交换的会计处理
- 本章实训（知识应用）
  - 非货币性资产交换案例分析

【主要知识点】

(1) 非货币性资产交换的界定。

(2) 非货币性资产交换的会计处理规则。

(3) 非货币性资产交换的会计处理方法。

(4) 非货币性资产交换的会计处理实务。

【学习目标】

(1) 理解掌握非货币性资产交换的界定。

(2) 理解掌握非货币性资产交换的会计处理规则。

(3) 了解非货币性资产交换的产生和业务类型。

(4) 掌握非货币性资产交换的会计处理。

【重点难点】

(1) 非货币性资产交换的界定。

(2) 以公允价值计量非货币性资产交换的会计处理。

第一节 非货币性资产交换基本知识

一、非货币性资产交换的界定

(一) 非货币性资产交换的定义

我国《企业会计准则第 7 号——非货币性资产交换》定义的非货币性资产交换，是指企业主要以固定资产、无形资产、投资性房地产和长期股权投资等非货币性资产进行的交换。该交换不涉及或只涉及少量的货币性资产(即补价)。

《企业会计准则第7号——非货币性资产交换》

(二) 非货币性资产交换的认定

要认定一项资产交易业务是否属于非货币性资产交换，首先需要分清货币性资产和非货币性资产，其次要把握非货币性资产交换的判断标准。具体如表 3-1 所示。

表 3-1 货币性资产及非货币性资产一览表

项 目	概 念	内容及注意事项
货币性资产	是指企业持有的货币资金和收取固定或可确定金额的货币资金的权利	现金、银行存款、应收账款和应收票据等
非货币性资产	是指货币性资产以外的资产	存货、固定资产、在建工程、生产性生物资产、无形资产、投资性房地产、长期股权投资等

续 表

项　目	概　　念	内容及注意事项
非货币性资产交换	是指企业主要以固定资产、无形资产、投资性房地产和长期股权投资等非货币性资产进行的交换。该交换不涉及或只涉及少量的货币性资产(即补价)	认定涉及少量货币性资产的交换为非货币性资产交换,通常以补价占整个资产交换金额的比例低于25%作为参考。若补价÷整个资产交换金额<25%,则属于非货币性资产交换;若补价÷整个资产交换金额≥25%,视为货币性资产交换,适用《企业会计准则第14号——收入》等相关准则的规定

需要注意的是:补价是公允价值之间的差额,不含增值税之间的差额;整个资产交换金额即为在整个非货币性资产交换中最大的公允价值。

例如,甲公司用一台设备换入乙公司一项专利权,设备公允价值为100万元,增值税为13万元,专利权公允价值为90万元,增值税为5.4万元,甲公司收到补价17.6万元。判断该交换是否属于非货币性资产交换?

补价中公允价值之间的差额为10万元。

10÷100=10%,属于非货币性资产交换。

二、非货币性资产交换的会计处理规则和方法

(一)非货币性资产交换的确认和计量原则

1. 非货币性资产交换的确认原则

企业应当分别按照下列原则对非货币性资产交换中的换入资产进行确认,对换出资产终止确认:对于换入资产,应当在其符合资产定义并满足资产确认条件时予以确认;对于换出资产,应当在其满足资产终止确认条件时终止确认。例如,某企业在非货币性资产交换中的换入资产或换出资产均为固定资产,按照《企业会计准则第4号——固定资产》和《企业会计准则第14号——收入》的规定,换入的固定资产应当在与该固定资产有关的经济利益很可能流入企业,且成本能够可靠地计量时确认;换出的固定资产应当以换入企业取得该固定资产控制权时点作为处置时点终止确认。

通常情况下,换入资产的确认时点与换出资产的终止确认时点应当相同或相近。在换入资产的确认时点与换出资产的终止确认时点存在不一致的情形下,在资产负债表日,企业应当按照下列原则进行会计处理。

(1) 换入资产满足资产确认条件,换出资产尚未满足终止确认条件的,在确认换入资产的同时将交付换出资产的义务确认为一项负债;

(2) 换入资产尚未满足资产确认条件,换出资产满足终止确认条件的,在终止确认换出资产的同时将取得换入资产的权利确认为一项资产。

2. 非货币性资产交换的计量原则

依据企业会计准则的规定，非货币性资产交换如果同时满足以下两个条件，就应当以公允价值为基础作为换入资产的初始计量。

(1) 该交换具有商业实质。

(2) 换入或换出资产的公允价值能够可靠计量。

换入资产初始计量的具体要求如图 3-1 所示。

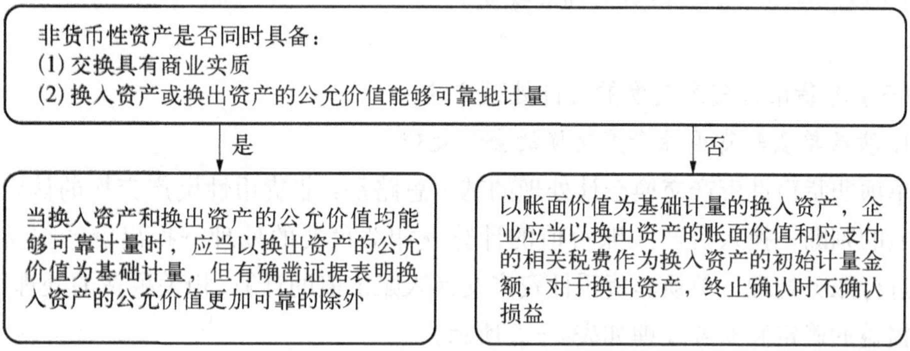

非货币性资产是否同时具备：
(1) 交换具有商业实质
(2) 换入资产或换出资产的公允价值能够可靠地计量

是 → 当换入资产和换出资产的公允价值均能够可靠计量时，应当以换出资产的公允价值为基础计量，但有确凿证据表明换入资产的公允价值更加可靠的除外

否 → 以账面价值为基础计量的换入资产，企业应当以换出资产的账面价值和应支付的相关税费作为换入资产的初始计量金额；对于换出资产，终止确认时不确认损益

图 3-1　换入资产初始计量思路图

(二) 非货币性资产交换具有商业实质的判断

根据非货币性资产交换会计准则的规定，符合下列条件之一的，视为具有商业实质。

1. 换入资产的未来现金流量在风险、时间分布和金额方面与换出资产显著不同

通常情况下，只要换入资产和换出资产的未来现金流量在其中某个方面存在显著不同，即表明满足商业实质的判断条件。

例如，A 企业以其用于经营出租的一幢公寓楼，与 B 企业同样用于经营出租的一幢公寓楼进行交换，两幢公寓楼的租期、每期租金总额均相同，但是 A 企业是租给一家财务及信用状况良好的企业（该企业租用该公寓是给其单身职工居住），B 企业的客户则都是单个租户，相比较而言，A 企业取得租金的风险较小，B 企业由于租给散户，租金的取得依赖于各单个租户的财务和信用状况。因此，两者现金流量流入的风险或不确定性程度存在明显差异，则两幢公寓楼的未来现金流量显著不同，进而可判断该两项资产的交换具有商业实质。

2. 使用换入资产所产生的预计未来现金流量现值与继续使用换出资产不同，且其差额与换入资产和换出资产公允价值相比是重大的

企业如按照上述第一个条件难以判断某项非货币性资产交换是否具有商业实质，即可根据第二个条件，通过计算换入资产和换出资产的预计未来现金流量现值，进行比较后判断。

例如，某企业以一项专利权换入另一企业拥有的长期股权投资，假定从市场参与者来看，该项专利权与该项长期股权投资的公允价值相同，两项资产未来现金流量的风险、时间分布或金额亦相同，但是，对换入企业来讲，换入该项长期股权投资使该企业对被投资方由重大影响变为控制关系，从而对换入企业产生的预计未来现金流量现值与换出的专利权有较大差异；另一企业换入的专利权能够解决生产中的技术难题，从而对换入企业产生的预计未来现金流量现值与换出的长期股权投资有明显差异，因而该两项资产的交换具有商业实质。

(三) 非货币性资产交换的会计处理方法

1. 涉及单项非货币性资产交换的会计处理

单项非货币性资产交换会计处理的基本思路是：非货币性资产交换的认定→商业实质的判断→换入资产入账价值的计算→相关税费的处理→换出资产损益的确定→进行账务处理。单项非货币性资产交换入账价值的计算、相关税费的处理、换出资产损益的确定和账务处理如表 3－2 所示。

表 3－2 单项非货币性资产交换会计处理

项　目	以公允价值为基础计量	以账面价值为基础计量
换入资产入账价值	(1) 不涉及补价的情况 换入资产成本＝换出资产公允价值＋换出资产增值税销项税额－换入资产可抵扣的增值税进项税额＋支付的应计入换入资产成本的相关税费 (2) 涉及补价的情况 ① 支付补价方 换入资产成本＝换出资产公允价值＋换出资产增值税销项税额－换入资产可抵扣的增值税进项税额＋支付的应计入换入资产成本的相关税费＋支付补价的公允价值 ② 收到补价方 换入资产成本＝换出资产公允价值＋换出资产增值税销项税额－换入资产可抵扣的增值税进项税额＋支付的应计入换入资产成本的相关税费－收到补价的公允价值	(1) 不涉及补价的情况 换入资产成本＝换出资产账面价值＋换出资产增值税销项税额－换入资产可抵扣的增值税进项税额＋支付的相关税费 (2) 涉及补价的情况 ① 支付补价方 换入资产成本＝换出资产账面价值＋换出资产增值税销项税额－换入资产可抵扣的增值税进项税额＋支付的相关税费＋支付补价的账面价值 ② 收到补价方 换入资产成本＝换出资产账面价值＋换出资产增值税销项税额－换入资产可抵扣的增值税进项税额＋支付的相关税费－收到补价的公允价值
相关税费的处理	换入资产与换出资产涉及相关税费的，按照相关税收规定计算确定	换入资产与换出资产涉及相关税费的，按照相关税收规定计算确定

续　表

项　目	以公允价值为基础计量	以账面价值为基础计量
换出资产损益的处理	(1) 换出资产为固定资产、在建工程、生产性生物资产、无形资产的，换出资产公允价值和换出资产账面价值的差额，计入资产处置损益 (2) 换出资产为长期股权投资的，换出资产公允价值和换出资产账面价值的差额，计入投资收益 (3) 换出资产为投资性房地产的，按换出资产公允价值或换入资产公允价值确认其他业务收入，按换出资产账面价值结转其他业务成本，二者之间的差额计入当期损益	不确认损益
账务处理	换入资产比照采购业务进行账务处理；换出资产根据资产类别不同视同销售或处置进行账务处理	换入资产比照采购业务进行账务处理；换出资产根据资产类别视同销售或处置进行账务处理

2. 涉及多项非货币性资产交换的会计处理

涉及多项非货币性资产交换会计处理的基本思路与单项非货币性资产交换是一致的，其中非货币性资产交换的认定条件和商业实质的判断标准是一样的，相关税费的处理、换出资产损益的确定和账务处理方法也是类似的，只是由于无法将换出的某一资产与换入的某项特定资产相对应，需要按照一定比例确定换入资产的入账价值。涉及多项非货币性资产交换，其换入资产入账价值和换出资产损益的确定如表 3－3 所示。

表 3－3　多项非货币性资产交换换入资产入账价值和换出资产损益的确定

以公允价值为计量基础	
以换出资产的公允价值计量	以换入资产的公允价值为基础计量
(1) 对于同时换入的多项资产，由于通常无法将换出资产与换入的某项特定资产相对应，应当按照各项换入资产的公允价值的相对比例，将换出资产公允价值总额(涉及补价的，加上支付补价的公允价值或减去收到补价的公允价值)分摊至各项换入资产，以分摊额和应支付的相关税费作为各项换入资产的成本进行初始计量 (2) 对于同时换出的多项资产，应当将各项换出资产的公允价值与其账面价值之间的差额，在各项换出资产终止确认时计入当期损益	(1) 对于同时换入的多项资产，应当以各项换入资产的公允价值和应支付的相关税费作为各项换入资产的初始计量金额 (2) 对于同时换出的多项资产，由于通常无法将换出资产与换入的某项特定资产相对应，应当按照各项换出资产的公允价值的相对比例，将换入资产的公允价值总额(涉及补价的，减去支付补价的公允价值或加上收到补价的公允价值)分摊至各项换出资产，分摊额与各项换出资产账面价值之间的差额，在各项换出资产终止确认时计入当期损益

续 表

以账面价值为计量基础	
以换出资产的公允价值计量	以换入资产的公允价值为基础计量
对于换入的多项资产，由于通常无法将换出资产与换入的某项特定资产相对应，应当按照各项换入资产的公允价值的相对比例（换入资产的公允价值不能够可靠计量的，也可以按照各项换入资产的原账面价值的相对比例或其他合理的比例），将换出资产的账面价值总额（涉及补价的，加上支付补价的账面价值或减去收到补价的公允价值）分摊至各项换入资产，加上应支付的相关税费，作为各项换入资产的初始计量金额	对于同时换出的多项资产，各项换出资产终止确认时均不确认损益

三、非货币性资产交换的披露

企业应当在附注中披露与非货币性资产交换有关的下列信息。

(1) 非货币性资产交换是否具有商业实质及其原因。

(2) 换入资产、换出资产的类别。

(3) 换入资产初始计量金额的确定方式。

(4) 换入资产、换出资产的公允价值以及换出资产的账面价值。

(5) 非货币性资产交换确认的损益。

第二节　非货币性资产交换的会计处理实务

一、非货币性资产交换的产生和业务类型

(一) 非货币性资产交换业务的产生

非货币性资产交换，是由于双方对彼此的非货币性资产都有需要的前提下产生的，是在双方都认为这种交换对各自均有利的一种交易行为。通常情况下采取公允价值计量，在公允价值不可获得或不可靠的情况下采取账面价值计量。

(二) 非货币性资产交换业务的基本类型

非货币性资产交换业务的基本类型可以按照计量基础、是否涉及补价和涉及的资产项目来分，具体如表 3-4 所示。

表 3－4　非货币性资产交换业务的基本类型

分类依据	业　务　类　型	
按计量基础分	以公允价值为计量基础的非货币性资产交换	以账面价值为计量基础的非货币性资产交换
按是否涉及补价分	不涉及补价的非货币性资产交换	涉及补价的非货币性资产交换
按涉及的资产项目分	涉及单项的非货币性资产交换	涉及多项的非货币性资产交换

二、非货币性资产交换会计处理实务

(一) 涉及单项非货币性资产交换的会计处理

1. 不涉及补价情况的会计处理

下面以东翔公司与瞬景公司之间的非货币性资产交换为例，就双方非货币性资产交换业务的内容、过程、涉及的问题与会计处理进行展示和讲解。

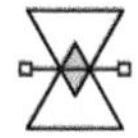

操作实例

【实务资料】

东翔公司与瞬景公司决定彼此之间进行非货币性资产交换，于是在 2020 年 9 月，东翔公司以生产经营过程中使用的一台设备交换瞬景公司生产的一批打印机，换入的打印机作为固定资产管理。两家公司均为增值税一般纳税人，适用的增值税税率为 13%。设备的账面原价为 150 万元，在交换日的累计折旧为 45 万元，公允价值为 90 万元。打印机的账面价值为 110 万元，在交换日的市场价格为 90 万元，计税价格等于市场价格。瞬景公司换入东翔公司的设备是生产打印机过程中需要使用的设备。

假设东翔公司此前没有为该项设备计提资产减值准备，整个交易过程中，除支付该项设备的运杂费 15 000 元外，没有发生其他相关税费。假设瞬景公司此前也没有为库存打印机计提存货跌价准备，其在整个交易过程中没有发生除增值税以外的其他税费。

【问题】

(1) 非货币性资产交换的判断。

(2) 非货币性资产交换的会计处理。

【会计处理】

1) 对资产交换、商业实质和计量基础的分析判断

整个资产交换过程没有涉及收付货币性资产，因此该项交换属于非货币性资产

交换。本例对东翔公司来讲，换入的打印机是经营过程中必需的资产，对瞬景公司来讲，换入的设备是在生产打印机过程中必需使用的机器，两项资产交换后对换入企业的特定价值显著不同，两项资产的交换具有商业实质；同时，两项资产的公允价值都能够可靠地计量，符合以公允价值计量的两个条件且不涉及补价，因此，东翔公司和瞬景公司均应当以换出资产的公允价值为基础，确定换入资产的成本，并确认产生的损益。

2）账务处理

(1) 东翔公司的账务处理如下。

东翔公司换入资产的增值税进项税额＝900 000×13%＝117 000(元)

换出设备的增值税销项税额＝900 000×13%＝117 000(元)

借：固定资产清理　　1 050 000
　　累计折旧　　450 000
　贷：固定资产——设备　　1 500 000
借：固定资产清理　　15 000
　贷：银行存款　　15 000
借：固定资产——打印机　　900 000
　　应交税费——应交增值税(进项税额)　　117 000
　　资产处置损益　　165 000
　　[(1 050 000－900 000)＋15 000]
　贷：固定资产清理　　1 065 000
　　　应交税费——应交增值税(销项税额)　　117 000

(2) 瞬景公司的账务处理如下。

根据增值税的有关规定，企业以库存商品换入其他资产，视同销售行为发生，应计算增值税销项税额，缴纳增值税。

换出打印机的增值税销项税额＝900 000×13%＝117 000(元)

换入设备的增值税进项税额＝900 000×13%＝117 000(元)

假定瞬景公司换出存货的交易符合《企业会计准则第 14 号——收入》规定的收入确认条件。

借：固定资产——设备　　900 000
　　应交税费——应交增值税(进项税额)　　117 000
　贷：主营业务收入　　900 000
　　　应交税费——应交增值税(销项税额)　　117 000
借：主营业务成本　　1 100 000
　贷：库存商品——打印机　　1 100 000

2. 涉及补价情况的会计处理

下面以兴飞公司与东盛公司之间的非货币性资产交换为例，就双方非货币性资产交换业务的内容、过程、涉及的问题与会计处理进行展示和讲解。

操作实例

【实务资料】

兴飞公司与东盛公司近期进行了一场涉及补价的非货币性资产交换，兴飞公司拥有一台专有设备，该设备账面原价450万元，已计提折旧330万元，东盛公司拥有一项长期股权投资，账面价值90万元，两项资产均未计提减值准备。兴飞公司决定以其专有设备交换东盛公司的长期股权投资，该专有设备是生产某种产品必需的设备。由于专有设备系当时专门制造、性质特殊，其公允价值不能可靠计量；东盛公司拥有的长期股权投资的公允价值也不能可靠计量。经双方商定，东盛公司支付了20万元补价。假定交易不考虑相关税费。

【问题】

(1) 非货币性资产交换的判断。

(2) 非货币性资产交换的会计处理。

【会计处理】

1) 对资产交换、商业实质和计量基础的分析判断

该项资产交换涉及收付货币性资产，即补价20万元。对兴飞公司而言，收到的补价20万元÷换出资产账面价值120万元＝16.7%＜25%，因此，该项交换属于涉及补价的非货币性资产交换，东盛公司的情况也类似。

在本例中，双方换入资产与换出资产类别区分明显，因而换入资产的未来现金流量在风险和时间分布与换出资产显著不同，两项资产的交换具有商业实质；但由于两项资产的公允价值不能可靠计量，因此，双方换入资产的成本均应当按照换出资产的账面价值确定，不确认换出资产的损益。

2) 账务处理

(1) 兴飞公司的账务处理如下。

借：固定资产清理	1 200 000
累计折旧	3 300 000
贷：固定资产——专有设备	5 000 000
借：长期股权投资	1 000 000
银行存款	200 000
贷：固定资产清理	1 200 000

(2) 东盛公司的账务处理如下。

借：固定资产——专有设备　　1 100 000

　贷：长期股权投资　　900 000

　　银行存款　　200 000

(二) 涉及多项非货币性资产交换的会计处理

1. 不涉及补价情况的会计处理

下面以兴飞公司与东盛公司之间的另一项非货币性资产交换为例，就双方非货币性资产交换业务的内容、过程、涉及的问题与会计处理进行展示和讲解。

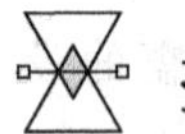

操作实例

【实务资料】

2020年5月，兴飞公司因经营战略发生较大转变，产品结构发生较大调整，原生产其产品的专有设备、生产该产品的专利技术等已不符合生产新产品的需要，经与东盛公司协商，将其专用设备连同专利技术与东盛公司正在建造过程中的一幢建筑物、对瞬景公司的长期股权投资进行交换。兴飞公司换出专有设备的账面原价为1 200万元，已计提折旧750万元；专利技术账面原价为450万元，已摊销金额为270万元。东盛公司在建工程截止到交换日的成本为525万元，对瞬景公司的长期股权投资账面余额为150万元。由于兴飞公司持有的专有设备和专利技术市场上已不多见。因此，公允价值不能可靠计量。

东盛公司的在建工程因完工程度难以合理确定，其公允价值不能可靠计量，由于东盛公司对瞬景公司长期股权投资的公允价值也不能可靠计量。假定兴飞、东盛公司均未对上述资产计提减值准备，假定不考虑相关税费等因素。

【问题】

(1) 非货币性资产交换的判断。

(2) 非货币性资产交换的会计处理。

【会计处理】

1) 对资产交换、商业实质和计量基础的分析判断

本例不涉及收付货币性资产，属于不涉及补价的非货币性资产交换。在本例中，双方换入资产与换出资产类别区分明显，因而换入资产的未来现金流量在风险和时间分布与换出资产显著不同，两项资产的交换具有商业实质；但由于换入资产、换出资产的公允价值均不能可靠计量，兴飞、东盛公司均应当以换出资产账面价值总额作为换入资产的成本，各项换入资产的成本，应当按各项换入资产的账面价值占换入资

产账面价值总额的比例分配后确定，双方均不确认换出资产的损益。

2) 账务处理

(1)兴飞公司的账务处理如下。

① 计算换入资产、换出资产账面价值总额。

换入资产账面价值总额＝525＋150＝675(万元)

换出资产账面价值总额＝(1 200－750)＋(450－270)＝630(万元)

② 确定换入资产总成本。

换入资产总成本＝630(万元)

③ 计算各项换入资产账面价值占换入资产账面价值总额的比例。

在建工程占换入资产账面价值总额的比例＝525÷675＝77.8%

长期股权投资占换入资产账面价值总额的比例＝150÷675＝22.2%

④ 确定各项换入资产成本。

在建工程成本＝630×77.8%＝490.14(万元)

长期股权投资成本＝630×22.2%＝139.86(万元)

⑤ 会计分录。

	借方	贷方
借：固定资产清理	4 500 000	
累计折旧	7 500 000	
贷：固定资产——专有设备		12 000 000
借：在建工程	4 901 400	
长期股权投资	1 398 600	
累计摊销	2 700 000	
贷：固定资产清理		4 500 000
无形资产——专利技术		4 500 000

(2) 东盛公司的账务处理如下。

① 计算换入资产、换出资产账面价值总额。

换入资产账面价值总额＝(1 200－750)＋(450－270)＝630(万元)

换出资产账面价值总额＝525＋150＝675(万元)

② 确定换入资产总成本。

换入资产总成本＝675(万元)

③ 计算各项换入资产账面价值占换入资产账面价值总额的比例。

专有设备占换入资产账面价值总额的比例＝450÷630＝71.4%

专利技术占换入资产账面价值总额的比例＝180÷630＝28.6%

④ 确定各项换入资产成本：

专有设备成本＝675×71.4%＝481.95(万元)

专利技术成本＝675×28.6%＝193.05(万元)

⑤ 会计分录：

借：固定资产——专有设备　　4 819 500

　　无形资产——专利技术　　1 930 500

　贷：在建工程　　5 250 000

　　　长期股权投资　　1 500 000

2. 涉及补价情况的会计处理

下面以东翔公司和瞬景公司之间的另一项非货币性资产交换为例，就双方非货币性资产交换业务的内容、过程、涉及的问题与会计处理进行展示和讲解。

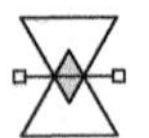

操作实例

【实务资料】

东翔公司和瞬景公司均为增值税一般纳税人，适用的增值税税率均为13%。2020年8月，为适应业务发展的需要，经协商，东翔公司决定以生产经营过程中使用的机器设备和专用货车换入瞬景公司生产经营过程中使用的小汽车和客运汽车。东翔公司设备的账面原价为1 800万元，在交换日的累计折旧为300万元，公允价值为1 350万元；货车的账面原价为600万元，在交换日的累计折旧为480万元，公允价值为100万元。瞬景公司小汽车的账面原价为1 300万元，在交换日的累计折旧为690万元，公允价值为709.5万元；客运汽车的账面原价为1 300万元，在交换日的累计折旧为680万元，公允价值为700万元。瞬景公司另外向东翔公司支付银行存款45.765万元，其中包括由于换出和换入资产公允价值不同而支付的补价40.5万元，以及换出资产销项税额与换入资产进项税额的差额5.265万元。

假定东翔公司和瞬景公司都没有为换出资产计提减值准备；东翔公司换入瞬景公司的小汽车、客运汽车作为固定资产使用和管理；瞬景公司换入东翔公司的设备、货车作为固定资产使用和管理。假定东翔公司和瞬景公司上述交易涉及的增值税进项税额按照税法规定可抵扣且已得到认证；不考虑其他相关税费。

【问题】

(1) 非货币性资产交换的判断。

(2) 非货币性资产交换的会计处理。

【会计处理】

1) 对资产交换、商业实质和计量基础的分析判断

本例涉及的非货币性资产，应当计算东翔公司收到的货币性资产占东翔公司换

出资产公允价值总额的比例(等于瞬景公司支付的货币性资产占瞬景公司换入资产公允价值的比例),即

$$40.5\text{ 万元}\div(1\,350+100)\text{万元}=2.79\%<25\%$$

可以认定这一涉及多项资产的交换行为属于非货币性资产交换。对于东翔公司而言,为了拓展运输业务,需要小汽车、客运汽车等,瞬景公司为了扩大产品生产,需要设备和货车,换入资产对换入企业均能发挥更大的作用。因此,该项涉及多项资产的非货币性资产交换具有商业实质;同时,各单项换入资产和换出资产的公允价值均能可靠计量,因此,两家公司均应当以公允价值为基础确定换入资产的总成本,确认产生的相关损益。同时,按照各单项换入资产的公允价值占换入资产公允价值总额的比例,确定各单项换入资产的成本。

2) 账务处理

(1) 东翔公司的账务处理如下。

① 根据税法的有关规定。

换出设备的增值税销项税额=1 350×13%=175.5(万元)

换出货车的增值税销项税额=100×13%=13(万元)

换入小汽车、客运汽车的增值税进项税额=(709.5+700)×13%=183.235(万元)

② 计算换入资产、换出资产公允价值总额。

换出资产公允价值总额=1 350+100=1 450(万元)

换入资产公允价值总额=709.5+700=1 409.5(万元)

③ 计算换入资产总成本。

换入资产总成本=换出资产公允价值-补价+应支付的相关税费

=1 450-40.5+0=1 409.5(万元)

换入资产总成本=换出资产公允价值+换出资产增值税销项税额-换入资产可抵扣的增值税进项税额+支付的应计入换入资产成本的相关税费-收到的补价=1 450+(175.5+13)-183.235-45.765=1 409.5(万元)

④ 计算确定换入各项资产的公允价值占换入资产公允价值总额的比例。

小汽车公允价值占换入资产公允价值总额的比例=709.5÷1 409.5=50.34%

客运汽车公允价值占换入资产公允价值总额的比例=700÷1 409.5=49.66%

⑤ 计算确定换入各项资产的成本。

小汽车的成本=1 409.5×50.34%=709.5(万元)

客运汽车的成本=1 409.5×49.66%=700(万元)

⑥ 会计分录。

借：固定资产清理 16 200 000

累计折旧 7 800 000

贷：固定资产——设备 18 000 000

——货车 6 000 000

借：固定资产——小汽车 7 095 000

——客运汽车 7 000 000

应交税费——交增值税(进项税额) 1 832 350

银行存款 457 650

资产处置损益 1 700 000

贷：固定资产清理 16 200 000

应交税费——应交增值税(销项税额) 1 885 000

(2) 瞬景公司的账务处理如下。

① 根据税法的有关规定。

换入货车的增值税进项税额＝100×13%＝13(万元)

换入设备的增值税进项税额＝1 350×13%＝175.5(万元)

换出小汽车、客运汽车的增值税销项税额＝(709.5＋700)×13%＝183.235(万元)

② 计算换入资产、换出资产公允价值总额。

换入资产公允价值总额＝1 350＋100＝1 450(万元)

换出资产公允价值总额＝709.5＋700＝1 409.5(万元)

③ 确定换入资产总成本：

换入资产总成本＝换出资产公允价值＋支付的补价＝1 409.5＋40.5＝1 450(万元)

换入资产总成本＝换出资产公允价值＋换出资产增值税销项税额－换入资产可抵扣的增值税进项税额＋支付的应计入换入资产成本的相关税费＋支付的补价＝1 409.5＋183.235－(175.5＋13)＋45.765＝1 450(万元)

④ 计算确定换入各项资产的公允价值占换入资产公允价值总额的比例。

设备公允价值占换入资产公允价值总额的比例＝1 350÷1 450＝93.10%

货车公允价值占换入资产公允价值总额的比例＝100÷1 450＝6.90%

⑤ 计算确定换入各项资产的成本。

设备的成本＝1 450×93.10%＝1 350(万元)

货车的成本＝1 450×6.90%＝100(万元)

⑥ 会计分录。

借：固定资产清理 12 300 000

累计折旧 13 700 000

贷：固定资产——小汽车 13 000 000

——客运汽车 13 000 000

借：固定资产——设备　13 500 000
　　　　　　——货车　1 000 000
　　应交税费——应交增值税(进项税额)　1 885 000
　贷：固定资产清理　12 300 000
　　　应交税费——应交增值税(销项税额)　1 832 350
　　　银行存款　457 650
　　　资产处置损益　(14 095 000－12 300 000)1 795 000

本章实训

【实训目标与能力要求】

本实训目标是培养学生用所学企业非货币性资产交换知识进行案例分析的能力。其能力要求如下。

(1) 理解非货币性资产交换的界定、确认条件及计量原则。

(2) 掌握非货币性资产交换的会计处理。

【实训方式】

实训分小组进行，以小组为单位完成案例分析和账务处理，并形成案例分析报告，参加讲评和讨论。

【实训考核】

根据各实训小组提交成果(案例分析报告)的质量和参与讨论的情况进行评分。实训成绩按百分制评定。

小组项目实训成绩＝实训准备(满分 10)＋实训成果(满分 80)＋小组协作(满分 10)。

个人项目实训成绩＝小组项目实训成绩×个人贡献系数(个人贡献系数由组长根据其在实训中的贡献大小决定)。

【实训步骤】

(1) 由任课教师引导学生解读实训案例资料，提示学生应注意哪些问题，并布置具体实训任务和时间要求。

(2) 各实训小组根据组内分工，通过拟定案例分析方案、查找与案例相关的背景资料、对案例事项进行分析并得出结论、根据分析结果进行账务处理四个环节，进行案例分析。在分析过程中，小组内对案例初步分析要进行讨论、修改、形成共识，最后按照要求形成案例分析报告。

(3) 各实训小组组长将案例分析报告交给学委，由任课老师组织互评。

(4) 任课老师根据互评结果和课堂讲评、讨论情况确定实训成绩。

【实训资料】

青岛汇金通电力设备股份有限公司(股票代码 603571),于 2019 年 3 月 5 日,公司董事会发布《青岛汇金通电力设备股份有限公司关于资产置换暨关联交易的公告》(公告编号 2019－011,公告来源:巨潮网),就公司用一处闲置厂房与交易对手交换一处办公房产。

本次交易主要原因:公司业务规模不断扩大,人员需求不断增加,现有办公场所趋于饱和。同时鉴于现有办公场所距胶州城区偏远,不利于人才流入,因此与刘凯先生签订《资产置换协议》。

本次交易数据:换出的厂房账面价值为 1 060 万元,换入的办公房产经第三方评估为 800 万元,置换差价 260 万元由刘凯先生以现金方式一次性支付。

【实训任务】

根据新会计准则第 7 号——非货币性资产交换,对汇金通的非货币性资产交换进行账务处理。

【公告网址】

http://static.cninfo.com.cn/finalpage/2019－03－05/1205873305.PDF

课后练习

一、单项选择题

1. 下列资产中,属于货币性资产的是(　　)。

A. 无形资产

B. 以公允价值计量且其变动计入其他综合收益的非交易性权益工具投资

C. 投资性房地产

D. 应收票据

2. 下列资产中,不属于货币性资产的是(　　)。

A. 预付账款　　B. 应收利息

C. 应收账款　　D. 以摊余成本计量的金融资产

3. 下列项目中,属于非货币性资产交换的是(　　)。

A. 以公允价值为 50 万元的应收账款换取公允价值为 45 万元的土地使用权,同时收取补价 5 万元

B. 以公允价值为 200 万元的投资性房地产换入一栋公允价值为 200 万元的厂房

C. 以公允价值为 30 万元的原材料换取一项商标权,同时支付补价 12 万元

D. 以公允价值为 80 万元的债权投资换取一项以公允价值计量且其变动计入当期损益的金融资产

4. 下列各项中属于《非货币性资产交换》准则核算范围的是(　　)。

A. 以对子公司投资换入一栋办公大楼　　B. 以一批存货换入一项生产设备

C. 以一栋厂房换入土地使用权　　D. 以交易性金融资产换入办公设备

5. 对于甲公司而言,下列各项交易中,应当认定为非货币性资产交换进行会计处理的是(　　)。

A. 甲公司以一批产成品交换乙公司一台汽车

B. 甲公司以其所持有丙公司 20%的股权(具有重大影响)交换乙公司一批原材料

C. 甲公司以应收丁公司的 2 200 万元银行承兑汇票交换乙公司一栋办公用房

D. 甲公司以一项专利权交换乙公司一项非专利技术,并以银行存款收取补价,所收取补价占专利权公允价值的 30%

6. 甲公司以其账面价值为 350 万元的厂房和 150 万元的专利权,换入乙公司账面价值为 300 万元的在建房屋和 100 万元的长期股权投资,不涉及补价。上述资产的公允价值均无法获得。不考虑相关税费及其他因素,甲公司换入的在建房屋的入账价值为(　　)万元。

A. 280 万元　　B. 300 万元　　C. 350 万元　　D. 375 万元

7. 甲公司以 A 设备换入乙公司专利权。交换日,A 设备账面原价为 136 万元,已计提折旧 18 万元,已计提减值准备 16 万元,公允价值无法合理确定;专利权公允价值为 144 万元。甲公司另向乙公司支付补价 4 万元,该项交换具有商业实质。假定不考虑相关税费等因素,该项交换对甲公司当期损益的影响金额为(　　)万元。

A. 46 万元　　B. 42 万元　　C. 36 万元　　D. 38 万元

8. 甲公司以一项长期股权投资与丙公司的一项其他权益工具投资、一台设备和一项专利权进行交换。长期股权投资公允价值 92 万元;其他权益工具投资、设备和专利权的公允价值分别为 20 万元、50 万元和 30 万元。不考虑其他因素的影响,则甲公司换入设备的入账价值为(　　)万元。

A. 46 万元　　B. 27 万元　　C. 45 万元　　D. 50 万元

二、多项选择题

1. 下列各项中是采用公允价值计量非货币性资产交换需要同时满足的条件有(　　　)。

A. 具有商业实质

B. 换入资产或换出资产的公允价值能够可靠地计量

C. 不具有商业实质

D. 换入资产和换出资产的公允价值均能够可靠地计量

2. 在非货币性资产交换具有商业实质且换入或换出资产的公允价值能够可靠计

量的情况下，换出资产公允价值和换出资产账面价值的差额，可能计入（　　）。

A. 资产处置损益　　B. 营业外收入

C. 投资收益　　D. 留存收益

3. 甲公司以一栋办公楼与乙公司一项以公允价值计量且其变动计入当期损益的金融资产进行交换。甲公司办公楼的原价为 2 000 万元，已计提折旧 400 万元，已计提减值准备 200 万元，公允价值为 1 200 万元；乙公司换出资产的账面价值为 800 万元（其中成本为 600 万元，公允价值变动收益为 200 万元），公允价值为 1 000 万元。甲公司另收到乙公司 200 万元的补价。该项交换具有商业实质，双方均不改变相关资产的使用用途。不考虑其他因素，甲公司的下列处理中，正确的有（　　）。

A. 换入资产的入账价值为 1 200 万元

B. 换入资产的入账价值为 1 000 万元

C. 交换日应确认资产减值损失 200 万元

D. 交换日影响利润总额的金额为－200 万

4. 甲公司以其拥有的一辆作为固定资产核算的轿车换入乙公司一项非专利技术，并支付补价 10 万元，当日，甲公司该轿车原价为 160 万元，累计折旧为 32 万元，未计提减值准备，公允价值为 120 万元，乙公司该项非专利技术的公允价值为 130 万元，该项交换具有商业实质，不考虑相关税费及其他因素，甲公司进行的下列会计处理中，正确的有（　　）。

A. 按 10 万元确定营业外支出

B. 按 130 万元确定换入非专利技术的成本

C. 按－8 万元确认资产处置损益

D. 按 2 万元确认资产处置损益

5. 非货币性资产交换以公允价值计量且涉及补价的，在确定计入当期损益的金额时，应当考虑的因素有（　　）。

A. 支付补价的公允价值　　B. 换入资产的成本

C. 换出资产的账面价值　　D. 收到补价的公允价值

6. 以账面价值计量的非货币性资产交换，下列表述正确的有（　　）。

A. 不涉及补价的，应当以换出资产账面价值和应支付的相关税费作为换入资产的初始计量金额

B. 对于换出资产，终止确认时不确认损益

C. 支付补价的，应当以换出资产的账面价值，加上支付的补价的公允价值和应支付的相关税费，作为换入资产的初始计量

D. 收到补价的，应当以换出资产的账面价值，减去收到的补价的公允价值和应支付的相关税费，作为换入资产的初始计量金额，不确认损益

三、判断题

1. 非货币性资产交换就是用一项非货币性资产交换另一项非货币性资产。（　　）

2. 以公允价值计量且其变动计入当期损益的金融资产是短期内即将变现的资产，所以应归类为货币性资产。（　　）

3. 非货币性资产交换的补价不得大于25%。（　　）

4. 如果非货币性资产交换不具有商业实质则应以账面价值为计算基础。（　　）

四、计算分析题

1. 以换出资产的公允价值为基础计量——不涉及补价

甲公司以账面价值1 000万元、公允价值1 110万元的无形资产与乙公司交换一套生产设备，该套设备在乙公司的账面价值为：原始价值1 200万元，累计折旧100万元，评估确定的公允价值为1 090万元。甲公司支付运费2万元。为简化起见，其他相关税费略。

要求：请根据上述资料，写出甲、乙公司的相关账务处理。

2. 以换出资产的公允价值为基础计量——涉及补价

沿用计算题1的资料。假定交换日乙公司向甲公司支付补价20万元。

请根据资料写出甲、乙公司的相关账务处理。

3. 以换入资产的公允价值为基础计量——不涉及补价

沿用计算题1的资料。假定甲公司认为有确凿证据表明生产设备的公允价值更可靠。

要求：请写出甲公司的账务处理。

4. 以换入资产的公允价值为基础计量——涉及补价

沿用计算题2的资料。假定甲公司认为有确凿证据表明生产设备的公允价值更可靠。

要求：请写出甲公司的账务处理。

5. 以换出资产的账面价值为基础计量——涉及补价

沿用计算题2的资料。假定双方经判断此项交换不具有商业实质。

要求：请写出甲、乙公司的相关账务处理。

第四章 借款费用

【结构框架】

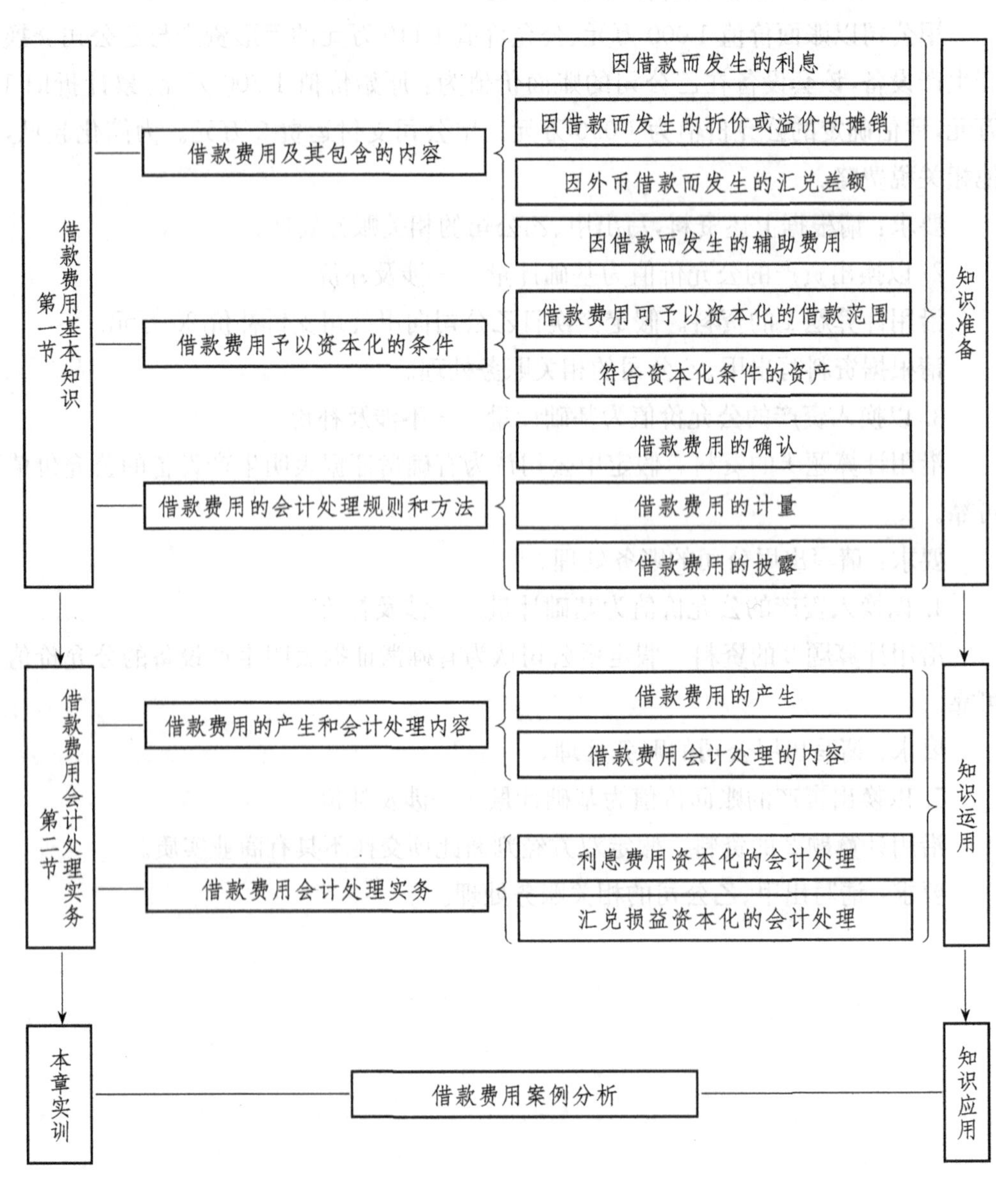

【主要知识点】

(1) 借款费用予以资本化的条件。

(2) 借款费用的会计处理规则。

(3) 借款费用的会计处理方法。

(4) 借款费用的会计处理实务。

【学习目标】

(1) 理解借款费用的定义。

(2) 理解掌握借款费用予以资本化的条件。

(3) 了解借款费用的产生和内容。

(4) 理解掌握借款费用的会计处理规则。

(5) 掌握借款费用的会计处理。

【重点难点】

(1) 借款费用予以资本化的条件。

(2) 利息资本化和汇兑差额资本化。

第一节　借款费用基本知识

一、借款费用及其包含的内容

我国《企业会计准则第 17 号——借款费用》定义的借款费用，是指企业因借入资金所付出的代价。包括借款利息、折价或者溢价的摊销、辅助费用以及因外币借款而发生的汇兑差额等四个组成部分。对于企业发生的权益性融资费用，不应包括在借款费用中。承租人根据租赁会计准则所确认的融资租赁发生的融资费用属于借款费用。

《企业会计准则第 17 号——借款费用》

(一) 因借款而发生的利息

因借款而发生的利息，包括企业向银行或者其他金融机构等借入资金发生的利息、发行公司债券发生的利息以及为购建或者生产符合资本化条件的资产而发生的带息债务所承担的利息等。

(二) 因借款而发生的折价或溢价的摊销

因借款而发生的折价或者溢价主要是指发行债券等所发生的折价或者溢价，发行债券中的折价或者溢价，其实质是对债券票面利息的调整(即将债券票面利率调整为实际利率)，属于借款费用的范畴。

(三) 因外币借款而发生的汇兑差额

因外币借款而发生的汇兑差额，是指由于汇率变动导致市场汇率与账面汇率出现差异，从而对外币借款本金及其利息的记账本位币金额所产生的影响金额。由于汇率的变化往往和利率的变化相联动，它是企业外币借款所需承担的风险，因此，因外币借款相关汇率变化所导致的汇兑差额属于借款费用的有机组成部分。

(四) 因借款而发生的辅助费用

因借款而发生的辅助费用，是指企业在借款过程中发生的诸如手续费、佣金、印刷费等费用，由于这些费用是因安排借款而发生的，也属于借入资金所付出的代价，是借款费用的构成部分。

二、借款费用予以资本化的条件

将借款费用予以资本化的需要明确以下两点，一是借款费用可予以资本化的借款范围，二是符合资本化条件的资产。

(一) 借款费用可予以资本化的借款范围

借款费用可予以资本化的借款包括专门借款和一般借款。

1. 专门借款

专门借款是指为购建或者生产符合资本化条件的资产而专门借入的款项。专门借款通常应当有明确的用途，即为购建或者生产某项符合资本化条件的资产而专门借入的，并通常应当具有标明该用途的借款合同。例如，某制造企业为了建造厂房向某银行专门贷款1亿元、某房地产开发企业为了开发某住宅小区向某银行专门贷款2亿元、某施工企业为了完成承接的某运动场馆建造合同向银行专门贷款5 000万元等，均属于专门借款，其使用目的明确，而且其使用受与银行签订的相关合同的限制。

2. 一般借款

一般借款是指除专门借款之外的借款，相对于专门借款而言，一般借款在借入时，其用途通常没有特指用于符合资本化条件的资产的购建或者生产。

(二) 符合资本化条件的资产

符合资本化条件的资产是指需要经过相当长时间的购建或者生产活动才能达到预定可使用或者可销售状态的固定资产、投资性房地产和存货等资产。建造合同成本、确认为无形资产的开发支出等在符合条件的情况下，也可以认定为符合资本化条件的资产。

符合资本化条件的存货，主要包括房地产开发企业开发的用于对外出售的房地产开发产品、企业制造的用于对外出售的大型机械设备等，这类存货通常需要经过相当长时间的建造或者生产过程，才能达到预定可销售状态，如船舶、大型设备。其中，"相当长时间"应当是指为资产的购建或者生产所必要的时间，通常为1年以上(含1年)。

不符合资本化条件的资产一般包括以下几种上。

(1) 如果由于人为或者故意等非正常因素导致资产的购建或者生产时间相当长的，该资产不属于符合资本化条件的资产。

(2) 购入即可使用的资产，或者购入后需要安装但所需安装时间较短的资产，或者需要建造或者生产但所需建造或者生产时间较短的资产。

三、借款费用的会计处理规则和方法

(一) 借款费用的确认

根据借款费用准则的规定，借款费用确认的基本原则是：企业发生的借款费用，可直接归属于符合资本化条件的资产的购建或者生产的，应当予以资本化，计入相关资产成本；其他借款费用，应当在发生时根据其发生额确认为费用，计入当期损益。

企业只有发生在资本化期间内的有关借款费用，才允许资本化，资本化期间的确定是借款费用确认和计量的重要前提。借款费用资本化期间，是指从借款费用开始资本化时点到停止资本化时点的期间，但不包括借款费用暂停资本化的期间。

1. 借款费用开始资本化的条件

借款费用允许开始资本化必须同时满足三个条件，即资产支出已经发生、借款费用已经发生、为使资产达到预定可使用或者可销售状态所必要的购建或者生产活动已经开始。

1) 资产支出已经发生

资产支出已经发生，是指企业已经发生了支付现金、转移非现金资产或者承担带息债务形式所发生的支出。

(1) 支付现金，是指用货币资金支付符合资本化条件的资产的购建或者生产支出。

(2) 转移非现金资产，是指企业将自己的非现金资产直接用于符合资本化条件的资产的购建或者生产。

(3) 承担带息债务，是指企业为了购建或者生产符合资本化条件的资产所需用物资等而承担的带息应付款项(如带息应付票据)。企业以赊购方式购买这些物资所产生的债务可能带息，也可能不带息。如果企业赊购这些物资承担的是不带息债务，就不应当将购买价款计入资产支出，因为该债务在偿付前不需要承担利息，也没有占用借款资金。企业只有等到实际偿付债务，发生了资源流出时，才能将其作为资产支出。

值得注意的是，如果企业建造固定资产采用的是出包方式，那么企业在向承包方支付第一笔工程进度款或者预付工程款时就应当认为资产支出已经发生。

2）借款费用已经发生

借款费用已经发生，是指企业已经发生了因购建或者生产符合资本化条件的资产而专门借入款项的借款费用或者所占用的一般借款的借款费用。

3）购建或者生产活动已经开始

为使资产达到预定可使用或者可销售状态所必要的购建或者生产活动已经开始，是指符合资本化条件的资产的实体建造或者生产工作已经开始，例如主体设备的安装、厂房的实际开工建造等。它不包括仅仅持有资产但没有发生为改变资产形态而进行的实质上的建造或者生产活动。

2. 借款费用暂停资本化的时间

符合资本化条件的资产在购建或者生产过程中发生非正常中断，且中断时间连续超过 3 个月的，应当暂停借款费用的资本化。中断的原因必须是非正常中断，属于正常中断的，相关借款费用仍可资本化。在实务中，企业应当遵循“实质重于形式”等原则来判断借款费用暂停资本化的时间，如果相关资产购建或者生产的中断时间较长而且满足其他规定条件的，相关借款费用应当暂停资本化。正常中断与非正常中断的概念及原因如表 4-1 所示。

表 4-1　正常中断与非正常中断的概念及原因一览表

项目	概　　念	产生中断的原因
正常中断	正常中断是指使资产达到预定可使用或者可销售状态必需的中断。可预见不可抗力导致的中断属于正常中断	(1) 正常测试、调试停工 (2) 冬季无法施工
非正常中断	非正常中断是指由于企业管理、决策上的原因或者其他不可预见的原因导致的中断	(1) 企业与施工方发生了质量纠纷 (2) 工程、生产用料没有及时供应 (3) 资金周转发生困难 (4) 施工、生产发生安全事故 (5) 发生了与资产购建、生产有关的劳动纠纷等

3. 借款费用停止资本化的时点与判断

购建或者生产符合资本化条件的资产达到预定可使用或者可销售状态时，借款费用应当停止资本化。在符合资本化条件的资产达到预定可使用或者可销售状态之后所发生的借款费用，应当在发生时根据其发生额确认为费用，计入当期损益。购建或者生产符合资本化条件的资产达到预定可使用或者可销售状态，可从下列几个方面进行判断。

(1) 符合资本化条件的资产的实体建造（包括安装）或者生产工作已经全部完成或者实质上已经完成。

(2) 所购建或者生产的符合资本化条件的资产与设计要求、合同规定或者生产要求相符或者基本相符，即使有极个别与设计、合同或者生产要求不相符的地方，也不影响其正常使用或者销售。

(3) 继续发生在所购建或生产的符合资本化条件的资产上的支出金额很少或者几乎不再发生。

(4) 所购建或者生产的符合资本化条件的资产的各部分分别完工，且每部分在其他部分继续建造或者生产过程中可供使用或者可对外销售，且为使该部分资产达到预定可使用或可销售状态所必要的购建或者生产活动实质上已经完成的，应当停止与该部分资产相关的借款费用的资本化，因为该部分资产已经达到了预定可使用或者可销售状态。

(二) 借款费用的计量

1. 借款利息资本化金额的确定和账务处理

在借款费用资本化期间内，每一会计期间的利息资本化金额，应当按照下列规定确定。

(1) 为购建或者生产符合资本化条件的资产而借入专门借款的，应当以专门借款当期实际发生的利息费用，减去将尚未动用的借款资金存入银行取得的利息收入或进行暂时性投资取得的投资收益后的金额确定。

(2) 为购建或者生产符合资本化条件的资产而占用了一般借款的，企业应当根据累计资产支出超过专门借款部分的资产支出加权平均数乘以所占用一般借款的资本化率，计算确定一般借款应予资本化的利息金额。资本化率应当根据一般借款加权平均利率计算确定。

① 累计支出加权平均数＝∑(每笔资产支出金额×每笔资产占用的天数/会计期间涵盖的天数)

② 资本化率的确定方法。如果只借入一笔借款，资本化率即为该项借款的利率；如果借入了一笔以上的借款，则资本化率即为加权平均利率。

加权平均利率＝当期利息之和/本金加权平均数

(3) 每一会计期间的利息资本化金额，不应当超过当期相关借款实际发生的利息金额。

企业在确定每期利息资本化金额时，应当首先判断符合资本化条件的资产在购建或者生产过程所占用的资金来源，如果所占用的资金是专门借款资金，则应当在资本化期间内，根据每期实际发生的专门借款利息费用，确定应予资本化的金额。在企业将闲置的专门借款资金存入银行取得利息收入或者进行暂时性投资获取收益的情况下，企业还应当将这些相关的利息收入或者投资收益从资本化金额中扣除，以如实反映符合资本化条件的资产的实际成本。

【例 4-1】 甲公司在办公楼建设中因没有取得专门借款，占用的都是一般借款，办公楼预计 2022 年 5 月竣工。2021 年公司除办公楼外没有其他符合资本化条件的资产购建或生产；公司取得的一般借款均按年支付利息。2021 年甲公司办公楼工程实际支出和一般借款情况如表 4-2 所示。

表 4-2 甲公司 2021 年在生产线工程建设中动用一般借款情况

资产支出	一般借款金额	一般年利率
2021 年 6 月 1 日支出 500 万元	2021 年 4 月 1 日取得 3 年期借款 1 000 万元	4.75%
2021 年 9 月 1 日支出 1 000 万元	2021 年 7 月 1 日两年期借款 1 000 万元	4.7%
2021 年 12 月 1 日支出 1 500 万元	2021 年 12 月 1 日 1 年期借款 2 000 万元	4.65%

【要求】 假定全年按 360 天计算，请对甲公司 2021 年借款利息进行资本化和费用化处理(以万元为单位)。

【解析】

(1) 计算所占用一般借款的资本化率。

① 2021 年的所有利息＝1 000×4.75%×9/12＋1 000×4.7%×6/12＋2 000×4.65%×1/12＝35.625＋23.5＋7.75＝66.875(万元)

② 甲公司 2021 年的一般借款资本化率＝66.875/(1 000×9/12＋1 000×6/12＋2 000×1/12)＝4.72%

(2) 计算累计资产支出加权平均数。

2021 年资产支出加权平均数＝(500×210/360＋1 000×120/360＋1 500×30/360)＝750(万元)

(3) 甲公司 2021 年借款利息资本化金额＝750×4.72%＝35.4(万元)。

(4) 根据上述计算结果,2021 年 12 月 31 日做账务处理如下。

借:在建工程——办公楼　　35.4

　财务费用　　31.475

　贷:应付利息　　66.875

2. 外币专门借款汇兑差额资本化金额的确定和账务处理

在借款费用资本化期间内,为购建固定资产而专门借入的外币借款,由于企业取得外币借款日、使用外币借款日和会计结算日的不同,汇率变化所产生的汇兑差额,是购建固定资产的一项代价,应当予以资本化,计入固定资产成本。出于简化核算的考虑,在资本化期间内,外币专门借款本金及其利息的汇兑差额,应当予以资本化,计入符合资本化条件的资产的成本。而除外币专门借款之外的其他外币借款本金及其利息所产生的汇兑差额应当作为财务费用,计入当期损益。

【例 4-2】 甲公司于 2021 年 1 月 1 日,为建造某工程项目专门以面值发行美元公司债券 1 000 万元,年利率为 8%,期限为 3 年,假定不考虑与发行债券有关的辅助费用、未支出专门借款的利息收入或投资收益。合同约定,每年 1 月 1 日支付上年利息,到期还本。

工程于 2021 年 1 月 1 日开始实体建造,2022 年 6 月 30 日完工,达到预定可使用状态,其间发生的资产支出如下。

2021 年 1 月 1 日,支出 200 万美元。

2021 年 7 月 1 日,支出 500 万美元。

2022 年 1 月 1 日,支出 300 万美元。

公司的记账本位币为人民币,外币业务采用外币业务发生时当日的市场汇率折算。

相关汇率如下。

2021 年 1 月 1 日,市场汇率为 1 美元=6.50 元人民币。

2021 年 12 月 31 日,市场汇率为 1 美元=6.38 元人民币。

2022 年 1 月 1 日,市场汇率为 1 美元=6.37 元人民币。

2022 年 6 月 30 日,市场汇率为 1 美元=6.45 元人民币。

【要求】 计算甲公司 2021 年外币专门借款汇兑差额并进行资本化处理。

【解析】 本例中,公司计算外币借款汇兑差额资本化金额如下。

(1) 计算2021年汇兑差额资本化金额。

① 债券应付利息＝1 000×8%×6.38＝80×6.38＝510.4(万元)。账务处理为

借：在建工程　　　　5 104 000

　贷：应付利息　　　　5 104 000

② 外币债券本金及利息汇兑差额＝1 000×(6.50－6.38)＋80×(6.38－6.38)＝12(万元)。账务处理为

借：在建工程　　　　120 000

　贷：应付债券　　　　120 000

(2) 2022年1月1日实际支付利息时，应当支付80万美元，折算成人民币为509.6万元。该金额与原账面金额之间的差额0.8万元应当继续予以资本化，计入在建工程成本。账务处理为

借：应付利息　　　　5 104 000

　贷：在建工程　　　　8 000

　　银行存款　　　　5 096 000

(3) 2022年6月30日时的汇率差额资本化金额。

① 债券应付利息＝1 000×8%×1/2×6.45＝40×6.45＝258(万元)。账务处理为

借：在建工程　　　　2 580 000

　贷：应付利息　　　　2 580 000

② 外币债券本金及利息汇兑差额＝1 000×(6.45－6.38)＋40×(6.45－6.38)＝72.8(万元)。账务处理为

借：在建工程　　　　728 000

　贷：应付债券　　　　728 000

3. 辅助费用资本化金额的确定和账务处理

企业发生的专门借款辅助费用属于借入资金所付出的代价，应按照以下要求进行处理。

(1) 在所构建或生产的符合资本化条件的资产达到预定可使用或者可销售状态之前发生的，应当在发生时根据其金额予以资本，计入资产成本。

(2) 在所购建或生产的符合资本化条件的资产达到预定可使用或者可销售状态之后发生的，应当在发生时根据其金额确认为费用，计入当期损益。

(三) 借款费用的披露

企业应当在财务会计报告中披露以下借款费用信息。

(1) 当期资本化的借款费用金额。

(2) 当期用于确定资本化金额的资本化率。

第二节　借款费用会计处理实务

一、借款费用的产生和会计处理内容

(一) 借款费用的产生

借款是企业筹集资金的主要方式之一,是企业正常的财务行为,主要包括向金融机构贷款和发行企业债券两种形式。企业借入资金需要依法按程序进行,并履行相应的义务、承担相应的责任。在借款过程中会发生手续费、债券印刷费、债券发行佣金等费用,借入资金需要定期支付利息,属于外币借款还需要承担汇兑损失等,这些都是因借入资金所付出的代价,借款费用由此产生。

(二) 借款费用会计处理的内容

借款费用的会计处理,主要包括费用的确认、计量和账务处理三个方面的内容。借款费用的确认涉及正确划分资产性支出和收益性支出等原则的运用;借款费用的计量涉及资本化率的计算、利息费用的计算、汇兑损益的计算等;借款费用的账务处理涉及相关账户的正确使用、记录方向的确定等内容。

二、借款费用会计处理实务

(一) 利息费用资本化的会计处理

下面以甲公司一笔长期借款为例,就借款的性质、期限、利率、涉及的问题与会计处理进行展示和讲解。

操作实例

【实务资料】

甲公司于 2021 年 1 月 1 日从建行借入三年期借款 1 000 万元用于生产线工程建设,年利率 8%,利息到期一次支付。其他有关资料如下。

(1) 工程于 2021 年 1 月 1 日开工,甲公司于 2021 年 1 月 1 日支付给建筑承包商乙公司300万元。

2021年1月1日～3月末，该借款未支付部分取得的存款利息收入为4万元。

(2) 2021年4月1日工程因纠纷停工，直到7月1日继续施工。第二季度取得的该笔借款存款利息收入为4万元。

(3) 2021年7月1日又支付工程款400万元。第三季度，甲公司用该借款的剩余资金300万元购入交易性证券，获得投资收益9万元，已存银行。

(4) 2021年10月1日，甲公司从工商银行借入流动资金借款500万元，借期1年，年利率6%。利息按季度支付。10月1日甲公司支付工程进度款500万元。

(5) 至2021年年末该工程尚未完工。

【问题】

(1) 判断专门借款在2021年的资本化期间。

(2) 按季计算2021年与工程有关的利息费用、利息资本化金额，并进行账务处理(以万元为单位)。

【会计处理】

(1) 判断专门借款的资本化期间。

2021年资本化期间为2021年1月1日—12月31日，但4月1日—6月30日应暂停资本化。

(2) 按季计算2021年与工程有关的利息费用、利息资本化金额，并进行账务处理。

① 第一季度：a. 专门借款利息＝1 000×8%/4＝20(万元)；b. 资本化利息金额＝20－4＝16(万元)。

c. 账务处理。

借：在建工程——生产线　16
　　银行存款　4
　贷：长期借款——应计利息　20

② 第二度(暂停资本化)：a. 专门借款利息＝1 000×8%/4＝20(万元)；b. 计入财务费用的金额＝20－4＝16(万元)。

c. 账务处理。

借：财务费用　16
　　银行存款　4
　贷：长期借款——应计利息　20

③ 第三季度：a. 专门借款利息＝1 000×8%/4＝20(万元)；b. 资本化利息金额＝20－9＝11(万元)。

c. 账务处理。

借：在建工程——生产线　　11

　　银行存款　　9

　　贷：长期借款——应计利息　　20

④ 第四季度：a. 专门借款利息＝1 000×8%/4＝20(万元)，应全部资本化；b. 从10月1日开始，该工程累计支出已达1 200万元，超过了专门借款200万元，应将超过部分占用一般借款的借款费用资本化，具体如下。

累计资产支出加权平均数＝200×(3/3)＝200(万元)

季度资本化率＝6%/4＝1.5%

一般借款利息资本化金额＝200×1.5%＝3(万元)

资本化利息金额＝20＋3＝23(万元)

c. 账务处理。

借：在建工程——生产线　　20

　　贷：长期借款——应计利息　　20

借：在建工程——生产线　　3

　　财务费用　　4.5

　　贷：银行存款　　(500×6%/4)7.5

(二) 汇兑损益资本化的会计处理

下面以甲公司另一笔长期借款为例，就借款的性质、期限、利率、涉及的问题与会计处理进行展示和讲解。

操作实例

【实务资料】

甲公司2021年7月1日建造一条生产线，总投资200万美元，工期半年，预计在2021年12月末完工。

(1) 该工程已出包给丙公司(外商投资企业)承建，工程已于2021年7月1日开工；为建造生产线，甲公司在2021年7月1日从中行借入100万美元借款，借期2年，年利率为6%，利息在到期时支付。

(2) 甲公司对丙公司支付工程款的情况为：2021年7月1日支付60万美元，10月1日支付60万美元，12月31日支付80万美元。

(3) 2021年7月1日1美元＝8元人民币，9月30日1美元＝8.2元人民币，10月1日1美元＝8.2元人民币，12月31日1美元＝8.5元人民币。

(4) 第三季度该笔借款的存款利息收入为0.2万美元。假设不考虑第四季度该笔借款的存款利息，甲公司也没有其他借款。

【问题】 计算第三季度和第四季度利息和汇兑差额的资本化金额，并进行相应的会计处理(以万元为单位，保留小数点后2位)。

【会计处理】

(1) 2021年9月30日。

① 计提利息。

第三季度利息费用=[100×(6%/12)×3]×8.2=1.5×8.2=12.3(万元人民币)。

第三季度利息收入=0.2×8.2=1.64(万元人民币)。

第三季度利息资本化金额=12.3−1.64=10.66(万元人民币)。

账务处理为

借：在建工程　　10.66

　银行存款——美元户　　(0.2×8.2)1.64

　贷：长期借款——利息(美元户)　　(1.5×8.2)12.3

② 计算汇兑差额。

第三季度本金的汇兑差额=100×(8.2−8)=20(万元人民币)。

第三季度利息的汇兑差额=1.5×(8.2−8.2)=0(万元人民币)。

第三季度本金和利息汇兑差额资本化金额=20+0=20(万元人民币)。

账务处理为

借：在建工程　　20

　贷：长期借款——本金(美元户)　　20

(注：资本化期间为2021年7月1日——12月31日，在此期间产生的汇兑差额可全部资本化)

(2) 2021年12月31日。

① 计提利息。第四季度利息费用=100×(6%/12)×3×8.5=1.5×8.5=12.75(万元人民币)，全部资本化。

账务处理为

借：在建工程　　12.75

　贷：长期借款——利息(美元户)　　(1.5×8.5)12.75

② 计算汇兑差额。

第四季度本金的汇兑差额=100×(8.5−8.2)=30(万元人民币)。

第四季度利息的汇兑差额=1.5×(8.5−8.2)+1.5×(8.5−8.5)=0.45(万元人民币)。

第四季度本金和利息汇兑差额资本化金额=30+0.45=30.45(万元人民币)。

账务处理为

借：在建工程　30.45
　贷：长期借款——本金(美元户)　30
　　　长期借款——利息(美元户)　0.45

 本章实训

【实训目标与能力要求】

本实训目标是培养学生用所学企业借款费用会计知识进行案例分析的能力。其能力要求如下：

(1) 掌握企业借款费用的确认、计量和报告要求，以及会计处理方法。

(2) 能够针对具体的案例事件，通过分析提出处理意见，并进行相应账务处理。

【实训方式】

实训分小组进行，以小组为单位完成案例分析和账务处理，并形成案例分析报告，参加讲评和讨论。

【实训考核】

根据各实训小组提交成果(案例分析报告)的质量和参与讨论的情况进行评分。实训成绩按百分制评定。

小组项目实训成绩＝实训准备(满分10)＋实训成果(满分80)＋小组协作(满分10)。

个人项目实训成绩＝小组项目实训成绩×个人贡献系数(个人贡献系数由组长根据其在实训中的贡献大小决定)

【实训步骤】

(1) 由任课教师引导学生解读实训案例资料，提示学生应注意哪些问题，并布置具体实训任务和时间要求。

(2) 各实训小组根据组内分工，通过拟定案例分析方案、查找与案例相关的背景资料、对案例事项进行分析并得出结论、根据分析结果进行账务处理四个环节，进行案例分析。在分析过程中，小组内对案例初步分析要进行讨论、修改、形成共识，最后按照要求形成案例分析报告。

(3) 各实训小组组长将案例分析报告交给学委，由任课老师组织互评。

(4) 任课老师根据互评结果和课堂讲评、讨论情况确定实训成绩。

【实训资料】

长城公司为建造固定资产于2022年1月1日专门发行了2年期的公司债券。债券面值为2 000万元，每半年付息一次，到期还本，票面利率为10%，实际利率为8%，长城公司实际收到款项2 072.59万元。此外，2022年7月1日，长城公司取得一般借款，金额为600万元，期限为3年，利率为7%。长城公司于2022年6月30日和

2022 年 12 月 31 日计提利息费用、摊销溢折价金额并计算应予以资本化的金额。长城公司于 2022 年 1 月 1 日正式开工兴建固定资产。与该工程有关的信息如下：

(1) 1 月 1 日，长城公司支付工程进度款 2 072.59 万元。

(2) 4 月 1 日，因工程进行质量检查而停工。

(3) 5 月 1 日，工程重新开工。

(4) 7 月 1 日，长城公司支付工程进度款 300 万元。

(5) 12 月 31 日，工程完工且已经达到了预定可使用状态。

长城公司采用实际利率法摊销相关费用。

【实训任务】

(1) 2022 年 6 月 30 日，长城公司应确认的借款费用资本化金额是多少？请编制相关会计分录。

(2) 2022 年 12 月 31 日，长城公司应确认的借款费用资本化金额是多少？请编制相关会计分录。

课后练习

一、单项选择题

1. 固定资产在购置或建造过程中中断超过 3 个月的，可以继续资本化的情况是(　　)。

A. 劳动纠纷　　B. 施工技术要求

C. 发生安全事故　　D. 资金周转困难

2. A 公司为建造自用仓库于 2022 年 1 月 1 日借入 2 年期、年利率为 10%的专门借款 4 000 万元。此外，A 公司在 2021 年 11 月 1 日还借入了年利率为 8%的一般借款 2 000 万元。除此之外，A 公司无其他借款。该工程于 2022 年 1 月 1 日开始建造，至 10 月末累计发生工程支出 3 700 万元，11 月 1 日发生工程支出 1 800 万元，12 月 1 日发生工程支出 200 万元，年末工程尚未完工。A 公司 2022 年一般借款利息资本化的金额为(　　)万元。

A. 16　　B. 21.5　　C. 21.34　　D. 25

3. A 公司于 2022 年 1 月 1 日从银行取得一笔专门用于自用厂房建设的长期借款，本金为 800 万元，年利率为 10%，期限为 3 年，于每年年末付息，到期还本。该工程于 2022 年 1 月 1 日开工建设。2022 年资产支出如下：1 月 1 日支出 100 万元；5 月 1 日支出 200 万元；10 月 1 日支出 200 万元。闲置资金因购买国债可取得 0.2%的月收益。2022 年，借款费用资本化金额为(　　)万元。

A. 19.4　　B. 80.2　　C. 100　　D. 62.8

4. A公司为建造厂房于2022年4月1日从银行借入1 000万元专门借款，借款期限为2年，年率为6%。2022年7月1日，A公司采取出包方式委托B公司为其建造该厂房，并预付了500万元工程款，厂房实体建造工作于当日开始。该工程因发生施工安全事故在2022年8月1日至2022年11月30日中断施工，12月1日恢复正常施工，至年末尚未完工。2022年，该公司将未动用借款资金进行暂时性投资，获得投资收益20万元(其中资本化期间内获得收益7万元)。该工程在2022年度应予资本化的利息金额为(　　)万元。

A. 80　　B. 6.5　　C. 53　　D. 10

5. A公司于2022年1月1日开始建造一条生产线，并于当日向银行借入200万美元专门用于该生产线的建造，该笔借款的年利率为10%。A公司每半年计提利息，年末支付利息。同时，A公司还有一笔一般借款，该笔借款为2021年1月1日借入，借款金额为100万美元，年利率为8%，按季度计提利息，年末支付利息。A公司对外币业务采用交易发生日即期汇率进行计算。2022年的相关汇率如下：1月1日的市场汇率为1美元=6元；3月31日的市场汇率为1美元=6.2元；6月30日的市场汇率为1美元=6.4元；9月30日的市场汇率为1美元=6.5元；12月31日的市场汇率为1美元=6.8元，2022年年末，A公司因外币借款汇兑差额应予资本化的金额为(　　)万元。

A. 288　　B. 258.4　　C. 178.4　　D. 164

二、多项选择题

1. 下列属于借款费用确认基本原则的有(　　)。

A. 企业发生的借款费用可直接归属于符合资本化条件的资产的构建或者生产的，应当予以资本化，计入相关资产成本

B. 符合资本化条件以外的借款应当在发生时根据其发生额确认为费用，计入当期损益

C. 借款费用包括借款利息费用和外币发生的汇兑差额等

D. 因借款而发生的利息包括企业向银行或者其他金融结构等借入资金发生的各种利息

2. 下列各项中，符合借款费用资本化条件的资产包括(　　)。

A. 需要经过相当长时间的构建才能达到预定可使用状态的固定资产

B. 需要经过相当长时间的构建才能达到预定可使用状态的投资性房地产

C. 需要经过相当长时间的生产活动才能达到预定可销售状态的存货

D. 需要经过半年的构建才能达到预定可销售状态的投资性房地产

E. 无形资产

3. 下列关于资本化的表述,正确的有(　　)。

A. 开发阶段支出应当资本化计入无形资产成本

B. 在建项目占用一般借款的,其借款利息可以资本化

C. 房地产开发企业不应将用于项目开发的借款费用资本化,计入开发成本

D. 符合资本化条件的固定资产是指需要经过相当长时间的构建或者生产活动才能达到预定可使用状态的固定资产

4. 下列项目中,属于借款费用的有(　　　　)。

A. 因外币借款所发生的汇兑差额

B. 承租人根据《企业会计准则第21号——租赁》所确认的租赁发生的融资费用

C. 发行公司债券发生的溢价

D. 发行公司债券折价的摊销

E.发生的权益融资费用

5. 下列发生的各项费用中,属于借款辅助费用的有(　　)。

A. 借款的承诺费　　B. 发行公司债券溢价的摊销

C. 发行公司债的手续费　　D. 佣金

三、计算分析题

1. 甲公司于2020年1月1日动工兴建一幢办公楼。甲公司对该工程采用出包方式,每半年支付一次工程进度款。该工程于2021年6月30日完工达到预计使用状态。

甲公司建造工程的资产支出如下:2020年1月1日,支出3 000万元;2020年7月1日,支出5 000万元,累计支出8 000万元;2021年1月1日,支出3 000万元,累计支出11 000万元。

甲公司为建造办公楼于2020年1月1日专门借款4 000万元,借款期限为3年,年利率为8%。甲公司按年支付利息。除此之外,无其他专门借款。

甲公司建造办公楼还占用了以下两笔一般借款:

(1) 从A银行取得长期借款4 000万元,期限为自2020年12月1日至2022年12月1日,年利率为6%。甲公司按年支付利息。

(2) 发行公司债券2亿元。发行日为2020年1月1日,期限为5年,年利率为8%。甲公司按年支付利息。

闲置专门借款资金用于固定收益债券临时投资,临时性投资的月收益率为0.5%。假定全年按360天计。

要求:(1) 计算2020年和2021年专门借款利息资本化金额。

(2) 计算2020年和2021年一般借款利息资本化金额。

(3) 计算 2020 年和 2021 年利息资本化金额。

(4) 编制 2020 年和 2021 年与利息资本化金额有关的会计分录。

2. 甲公司为建造生产车间发生如下经济业务：

(1) 2021 年 4 月 1 日开始建造一生产车间，预计工期为两年。

(2) 2021 年 4 月 1 日取得专门借款。该笔借款的本金为 6 000 万元，年利率为 9%，期限为 3 年。甲公司每年付息，到期还本。

(3) 发生两笔一般借款：2020 年 11 月 1 日取得本金为 3 720 万元的一般借款，年利率为 6%，期限为 3 年，每年付息，到期还本；2020 年 12 月 1 日又取得一般借款，本金为 3 000 万元，年利率为 8%，期限为 5 年，每年付息，到期还本。

(4) 2021 年发生如下支出：

① 4 月 1 日，支付购买工程物资价款和增值税 3 600 万元。

② 5 月 1 日，支付建造人员职工薪酬 630 万元。

③ 6 月 1 日，将甲公司自己生产的产品用于建造生产车间。该产品的成本为 3 600 万元，其中材料成本为 3 000 万元。甲公司当初购买该材料时的增值税为 390 万元，该产品计税价格为 6 000 万元，增值税税率为 13%。

④ 6 月 30 日，为本月用于生产车间建造的产品缴纳增值税 390 万元。

假定甲公司按月计算应予资本化的利息金额，每月按 30 天计算，全年按 360 天计算。该公司的闲置专门借款资金用于固定收益债券的短期投资，假定短期投资年收益率为 6%。

要求：计算 2021 年 4～6 月的利息资本化和费用化金额，并编制会计分录。

第五章 所得税会计

【结构框架】

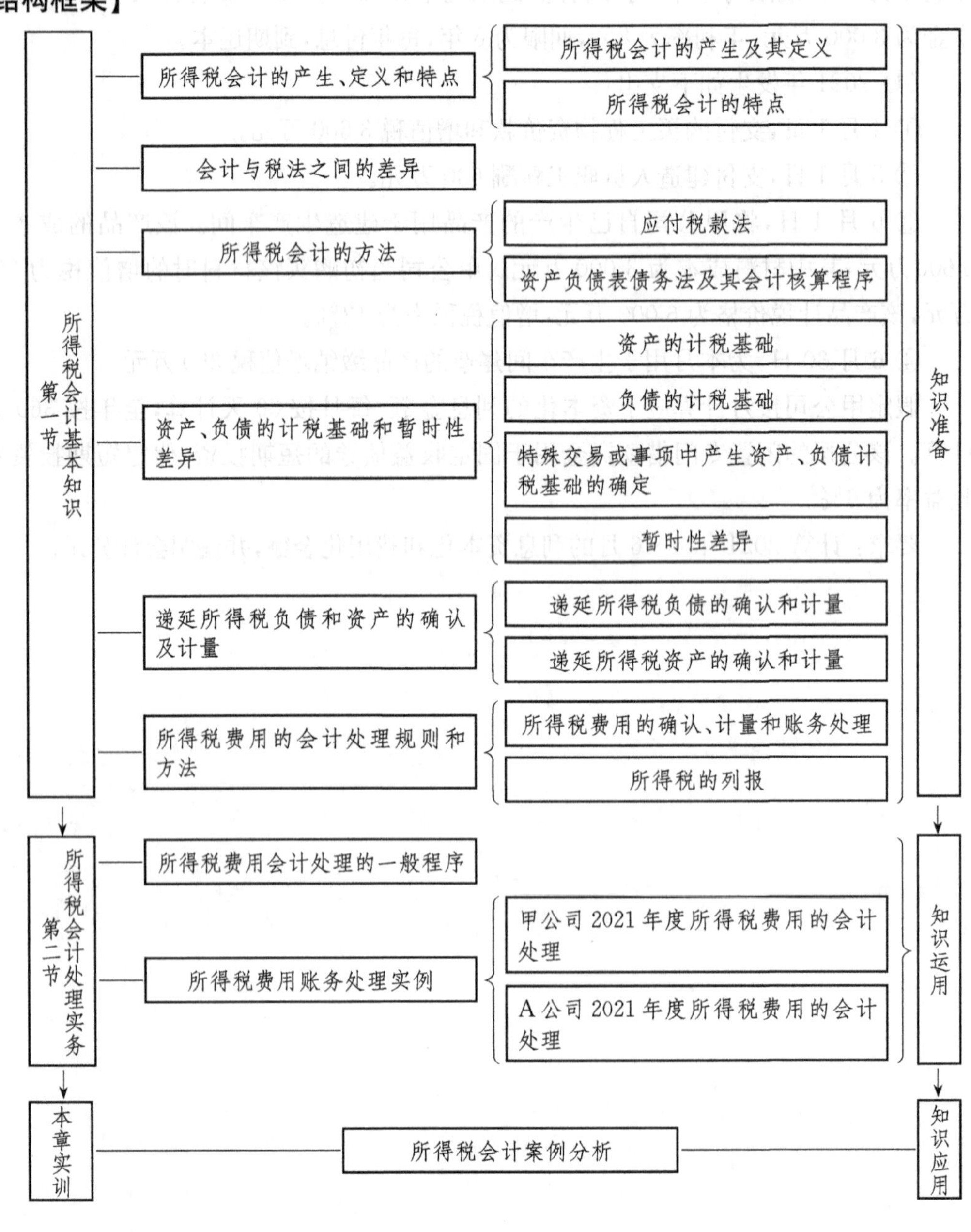

【主要知识点】

(1) 所得税会计的产生、定义和特点。

(2) 所得税会计的方法。

(3) 计税基础与暂时性差异。

(4) 递延所得税负债和资产的确认和计量。

(5) 所得税费用的会计处理规则。

(6) 所得税费用的会计处理方法。

(7) 所得税费用的会计处理实务。

【学习目标】

(1) 理解所得税会计的定义和特点。

(2) 理解财务会计与税法之间的差异。

(3) 理解掌握计税基础与暂时性差异。

(4) 掌握递延所得税负债和资产的确认和计量。

(5) 理解掌握所得税费用的会计处理规则。

(6) 了解所得税费用会计处理的一般程序。

(7) 掌握应交所得、递延所得税资产、递延所得税负债和所得税费用的会计处理。

【重点难点】

(1) 计税基础与暂时性差异。

(2) 应交所得、递延所得税资产、递延所得税负债和所得税费用的会计处理。

第一节　所得税会计基本知识

一、所得税会计的产生、定义和特点

(一) 所得税会计的产生及其定义

所得税会计产生的原因在于会计准则和税收法规对收益确定存在差异,这种差异会导致应纳所得额和会计利润之间存在差异,对差异的核算处理就形成了所得税会计。因此,所得税会计是研究处理会计收益和应税收益差异的会计理论和方法。《企业会计准则第 18 号——所得税》采用了资产负债表债务法核算所得税。

《企业会计准则第 18 号——所得税》

(二) 所得税会计的特点

所得税会计是从资产负债表出发,通过比较资产负债表上列示的资产负债,按照企业会计准则规定确定的账面价值与按照税法确定的计税基础,两者之间的差额分别计入应纳税暂时性差异与可抵扣暂时性差异,确认相关的递延所得税负债与递延所得税资产,并在此基础上确定每一期间利润表中的所得税费用。

递延所得税资产和递延所得税负债的确认体现了交易或事项发生以后对未来期间计税的影响,即会增加或减少未来期间应交所得税,在所得税会计核算方面贯彻了资产、负债等基本会计要素的界定。

二、会计与税法之间的差异

前述所得税会计产生的根本原因在于会计准则和税收法规对收益确定存在差异。从利润表角度出发,会计准则和税收规定存在的差异表现为税前会计利润和应纳税所得额之间的差异,包括永久性差异和时间性差异;从资产负债表角度出发,财务会计和税法存在的差异表现为资产、负债的账面价值与其计税基础之间的差异,这种差异称为暂时性差异。3 种差异的含义和类型如表 5-1 所示。

表 5-1 会计和税法之间的差异一览表

差异种类	含义	类型
永久性差异	永久性差异是指在某一会计期间,会计准则与税法在计算收益、费用或损失时由于口径不同所产生的应纳所得额与税前会计利润之间的差异。这种差异在本期发生,不会在以后各期转回	(1) 企业取得的某项收益,会计在当期确认为收益,但按照税法规定应在以后期间确认为应纳税所得额,如交易性金融资产的公允价值变动收益 (2) 企业发生的某项费用或损失,会计在当期确认为费用或损失,但按照税法规定应在以后期间应纳税所得额中扣减,如企业计提的产品质量保证支出、资产减值等 (3) 企业取得的某项收益,会计在以后期间确认为收益,但按照税法规定应计入当前应纳税所得额,如房地产企业的预收商品房销售款 (4) 企业发生某项费用或损失,会计在以后期间确认为费用或损失,但按照税法规定可以从当期应纳税所得额中扣减,如税法按照加速折旧法计提折旧、会计按照直线法计提折旧
时间性差异	时间性差异是指税法与会计准则由于确认收益、费用或损失的时间不同而产生的税前会计利润与应纳税所得额之间的差异。时间性差异发	(1) 企业取得的某项收益,会计在当期确认为收益,但按照税法规定应在以后期间确认为应纳税所得额,如交易性金融资产的公允价值变动收益 (2) 企业发生的某项费用或损失,会计在当期确认为费用或损失,但按照税法规定应在以后期间应纳税所

续 表

差异种类	含 义	类 型
时间性差异	生于某一会计期间,但会在以后的一期或若干期内转回	得额中扣减,如企业计提的产品质量保证支出、资产减值等 (3) 企业取得的某项收益,会计在以后期间确认为收益,但按照税法规定应计入当前应纳税所得额,如房地产企业的预售商品房销售款 (4) 企业发生某项费用或损失,会计在以后期间确认为费用或损失,但按照税法规定可以从当期应纳税所得额中扣减,如税法按照加速折旧法计提折旧、会计按照直线法计提折旧
暂时性差异	从资产负债表的角度出发,财务会计和税法存在的差异表现为资产和负债的账面价值与其计税基础之间的差异	(1) 可抵扣暂时性差异 (2) 应纳税暂时性差异

三、所得税会计的方法

根据是否确认时间性或暂时性差异对所得税的影响,以及如何确认时间性或暂时性差异对所得税的影响,所得税会计的处理方法有应付税款法、利润表债务法和资产负债表债务法 3 种。所得税会计的 3 种方法对差异的确认、所得税费用构成、会计原则、会计理念和账务处理如表 5-2 所示。

表 5-2 应付税款法、利润表债务法和资产负债表债务法比较表

项 目	应付税款法	利润表债务法	资产负债表债务法
对差异的确认	不确认差异的影响	确认时间性差异对所得税的影响	确认暂时性差异对所得税的影响
所得税费用构成	应交所得税	应交所得税＋递延税款发生额	应交所得税＋递延所得税
核算会计原则	收付实现制	权责发生制	权责发生制
会计理念		收入费用观	资产负债观
账务处理	借:所得税费用 贷:应交税费——应交所得税	借:所得税费用 递延税款(或贷) 贷:应交税费——应交所得税	借:所得税费用 递延所得税资产(或贷) 贷:应交税费——应交所得税 递延所得税负债(或借)

(一) 应付税款法

应付税款法的定义、特点、计算账务处理和适用范围如表 5-3 所示。

表 5-3 应付税款法的定义、特点、计算账务处理和适用范围一览表

定义	应付税款法是按所得税法规定的应纳税所得额和税率计算应交所得税金额,并在会计上按应交所得税金额确认为当期所得税费用的一种方法
特点	在应付税款法下,本期所得税费用等于按照本期应纳税所得额与适用的所得税税率计算的应交所得税,即所得税费用等于本期的应交所得税
应纳税所得额的计算	应纳税所得额=会计利润+(或-)永久性差异+(或-)时间性差异+(或-)其他调整 应交所得税=应纳税所得额×当前适用的所得税税率
账务处理	借:所得税费用;贷:应交税率——应交所得税
适用范围	执行《小企业会计准则》的企业采用应付税款法

(二) 资产负债表债务法及其会计核算程序

1. 资产负债表债务法的定义

资产负债表债务法是基于资产负债表中所列示的资产、负债账面价值和计税基础经济含义的基础上,分析按照会计原则列报的账面价值与税法规定的差异,并就有关差异确定相关所得税影响的会计方法。

资产负债表债务法在所得税的会计核算方面遵循了资产、负债的界定,相较于仅将当期实际应交所得税作为利润表中所得税费用的核算方法,资产负债表债务法除了能够反映企业已经持有的资产、负债及其变动对当期利润的影响外,还能够反映有关资产、负债对未来期间的所得税影响,在所得税核算领域贯彻了资产负债观。

2. 资产负债表债务法的会计核算程序

在采用资产负债表债务法核算所得税的情况下,企业一般应于每一资产负债表日进行所得税的核算。企业合并等特殊交易或事项发生时,在确认因交易或事项取得的资产、负债时即应同时确认相关的所得税影响。企业进行所得税核算一般应遵循以下程序:

(1) 确定资产、负债的账面价值。按照相关会计准则规定确定资产负债表中除递延所得税资产和递延所得税负债以外的其他资产和负债项目的账面价值。

(2) 确定资产、负债的计税基础。按照会计准则中对于资产和负债计税基础的确定方法,以适用的税收法规为基础,确定资产负债表中有关资产、负债项目的计税基础。

(3) 确定应纳税暂时性差异与可抵扣暂时性差异。比较资产、负债的账面价值与其计税基础,对于两者之间存在差异的,分析其性质,确定应纳税暂时性差异与可抵扣暂时性差异。

(4) 确定递延所得税负债、递延所得税资产和递延所得税。除准则中规定的特殊情况外，分别应纳税暂时性差异与可抵扣暂时性差异，按照适用税率确定资产负债表日递延所得税负债和递延所得税资产的应有金额，并与期初递延所得税资产和递延所得税负债的余额相比，确定递延所得税。

(5) 确定利润表中的所得税费用。利润表中的所得税费用包括当期所得税(当期应交所得税)和递延所得税两个组成部分，企业在计算确定了当期所得税和递延所得税后，两者之和或之差是利润表中的所得税费用。

四、资产、负债的计税基础和暂时性差异

所得税会计的关键在于确定资产、负债的计税基础。在确定资产、负债的计税基础时，应严格遵循税收法规中对于资产的税务处理以及可税前扣除的费用等的规定进行。

(一) 资产的计税基础

1. 资产计税基础的含义

资产的计税基础是指企业收回资产账面价值过程中，计算应纳税所得额时按照税法规定可以自应税经济利益中抵扣的金额，即某一项资产在未来期间计税时按照税法规定可以税前扣除的金额。

2. 资产计税基础的确定

资产计税基础的确定从理论上讲是资产在未来期间可税前扣除的金额，但具体到某一项资产而言应从两个方面考虑，一是初始确认成本；二是该资产以前期间已经按照税法规定税前扣除的金额。资产计税基础及计算表达式如下：

资产的计税基础＝该资产在未来期间可税前扣除的金额。

资产取得时的计税基础＝该资产初始确认的成本(入账价值)。

资产取得时的计税基础＝该资产初始确认成本－该资产以前期间已税前列支的金额(累计折旧、摊销、减值)。

主要资产项目的账面价值和计税基础如表 5－4 所示。

表 5－4 主要资产项目的账面价值与计税基础的确定一览表

<table>
<tr><th colspan="3">项 目</th><th>账 面 价 值</th><th>计 税 基 础</th></tr>
<tr><td colspan="3">固定资产</td><td>成本－累计折旧(会计)－减值准备</td><td>成本－累计折旧(税法)</td></tr>
<tr><td rowspan="3">无形资产</td><td rowspan="2">自行研发</td><td>加计扣除</td><td>成本－累计摊销(会计)－减值准备</td><td>成本×(1＋加计扣除率)－累计摊销(税法)</td></tr>
<tr><td>据实扣除</td><td>成本－累计摊销(会计)－减值准备</td><td>成本－累计摊销(税法)</td></tr>
<tr><td colspan="2">其他方式取得</td><td>成本－累计摊销(会计)－减值准备</td><td>成本－累计摊销(税法)</td></tr>
</table>

续 表

项　目		账面价值	计税基础
长期股权投资	成本法	初始取得成本一减值准备	初始取得成本
	权益法	期末的账面价值	初始取得成本
投资性房地产	公允价值模式	期末的公允价值	成本一累计折旧(税法)
	成本模式	成本一累计折旧(会计)一减值准备	成本一累计折旧(税法)
交易性金融资产		期末的公允价值	初始取得成本
其他权益工具投资		期末的公允价值	初始取得成本
存货		成本一存货跌价准备	成本
应收账款		账面余额一坏账准备	账面余额

【例5-1】 A企业于2019年12月20日取得的某项固定资产,原价为750万元,使用年限为10年,会计上采用年限平均法计提折旧,净残值为0。税法规定该类(由于技术进步、产品更新换代较快的)固定资产采用加速折旧法计提的折旧可予税前扣除,该企业在计税时采用双倍余额递减法计列折旧,净残值为0。2021年12月31日,企业估计该项固定资产的可收回金额为550万元。

【要求】 分析说明A企业该项固定资产账面价值与计税基础的差异。

【解析】 2021年12月31日,该项固定资产的账面余额=750－75×2=600(万元),该账面余额大于其可收回金额550万元,两者之间的差额应计提50万元的固定资产减值准备。

2021年12月31日,该项固定资产的账面价值=750－75×2－50=550(万元),其计税基础=750－750×20%－600×20%=480(万元)。

该项固定资产的账面价值550万元与其计税基础480万元之间存在的70万元差额,将于未来期间计入企业的应纳税所得额。

【例5-2】 B企业于2020年末以750万元购入一项生产用固定资产,按照该项固定资产的预计使用情况,B企业在会计核算时估计其使用寿命为5年。计税时,按照适用税法规定,其最低折旧年限为10年,该企业计税时按照10年计算确定可税前扣除的折旧额。假定会计与税法规定均按年限平均法计列折旧,净残值均为0。2021年该项固定资产按照12个月计提折旧。假定固定资产未发生减值。

【要求】 分析说明B企业该项固定资产账面价值与计税基础的差异。

【解析】 该项固定资产在2021年12月31日的账面价值=750—750÷5=600(万元)

该项固定资产在2021年12月31日的计税基础=750—750÷10=675(万元)

该项固定资产的账面价值600万元与其计税基础675万元之间产生的75万元差额,在未来期间会减少企业的应纳税所得额。

【例5-3】 A企业当期为开发新技术发生研究开发支出共计2 000万元,其中,研究阶段支出400万元,开发阶段符合资本化条件前发生的支出为400万元,符合资本化条件后至达到预定用途前发生的支出为1 200万元。假定税法规定,企业为开发新技术、新产品、新工艺发生的研究开发费用,未形成无形资产计入当期损益的,按照研究开发费用的50%加计扣除;形成无形资产的,按照无形资产成本的150%摊销。假定开发形成的无形资产在当期期末已达到预定用途(尚未开始摊销)。

【要求】 分析说明A企业该项无形资产账面价值与计税基础的差异。

【解析】 A企业当期发生的研究开发支出中,按照会计准则规定应予费用化的金额为800万元,形成无形资产的成本为1 200万元,即期末所形成无形资产的账面价值为1 200万元。

A企业当期发生的2 000万元研究开发支出,按照税法规定可在当期税前扣除的金额为1 200万元。所形成无形资产在未来期间可予税前扣除的金额为1 800万元,其计税基础为1 800万元,形成暂时性差异600万元。

需要说明的是,上述600万元暂时性差异因产生于无形资产的初始确认,该无形资产并非产生于企业合并,且该无形资产在初始确认时既未影响会计利润,也未影响应纳税所得额,因此,该600万元暂时性差异的所得税影响不予确认。

无形资产在后续计量时,会计与税法的差异主要产生于是否需要摊销、摊销方法和年限的差异及无形资产减值准备的提取。

【例5-4】 乙企业于2021年1月1日取得的某项无形资产,取得成本为1 500万元,取得该项无形资产后,根据各方面情况判断,乙企业无法合理预计其使用期限,将其作为使用寿命不确定的无形资产。2021年12月31日,对该项无形资产进行减值测试表明其未发生减值。企业在计税时,对该项无形资产按照10年的期限采用直线法摊销,摊销金额允许税前扣除。

【要求】 分析说明乙企业该项无形资产账面价值与计税基础的差异。

【解析】会计上将该项无形资产作为使用寿命不确定的无形资产，因未发生减值，其在2021年12月31日的账面价值为取得成本1 500万元。

该项无形资产在2021年12月31日的计税基础为1 350万元（成本1 500—按照税法规定可予税前扣除的摊销额150）。

该项无形资产的账面价值1 500万元与其计税基础1 350万元之间的差额150万元，将计入未来期间企业的应纳税所得额，或者可以理解为因为该150万元已经在当期计算应纳税所得额时税前扣除，从而减少了当期应交所得税，未来期间不会再予扣除，当企业于未来期间产生相关的经济利益流入时即应交所得税。

【例5-5】2021年10月20日，甲公司自公开市场取得一项权益性投资，支付价款2 000万元，作为交易性金融资产核算。2021年12月31日，该投资的市价为2 200万元。

【要求】分析说明甲公司该项权益性投资账面价值与计税基础的差异。

【解析】该项交易性金融资产的期末市价为2 200万元，其按照会计准则规定进行核算的、在2021年资产负债表日的账面价值为2 200万元。

因税法规定以公允价值计量的金融资产在持有期间公允价值的变动不计入应纳税所得额，其在2021年资产负债表日的计税基础应维持原取得成本不变，为2 000万元。

该交易性金融资产的账面价值2 200万元与其计税基础2 000万元之间产生了200万元的暂时性差异，该暂时性差异在未来期间转回时会增加未来期间的应纳税所得额。

【例5-6】2021年11月8日，甲公司自公开的市场上取得一项债权性投资，作为以公允价值计量且其变动计入其他综合收益的金融资产核算。该投资的成本为1 500万元。2021年12月31日，其市价为1 575万元。

【要求】分析说明甲公司该项债权性投资账面价值与计税基础的差异。

【解析】按照会计准则规定，该项金融资产在会计期末应以公允价值计量，其账面价值应为期末公允价值1 575万元。

因税法规定资产在持有期间公允价值变动不计入应纳税所得额，则该项金融资产的期末计税基础应维持其原取得成本不变，为1 500万元。

该金融资产在2021年资产负债表日的账面价值1 575万元与其计税基础1 500万元之间产生的75万元暂时性差异，在企业预期以1 575万元的价格出售该金融资产时，出售价格与取得成本之间的差额75万元将会增加未来期间的应纳税所得额。

【例 5-7】 A 公司于 2021 年 1 月 1 日将其某自用房屋用于对外出租，该房屋的成本为 750 万元，预计使用年限为 20 年。转为投资性房地产之前，已使用 4 年，企业按照年限平均法计提折旧，预计净残值为 0。转为投资性房地产核算后，预计能够持续可靠取得该投资性房地产的公允价值，A 公司采用公允价值模式对该投资性房地产进行后续计量。假定税法规定的折旧方法、折旧年限及净残值与会计规定相同。同时，税法规定资产在持有期间公允价值的变动不计入应纳税所得额，待处置时一并计算确定应计入应纳税所得额的金额。该项投资性房地产在 2021 年 12 月 31 日的公允价值为 900 万元。

【要求】 分析说明 A 公司该项投资性房地产账面价值与计税基础的差异。

【解析】 该投资性房地产在 2021 年 12 月 31 日的账面价值为其公允价值 900 万元，其计税基础为取得成本扣除按照税法规定允许税前扣除的折旧额后的金额，即其计税基础＝750－750÷20×5＝562.5(万元)。

该项投资性房地产的账面价值 900 万元与其计税基础 562.5 万元之间产生了 337.5 万元的暂时性差异，在其未来期间预期能够产生 900 万元的经济利益流入，而按照税法规定仅能够扣除 565.5 万元的情况下，该差异会增加企业在未来期间的应纳税所得额。

【例 5-8】 A 公司 2021 年购入原材料成本为 5 000 万元，因部分生产线停工，当年未领用任何原材料，2021 年资产负债表日估计该原材料的可变现净值为 4 000 万元。假定该原材料在 2021 年的期初余额为 0。

【要求】 分析说明 A 公司该原材料账面价值与计税基础的差异。

【解析】 该项原材料因期末可变现净值低于成本，应计提的存货跌价准备＝5 000－4 000＝1 000(万元)。计提该存货跌价准备后，该项原材料的账面价值为 4 000 万元。

该项原材料的计税基础不会因存货跌价准备的提取而发生变化，其计税基础为 5 000 万元不变。

该存货的账面价值 4 000 万元与其计税基础 5 000 万元之间产生了 1 000 万元的暂时性差异，该差异会减少企业在未来期间的应纳税所得额。

【例 5-9】 A 公司 2021 年 12 月 31 日应收账款余额为 6 000 万元，该公司期末对应收账款计提了 600 万元的坏账准备。税法规定，不符合国务院财政、税务主管部门规定的各项资产减值准备不允许税前扣除。假定该公司应收账款及坏账准备的期初余额均为 0。

【要求】分析说明A公司该项应收账款账面价值与计税基础的差异。

【解析】该项应收账款在2021年资产负债表日的账面价值为5 400万元(6 000—600),因有关的坏账准备不允许税前扣除,其计税基础为6 000万元,该计税基础与其账面价值之间产生600万元暂时性差异,在应收账款发生实质性损失时,会减少未来期间的应纳税所得额。

(二) 负债的计税基础

1. 负债计税基础的含义

负债的计税基础,是指负债的账面价值减去未来期间计算应纳税所得额时按照税法规定可予抵扣的金额。

2. 负债计税基础的确定

负债计税基础的确定可用公式表示为负债的计税基础=账面价值-未来期间按照税法规定可予税前扣除的金额。

主要负债项目账面价值与计税基础的确定如表5-5所示。

表5-5 主要负债项目账面价值与计税基础的确定一览表

项目		账面价值	计税基础
预计负债	税法允许在发生时据实扣除(如企业确认产品质量保证费用)	期末账面价值	0
	税法不允许扣除(如企业预计的担保损失)	期末账面价值	等于期末账面价值
预收账款	税法和会计确认收入时点一致	期末账面价值	等于期末账面价值
	税法和会计确认收入时点不一致	期末账面价值	0
应付职工薪酬	超过税法扣除标准的部分在发生当前不允许税前扣除,在以后期间也不允许税前扣除	期末账面价值	等于期末账面价值
其他负债(如企业应交的罚款和滞纳金等,在尚未支付之前按照会计规定确认为费用,同时作为负债反映)		期末账面价值	等于期末账面价值

【例5-10】甲企业2021年因销售产品承诺提供3年的保修服务,在当年度利润表中确认了500万元的销售费用,同时确认为预计负债,当年度未发生任何保修支出。假定按照税法规定,与产品售后服务相关的费用在实际发生时允许税前扣除。

【要求】 分析说明甲企业该项预计负债账面价值与计税基础的差异。

【解析】 该项预计负债在甲企业 2021 年 12 月 31 日资产负债表中的账面价值为 500 万元。

该项预计负债的计税基础二账面价值 500 万元，未来期间计算应纳税所得额时按照税法规定可予抵扣的金额 500 万元＝0。

该项负债的账面价值 500 万元与其计税基础 0 之间的暂时性差异可以理解为：未来期间企业实际发生 500 万元的经济利益流出用以履行产品保修义务时，税法规定允许税前扣除，即减少未来实际发生期间的应纳税所得额。

【例 5－11】 A 公司于 2021 年 12 月 20 日客户收到一笔合同预付款，金额为 2 500 万元，作为预收账款核算。按照适用税法规定，该款项应计入取得当期应纳税所得额计算应纳所得税。

【要求】 分析说明 A 公司该项预计负债账面价值与计税基础的差异。

【解析】 该预收账款在 A 公司 2021 年 12 月 31 日资产负债表中的账面价值为 2 500 万元。

该预收账款的计税基础＝账面价值 2 500 万元－未来期间计算应纳税所得额时按照税法规定可予抵扣的金额 2 500 万元＝0。

该项负债的账面价值 2 500 万元与其计税基础 0 之间产生的 2 500 万元暂时性差异，该项暂时性差异的含义为在未来期间企业按照会计规定确认收入，产生经济利益流入时，因其在产生期间已经计算了应纳所得税，未来期间则不再计入应纳税所得额，从而会减少企业于未来期间的所得税税款流出。

【例 5－12】 甲企业 2021 年 12 月计入成本费用的职工工资总额为 4 000 万元，至 2017 年 12 月 31 日尚未支付。按照适用税法规定，当期计入成本费用的 4 000 万元工资支出中，可予税前扣除的合理部分为 3 000 万元。

【要求】 分析说明甲企业该项应付职工薪酬负债账面价值与计税基础的差异。

【解析】 该项应付职工薪酬负债于 2021 年 12 月 31 日的账面价值为 4 000 万元。

该项应付职工薪酬负债于 2021 年 12 月 31 日的计税基础＝账面价值 4 000 万元－未来期间计算应纳税所得额时按照税法规定可予抵扣的金额 0＝4 000 万元

该项负债的账面价值 4 000 万元与其计税基础 4 000 万元相同，不形成暂时性差异。

该事项的会计处理与税收处理存在差异，但不形成暂时性差异的原因是两者之间的1 000万元差异在产生当期不能税前扣除，在未来期间亦不能税前扣除，从而构成一项永久性差异，其不会对企业未来期间的计税产生影响。

【例5-13】 A公司2021年12月因违反当地有关环保法规的规定，接到环保部门的处罚通知，要求其支付罚款500万元。税法规定，企业因违反国家有关法律法规支付的罚款和滞纳金，计算应纳税所得额时不允许税前扣除。至2021年12月31日，该项罚款尚未支付。

【要求】 分析说明A公司该项应支付罚款负债账面价值与计税基础的差异。

【解析】 应支付罚款产生的负债账面价值为500万元。

该项负债的计税基础＝账面价值500万元－未来期间计算应纳税所得额时按照税法规定可予抵扣的金额0＝500万元

该项负债的账面价值500万元与其计税基础500万元相同，不形成暂时性差异，不会对未来期间的计税产生影响。

(三) 特殊交易或事项中产生资产、负债计税基础的确定

除企业在正常生产经营活动过程中取得的资产和负债以外，对于某些特殊交易中产生的资产、负债，其计税基础的确定也应遵从税法规定，如企业合并过程中取得资产、负债计税基础的确定等，具体处理时可参考相关资料。

(四) 暂时性差异

暂时性差异是指资产、负债的账面价值与其计税基础不同产生的差额。根据暂时性差异对未来期间应纳税所得额的影响，分为应纳税暂时性差异、可抵扣暂时性差异和特殊项目产生的暂时性差异。除因资产、负债的账面价值与其计税基础不同产生的暂时性差异以外，按照税法规定可以结转以后年度的未弥补亏损和税款抵减，也视同可抵扣暂时性差异处理。不同类型的暂时性差异的概念、产生原因如表5-6所示。

表5-6 暂时性差异一览表

差异种类	概念及产生原因
应纳税暂时性差异	概念：应纳税暂时性差异是指在确定未来收回资产或清偿负债期间的应纳税所得额时，将导致产生应税金额的暂时性差异。该差异在未来期间转回时，会增加转回期间的应纳税所得额和应交所得税。应纳税暂时性差异产生当期——符合确认条件时，应确认相关的递延所得税负债

续 表

差异种类	概念及产生原因
应纳税暂时性差异	产生原因： (1) 资产账面价值大于其计税基础——产生应纳税暂时性差异。资产账面价值大于其计税基础，该项资产未来期间产生的经济利益不能全部税前扣除，两者之间的差额需要交税，产生应纳税暂时性差异 (2) 负债账面价值小于其计税基础——产生应纳税暂时性差异。负债账面价值小于计税基础，则意味着该项负债在未来期间可以税前抵扣的金额为负数，即应在未来期间应纳税所得额的基础上增加，增加应纳税所得额和应交所得税，从而产生应纳暂时性差异
可抵扣暂时性差异	概念：可抵扣暂时性差异是指在确定未来收回资产或清偿负债期间的应纳税所得额时，将导致产生可抵减纳税所得的暂时性差异。该差异在未来期间转回时会减少转回期间的应纳税所得额和应所得税 可抵扣暂时性差异产生当期——符合确认条件时，应确认相关的递延所得税资产
	产生原因： (1) 资产账面价值小于其计税基础——产生可抵扣暂时性差异。从经济含义看，资产在未来期间产生的经济利益少，按照税法规定允许税前扣除的金额多，则企业在未来期间可以减少应纳税所得额并减少应交所得税 (2) 负债账面价值大于其计税基础——产生可抵扣暂时性差异。一项负债账面价值大于其计税基础，意味着未来期间按照税法规定构成负债的全部或部分金额可以自未来应税经济利益中扣除，减少未来期间应纳税所得额和应交所得税
特殊项目产生的暂时性差异	产生原因： (1) 某些交易事项发生以后，因为不符合资产、负债的确认条件而未提现为资产负债表中的资产或负债，但按照税法规定能够确定其计税基础的，其账面价值(零)与计税基础之间的差异也构成暂时性差异(如可在以后期间税前扣除的广告宣传费等) (2) 对于按照税法规定可以结转以后年度的未弥补亏损及税款抵减，虽不是因资产、负债的账面价值与计税基础不同产生的，但本质上可抵扣亏损和税款抵减，与可抵扣暂时性差异具有同样的作用，均能够减少未来期间的应纳税所得额，进而减少未来期间的应交所得税，在会计处理上，与可抵扣暂时性差异的处理相同，符合条件的情况下，应确认与其相关的递延所得税资产

【例 5-14】 A 公司 2021 年发生了 200 或 0 万元广告费支出，发生时已作为销售费用计入当期损益。税法规定，该类支出不超过当年销售收入 15%的部分允许当期税前扣除，超过部分允许向以后年度结转税前扣除。A 公司 2021 年实现销售收入 10 000 万元。

【要求】分析说明A公司该项广告费支出与计税基础之间所产生的差异性质。

【解析】该广告费支出因按照会计准则规定在发生时已计入当期损益，不体现为期末资产负债表中的资产，如果将其视为资产，其账面价值为0。

因按照税法规定，该类支出税前列支有一定的标准限制，根据当期A公司销售收入15%计算，当期可予税前扣除1 500万元（10 000×15%），当期未予税前扣除的500万元可以向以后年度结转，其计税基础为500万元。

该项资产的账面价值0与其计税基础500万元之间产生了500万元的暂时性差异，该暂时性差异在未来期间可减少企业的应纳税所得额，为可抵扣暂时性差异，符合确认条件时，应确认相关的递延所得税资产。

【例5-15】 甲公司于2021年因政策性原因发生经营亏损2 000万元，按照税法规定，该亏损可用于抵减以后5个年度的应纳税所得额。该公司预计其于未来5年期间能够产生足够的应纳税所得额弥补该亏损。

【要求】分析说明甲公司该经营亏损所产生的差异性质。

【解析】该经营亏损不是资产、负债的账面价值与其计税基础不同产生的，但从性质上可以减少未来期间企业的应纳税所得额和应交所得税，属于可抵扣暂时性差异。企业预计未来期间能够产生足够的应纳税所得额利用该可抵扣亏损时，应确认相关的递延所得税资产。

五、递延所得税负债和资产的确认及计量

（一）递延所得税负债的确认和计量

递延所得税负债的确认原则、确认条件和计量要求如表5-7所示。

表5-7 递延所得税负债的确认和计量一览表

<table>
<tr><td rowspan="2">递延所得税负债的确认</td><td colspan="2">应纳税暂时性差异在转回期间将增加未来期间的应纳税所得额和应交所得税，导致企业经济利益的流出，从其发生当期看，构成企业应付税金的义务，应作为递延所得税负债予以确认</td></tr>
<tr><td>（1）一般原则</td><td>除准则中明确规定可不确认递延所得税负债的情况以外，企业对于所有应纳税暂时性差异均应确认相关的递延所得税负债，除直接计入所有者权益的交易或事项以及企业合并外，在确认递延所得税负债的同时，应增加利润表中的所得税费用</td></tr>
</table>

续 表

递延所得税负债的确认	(2) 应确认递延所得税负债的情况	① 交易或事项发生时影响到会计利润或纳税所得额的相关的所得税影响应作为利润表中所得税费用的组成部分
		② 与直接计入所有者权益的交易或事项相关的所得税影响,应增加或减少所有者权益(其他综合收益或者资本公积)
		③ 企业合并生产的相关的递延所得税影响,应调整购买日应确认的商誉或是计入当前收益(营业外收入)的金额
	(3) 不予确认递延所得税负债的情况	① 商誉的初始确认,因会计与税法划分标准不同,按照税法规定,在免税合并的情况下,税法不认可商誉的价值,即商誉的计税基础为0,两者之间的差额形成应纳税暂时性差异。但是,如确认该部分应纳税暂时性差异产生的递延所得税负债,则意味着将进一步增加商誉的价值,而商誉账面价值的增加还会进一步产生应纳税暂时性差异,使得递延所得税负债和商誉价值的变化不断循环。因此,对于企业合并中产生的商誉,其账面价值与计税基础不同形成的应纳税暂时性差异,准则规定不确认相关的递延所得税负债
		② 除企业合并以外的其他交易或事项中,如果该交易或事项发生既不影响会计利润,也不影响应纳税所得额,则所产生的组成、负债的初始确认金额与其计税基础不同,形成应纳税暂时性差异的,交易或事项发生时不确认相应的递延所得税负债 该类交易或事项在我国企业实务中并不多见
		③ 与子公司、利用企业、合营企业投资等相关的应纳税暂时性差异,一般应确认相应的递延所得税负债,但同时满足以下两个条件时,不予确认:一是投资企业能够控制暂时性差异转回的时间,二是该暂时性差异在可预见的未来很可能不会转回
递延所得税负债的计量	(1) 递延所得税负债应以相关的应纳税暂时性差异与转回期间适用的所得税税率计量	
	(2) 递延所得税负债的确认不要求折现	
	递延所得税负债的期末余额=应纳税暂时性差异期末余额×差异转回期间的适用税率	

【例 5-16】 A企业于2020年12月6日购入某项设备,取得成本为500万元,会计上采用年限平均法计提折旧,使用年限为10年,净残值为0,因该资产常年处于强震动状态,计税时按双倍余额递减法计列折旧,使用年限及净残值与会计相同。A企业适用的所得税税率为25%。假定该企业不存在其他会计与税收处理的差异。

【要求】分析说明A企业该项固定资产账面价值与计税基础之间所产生的差异性质及其应确认的负债或资产。

【解析】2021年资产负债表日，该项固定资产按照会计规定计提的折旧额为50万元，计税时允许扣除的折旧额为100万元，则该固定资产的账面价值450万元与其计税基础400万元的差额构成应纳税暂时性差异，企业应确认相关的递延所得税负债。

(二) 递延所得税资产的确认和计量

递延所得税资产的确认原则、确认条件和计量要求如表5-8所示。

表5-8 递延所得税资产的确认和计量一览表

<table>
<tr><td rowspan="5">递延所得税资产的确认</td><td colspan="2">企业对于产生的可抵扣暂时性差异，在估计未来期间能够取得足够的应纳税所得额用以利用该可抵扣暂时性差异时，应当以很可能取得用来抵扣可抵扣暂时性差异的应纳税所得额为限，确认相关的递延所得税资产</td></tr>
<tr><td rowspan="4">一般原则</td><td>(1) 递延所得税资产的确认应以未来期间可能取得的应纳税所得额为限在可抵扣暂时性差异转回的未来期间内，企业无法产生足够的应纳税所得额用以抵减可抵扣暂时性差异的影响，使得与递延所得税资产相关的经济利益无法实现的，该部分递延所得税资产不应确认，企业有明确的证据表明其于可抵扣暂时性差异转回的未来期间能够产生足够的应纳税所得额，进而利用该可抵扣暂时性差异的，则应以可能取得的应纳税所得额为限，确认相关的递延所得税资产
对于子公司、联营企业、合营企业的投资相关的可抵扣暂时性差异，同时满足下列条件的，应当确认相关的递延所得税资产，一是暂时性差异在可预见的未来很可能转回；二是未来很可能用来抵扣可抵扣暂时性差异的应纳税所得额</td></tr>
<tr><td>(2) 按照税法规定可以结转以后年度的可抵扣亏损和税款抵减，应视同可抵扣暂时性差异处理。在预计可利用可弥补亏损或税款抵减的未来期间能够取得应纳税所得额时，应当以很可能取得的应纳税所得额为限，确认相应的递延所得税资产，同时减少确认当期的所得税费用</td></tr>
<tr><td>(3) 企业合并中，按照会计规定确定的合并取得各项可辨认资产、负债的入账价值与其计税基础之间形成可抵扣暂时性差异的，应确认相应的递延所得税资产，并调整合并中应予确认的商誉等</td></tr>
<tr><td>(4) 与直接计入所有者权益的交易或事项相关的可抵扣暂时性差异，相应的递延所得税资产应计入所有者权益，如因其他权益工具投资公允价值下降而应确认的递延所得税资产等</td></tr>
</table>

续　表

递延所得税资的确认	不予确认递延所得税资产的情况	某些情况下，如果企业发生的某项交易或事项不是企业合并，并且交易发生时既不影响会计利润也不影响应纳税所得额，且该项交易中产生的资产、负债的初始确认金额与其计税基础不同，产生可抵扣暂时性差异的，准则中规定在交易或事项发生时不确认相应的递延所得税资产，如研发形成的无形资产允许加计扣除50%或70%形成的可抵扣暂时性差异
递延所得税资产的计量	适用税率	确认递延所得税资产时，应估计相关可抵扣暂时性差异的转回时间，采用转回期间适用所得税税率为基础计算确定 无论相关的可抵扣暂时性差异转回期间如何，递延所得税资产均不予折现
	递延所得税资产减值	资产负债表日，企业应对递延所得税资产的账面价值进行复核。如果未来期间很可能无法获得足够的应纳税所得额用以利用递延所得税资产的利益，应当减记递延所得税资产的账面价值 递延所得税资产的账面价值减记以后，继后期间根据新的环境和情况判断能够产生足够的应纳税所得额利用该可抵扣暂时性差异，使得递延所得税资产包含的经济利益能够实现的，应相应恢复递延所得税资产的账面价值
	递延所得税资产的期末余额＝可抵扣暂时性差异期末余额×差异转回期间的适用税率	

【例5-17】 A企业进行内部研究开发所形成的无形资产成本为1 200万元，因按照税法规定可于未来期间税前扣除的金额为1 800万元，其计税基础为1 800万元。

【要求】 分析说明A企业该项无形资产账面价值与计税基础之间所产生的差异性质及其应确认的资产或负债。

【解析】 该项无形资产并非产生于企业合并，同时在初始确认时既不影响会计利润也不影响应纳税所得额，确认其账面价值与计税基础之间产生暂时性差异的所得税影响需要调整该项资产的历史成本，准则规定在该种情况下不确认相关的递延所得税资产。

六、所得税费用的会计处理规则和方法

（一）所得税费用的确认、计量和账务处理

所得税会计的最终目标是确定利润表中的所得税费用。在资产负债表债务法下，利润表中的所得税费用由两部分组成，即当期所得税和递延所得税。所得税费用的确认、计量和账务处理方法如表5-9所示。

表 5－9　所得税费用的确认、计量和账务处理方法一览表

<table>
<tr><td rowspan="3">当期所得税</td><td>概念</td><td>当期所得税是指企业按照税法规定计算确定的针对当期发生的交易和事项，应缴纳给税务部门的所得税金额，即应交所得税，应以适用的税收法规为基础计算确定</td></tr>
<tr><td>计算</td><td>当期所得税(应交所得税)＝应纳税所得额×当期适用税率
应纳税所得额＝会计利润＋按照会计准则规定计入利润表，但计税时不允许税前扣除的费用＋(－)计入利润表的费用与按照税法规定可予税前抵扣的费用金额之间的差额＋(－)计入利润表的收入与按照税法规定应计入应纳税所得额的收入之间的差额－税法规定不征税的收入＋(－)其他需要调整的因素</td></tr>
<tr><td>账务处理</td><td>借：所得税费用——当期所得税费用
　贷：应交税费——应交所得税</td></tr>
<tr><td rowspan="3">递延所得税</td><td>概念</td><td>递延所得税是指企业在某一会计期间确认的递延所得税资产和递延所得税负债的综合结果，即按照准则规定应予确认的递延所得税资产和递延所得税负债在期末应有的金额相对于原已确认金额之间的差额，即递延所得税资产和递延所得税负债的当期发生额，但不包括计入所得税权益的交易或事项及企业合并的影响</td></tr>
<tr><td>计算</td><td>递延所得税＝(递延所得税负债期末余额－递延所得税负债期初余额)－(递延所得税资产期末余额－递延所得税资产期初余额)
如果某项交易或事项按照会计准则规定应计入所有者权益，由该交易或事项产生的递延所得税资产或递延所得税负债及其变化亦应计入所有者权益，不构成利润表中的所得税费用</td></tr>
<tr><td>账务处理</td><td>借：递延所得税资产
　　所得税费用——递延所得税费用
　　其他综合收益
　贷：递延所得税负债或者
借：递延所得税负债
　　递延所得税资产
　贷：所得税费用——递延所得税费用
　　　其他综合收益</td></tr>
<tr><td>所得税费用</td><td>计算</td><td>利润表中应予确认的所得税费用为当期所得税和递延所得税两者之和，即，所得税费用＝当期所得税＋递延所得税
计入当期损益的所得税费用或收益不包括企业合并和直接的所有者权益中确认的交易或事项产生的所得税影响。与直接计入所有者权益的交易或事项相关的递延所得税，应当计入所有者权益</td></tr>
</table>

【例 5－18】 甲企业持有的某项以公允价值计量且其变动计入其他综合收益的其他债权投资，成本为 500 万元，会计期末，其公允价值为 600 万元，该企业适用的所得税税率为 25%。除该事项外，该企业不存在其他会计与税收法规之间的差异，且递延所得税资产和递延所得税负债不存在期初余额。

【要求】会计期末，对甲企业该项其他债权投资进行账务处理。

【解析】会计期末在确认100万元的公允价值变动时，账务处理为：

借：其他债权投资　　1 000 000

　贷：其他综合收益　　1 000 000

确认应纳税暂时性差异的所得税影响时，账务处理为：

借：其他综合收益　　250 000

　贷：递延所得税负债　　250 000

(二) 所得税的列报

1. 列报的基本原则

企业对所得税的核算结果，除利润表中列示的所得税费用以外，在资产负债表中形成的应交税费(应交所得税)以及递延所得税资产和递延所得税负债应当遵循准则规定列报。其中，递延所得税资产和递延所得税负债一般应当分别作为非流动资产和非流动负债在资产负债表中列示，所得税费用应当在利润表中单独列示，同时还应在附注中披露与所得税有关的信息。

2. 所得税费用与会计利润关系的说明

企业在会计报表附注中应就所得税费用与会计利润的关系进行说明：在利润表中已列示所得税费用的基础上，对当期以会计利润为起点，考虑会计与税收规定之间的差异，计算得到所得税费用的调节过程。自会计利润到所得税费用之间的调整包括两个方面：一是未包括在利润总额的计算中，但包含在当期或递延所得税计算中的项目；二是未包括在当期或递延所得税计算中，但包含在利润总额中的项目。具体调整项目一般包括：① 与税率相关的调整；② 税法规定的非应税收入、不得税前扣除的成本费用和损失等永久性差异；③ 本期未确认递延所得税资产的可抵扣暂时性差异或可抵扣亏损的影响、使用前期未确认递延所得税资产的可抵扣亏损影响；④ 对以前期间所得税进行汇算清缴的结果与以前期间确认金额不同调整报告期间所得税费用等。

第二节　所得税会计处理实务

一、所得税费用会计处理的一般程序

企业所得税费用的会计处理分为两部分，即当期所得税和递延所得税的计算确

认,其会计处理的基本程序如图 5－1 所示。

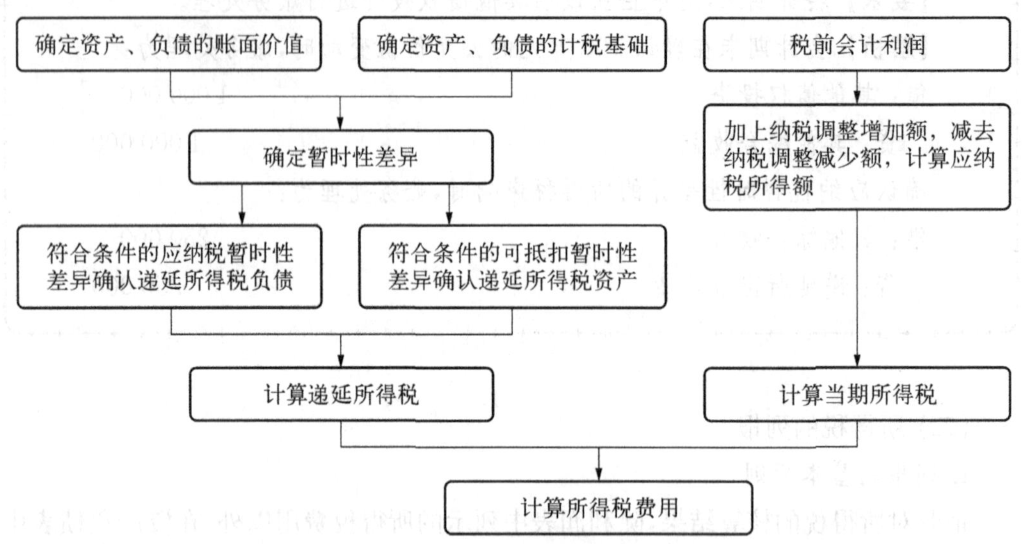

图 5－1 企业所得税费用会计处理基本程序

二、所得税费用账务处理实例

下面分别以甲公司和 A 公司 2021 年度所得税费用的会计处理为例,就所得税费用的内容、税率、调整事项等问题与会计处理进行展示和讲解。

(一) 甲公司 2021 年度所得税费用的会计处理

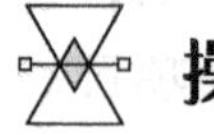

操作实例

【实务资料】

甲公司为一家大中型机电产品制造企业,其注册资本 8 000 万元,资产总额 25 878 万元,负债总额 11 285 万元,所有者权益总额 14 593 万元。公司已经连续多年盈利,具备持续经营的环境和条件,且发展前景乐观,预计会持续盈利,各年能够获得足够的应纳税所得额。公司适用的所得税税率为 25%,2021 年递延所得税资产和递延所得税负债的期初余额分别为 110 万元和 65 万元。2021 年利润总额为 3 000 万元,该公司当年会计与税收法规之间的差异包括以下事项。

(1) 取得国债利息收入 80 万元。

(2) 由于公司经营效益好,员工薪酬较税收薪酬多发 100 万元。

(3) 本期发生非广告性赞助支出 50 万元。

(4) 交易性金融资产公允价值变动收益 30 万元。

(5) 本期提取存货跌价准备 110 万元。

(6) 因会计与税收法规在“固定资产折旧”所采用的方法不同，本期会计折旧额为 2 400 万元，税收折旧为 2 200 万元。

(7) 本期提取固定资产减值准备 200 万元。

(8) 公司自行研发的一项专利技术本期摊销 120 万元，税收法规规定可加计摊销 60 万元在税前扣除。

(9) 预计产品质量保证费用 100 万元。

【问题】

(1) 分析计算甲公司 2021 年度的应纳税所得额和应交所得税。

(2) 分析计算甲公司 2021 年度的应纳税暂时性差异和可抵扣暂时性差异(将结果填入表 5－10 中)。

表 5－10　2021 年末资产负债表相关项目金额及其计税基础　金额单位：万元

项　目	账面价值	计税基础	差　异	
			应纳税暂时性	可抵扣暂时性差异
交易性金融资产	300	270	30	
存货	2 000	2 110		110
固定资产：				
固定资产原价	15 000	15 000		
减：累计折旧	1 200	1 000		200
减：固定资产减值准备	200	0		200
固定资产账面价值	13 600	14 000		400
无形资产	1 200	1 140	60	
其他应付款	100	0		100
总　计			90	610

(3) 分析计算甲公司 2021 年度应确认的递延所得税资产和递延所得税负债。

(4) 计算甲公司 2021 年度应确认的所得税费用。

(5) 编制甲公司 2021 年度确认所得税费用和递延所得税资产及递延所得税负债的会计分录。

【会计处理】

1) 分析计算当期应纳税所得额与应交所得税

应纳税所得额＝3 000－80＋100＋50－30＋110＋200＋200－60＋100＝3 590 万元

当期应交所得税＝3 590×25％＝897. 5 万元

2) 分析计算暂时性差异

该公司 2021 年末资产负债表相关项目金额及其计税基础如表 5－10 所示。

应纳税暂时性差异＝(300－270)＋(1 200－1 140)＝90(万元)

可抵扣暂时性差异＝(2 110－2 000)＋(14 000－13 600)＋(100－0)＝610(万元)

3) 分析计算递延所得税

应确认递延所得税资产＝610×25％＝152.5(万元)

应确认递延所得税负债＝90×25％＝22.5(万元)

递延所得税＝(22.5－65)－(152.5－110)＝－85(万元)

4) 计算所得税费用

所得税费用＝当期所得税＋递延所得税＝897.5＋(－85)＝712.5(万元)

5) 编制会计分录

借：所得税费用　7 125 000

　　递延所得税资产　425 000

　　递延所得税负债　425 000

　贷：应交税费——应交所得税　8 975 000

(二) A 公司 2021 年度所得税费用的会计处理

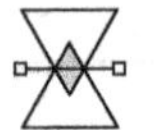

操作实例

【实务资料】

A 公司 2021 年度利润表中利润总额为 3 000 万元，该公司适用的所得税税率为 25％。递延所得税资产及递延所得税负债不存在期初余额。与所得税核算有关的情况如下。

2021 年发生的有关交易和事项中，会计处理与税收处理存在差别的有如下几项。

(1) 2021 年 1 月开始计提折旧的一项固定资产，成本为 1 500 万元，使用年限为 10 年，净残值为 0，会计处理按双倍余额递减法计提折旧，税收处理按直线法计提折旧。假定税法规定的使用年限及净残值与会计规定相同。

(2) 向关联企业捐赠现金 500 万元。假定按照税法规定，企业向关联方的捐赠不允许税前扣除。

(3) 当期取得作为交易性金融资产核算的股票投资成本为 800 万元，2021 年 12

月 31 日的公允价值为 1 200 万元。税法规定，以公允价值计量的金融资产持有期间市价变动不计入应纳税所得额。

(4) 违反环保法规定应支付罚款 250 万元。

(5) 期末对持有的存货计提了 75 万元的存货跌价准备。

【问题】

(1) 分析计算 A 公司 2021 年度的应纳税所得额和应交所得税。

(2) 分析计算 A 公司 2021 年度的应纳税暂时性差异和可抵扣暂时性差异(将结果填入下表 5-11 中)。

(3) 分析计算 A 公司 2021 年度应确认的递延所得税资产和递延所得税负债。

(4) 计算 A 公司 2021 年度应确认的所得税费用。

(5) 编制 A 公司 2021 年度确认所得税费用和递延所得税资产及递延所得税负债的会计分录。

【会计处理】

(1) A 公司 2021 年度当期应交所得税。

应纳税所得额＝3 000＋(300－150)＋500－400＋250＋75＝3 575(万元)

应交所得税＝3 575×25％＝893.75(万元)

(2) 分析计算暂时性差异。

A 公司 2021 年末资产负债表相关项目金额及其计税基础如表 5-11 所示。

表 5-11　A 公司 2021 年末资产负债表　　金额单位：万元

项　　目	账面价值	计税基础	差　　异	
			应纳税暂时性	可抵扣暂时性差异
存货	2 000	2 075		75
固定资产：				
固定资产原价	1 500	1 500		
减：累计折旧	300	150		
减：固定资产减值准备	0	0		
固定资产账面价值	1 200	1 350		150
交易性金融资产	1 200	800	400	
其他应付款	250	250		
总　　计			400	225

(3) A 公司 2021 年度递延所得税。

递延所得税资产=225×25%=56.25(万元)

递延所得税负债=400×25%=100(万元)

递延所得税=100-56.25=43.75(万元)

(4) A 公司 2021 年度利润表中应确认的所得税费用。

所得税费用=893.75+43.75=937.50(万元),确认所得税费用的账务处理如下:

(5) 编制会计分录。

借:所得税费用　　9 375 000

　　递延所得税资产　　562 500

　贷:应交税费——应交所得税　　8 937 500

　　　递延所得税负债　　1 000 000

本章实训

【实训目标与能力要求】

本章实训目标是培养学生用所学企业所得税会计知识进行案例分析的能力。其能力要求如下。

(1) 掌握企业所得税会计的确认、计量和报告要求,以及会计处理方法。

(2) 能够针对具体的案例事件,通过分析提出处理意见,并进行相应账务处理。

【实训方式】

实训分小组进行,以小组为单位完成案例分析和账务处理,并形成案例分析报告,参加讲评和讨论。

【实训考核】

根据各实训小组提交成果(案例分析报告)的质量和参与讨论的情况进行评分。实训成绩按百分制评定。

小组项目实训成绩=实训准备(满分 10)+实训成果(满分 80)+小组协作(满分 10)。

个人项目实训成绩=小组项目实训成绩×个人贡献系数(个人贡献系数由组长根据其在实训中的贡献大小决定)。

【实训步骤】

(1) 由任课教师引导学生解读实训案例资料,提示学生应注意哪些问题,并布置具体实训任务和时间要求。

(2) 各实训小组根据组内分工,通过拟定案例分析方案、查找与案例相关的背景资料、对案例事项进行分析并得出结论、根据分析结果进行账务处理等 4 个环节进行案例分析。在分析过程中,小组内对案例初步分析要进行讨论、修改、形成共识,最后按照要求形成案例分析报告。

(3) 各实训小组组长将案例分析报告交给学委,由任课老师组织互评。

任课老师根据互评结果和课堂讲评、讨论情况确定实训成绩。

【实训资料】

AS公司2021年年末利润表中“利润总额”项目金额为5 000万元。2021年年初递延所得税资产和递延所得税负债的余额都为0。AS公司适用的所得税税率为25%。与所得税有关的经济业务如下:

(1) 2021年计提存货跌价准备45万元,年末存货账面价值为500万元。

(2) 2020年12月购入一项固定资产,原值为900万元,折旧年限为10年,预计净残值为0,会计采用双倍余额递减法计提折旧。税法要求采用直线法计提折旧,使用年限为10年,净残值为0。

(3) 2021年支付非广告性赞助支出300万元。假定税法规定该支出不允许税前扣除。

(4) 2021年企业为开发新技术发生研究开发支出100万元,其中资本化支出为60万元,于本年7月1日达到预定可使用状态,未发生其他费用,当年摊销10万元。假定按照税法规定,企业开展研发活动发生的研究开发费用,未形成无形资产计入当期损益的,在按照规定据实扣除的基础上,按照研究开发费用的75%加计扣除;形成无形资产的,按照无形资产成本的175%摊销。

(5) 2021年取得的其他权益工具投资初始成本为100万元,年末公允价值变动增加50万元。

(6) 2021年支付违反税收罚款支出150万元。

【实训任务】

(1) 计算AS公司2021年年末暂时性差异,将计算结果填入表5-12中。(答案中的金额单位用万元表示)

表5-12 AS公司2021年末暂时性差异

项　目	账面价值	计税基础	暂时性差异	
			应纳税暂时性差异	可抵扣暂时性差异
存货				
固定资产				
无形资产				
其他权益工具投资				
总　计				

(2) 计算 AS 公司 2021 年应交所得税。

(3) 计算 AS 公司 2021 年递延所得税资产和递延所得税负债的发生额。

(4) 计算 AS 公司 2021 年所得税费用和计入其他综合收益的金额。

(5) 编制 AS 公司 2021 年有关所得税的会计分录。

课后练习

一、单项选择题

1. 我国所得税会计采用的核算方法的(　　)。

A. 应付税款法　　B. 资产负债表债务法

C. 利润表债务法　　D. 递延所得税债务法

2. 下列经济事项产生应纳税暂时性差异的是(　　)。

A. 合同资产账面价值 6 万元小于其计税基础 8 万元

B. 合同负债账面价值 6 万元大于其计税基础 0

C. 交易性金融负债账面价值 25 万元小于其计税基础 30 万元

D. 其他债权投资账面价值 25 万元小于其计税基础 30 万元

3. 某公司 2020 年 12 月 10 日,购入一台设备交付使用,原价 500 万元,预计使用年限 5 年,预计净残值为零。会计处理采用平均年限法计提折旧,税法规定可按双倍余额递减法计提折旧进行税前扣除,预计使用年限和预计净残值与会计处理相同。2018 年 12 月 31 日,该公司对该项固定资产计提减值准备 50 万元,公司适用所得税税率为 25%。则:

(1) 2021 年 12 月 31 日,该项固定资产的账面价值为(　　)。

A. 250 万元　　B. 300 万元　　C. 350 万元　　D. 400 万元

(2) 2021 年 12 月 31 日,该项固定资产的计税基础为(　　)。

A. 250 万元　　B. 300 万元　　C. 350 万元　　D. 400 万元

(3) 2021 年 12 月 31 日,该项固定资产产生的暂时性差异为(　　)。

A. 应纳税暂时性差异 50 万元　　B. 可抵扣暂时性差异 50 万元

C. 应纳税暂时性差异 100 万元　　D. 可抵扣暂时性差异 100 万元

(4) 2021 年 12 月 31 日,对该项固定资产应确认(　　)。

A. 递延所得税资产 12.5 万元　　B. 递延所得税负责 12.5 万元

C. 转回递延所得税负责 12.5 万元　　D. 转回递延所得税资产 12.5 万元

4. 甲公司 2021 年 12 月计入成本费用的工资总额为 400 万元,至 2021 年 12 月 31 日尚未支付。假定按照税法规定,当期计入成本费用的 400 万元工资支出中,可予税前扣除的金额为 300 万元,其余 100 万元当期及未来期间均不允许税前扣除。甲公司适用的所得税税率为 25%。假定甲公司税前会计利润为 1 000 万元。不考虑其他纳税调整事项，甲公司 2021 年确认的递延所得税金额为(　　)万元。

A. 250　　B. 0　　C. 275　　D. 25

5. 甲公司 2021 年因债务担保于当期确认了 100 万元的预计负债。税法规定，有关债务担保的支出不得税前列支。下列关于甲公司该事项说法正确的是(　　)。

A. 产生的暂时性差异为 0　　B. 产生可抵扣暂时性差异 100 万元

C. 产生应纳税暂时性差异 100 万元　　D. 不调整应纳税所得额

6. 甲公司适用的所得税税率为 25%。2020 年 12 月 31 日，甲公司交易性金融资产的计税基础为 2 000 万元，账面价值为 2 200 万元，"递延所得税负债"余额为 50 万元。2021 年 12 月 31 日，该交易性金融资产的公允价值为 2 300 万元。2021 年税前会计利润为 1 000 万元。假定无其他纳税调整事项，2021 年甲公司确认的递延所得税费用是(　　)万元。

A. −25　　B. 25　　C. 75　　D. −75

7. 某公司 2021 年 12 月 31 日，资产负债表中应付职工薪酬项目为 4 000 万元，假设税法规定当期可予税前扣除的薪金支出限额为 3 000 万元。则该应付职工薪酬的计税基础为(　　)。

A. 4 000 万元　　B. 3 000 万元　　C. 1 000 万元　　D. 0 元

二、多项选择题

1. 下列各项资产和负债中，可能形成暂时性差异的有(　　)。

A. 使用寿命不确定的无形资产

B. 已计提减值准备的固定资产

C. 已确认公允价值变动损益的交易性金融资产

D. 因违反税法规定应缴纳但尚未缴纳的滞纳金

2. 下列各事项中，不会导致计税基础和账面价值产生差异的有(　　)。

A. 固定资产发生的维修支出

B. 购买国债确认的利息收入

C. 存货期末的可变现净值高于成本

D. 使用寿命不确定的无形资产期末进行减值测试

3. 下列各项负债中，其计税基础不为零的有(　　)。

A. 因购入存货形成的应付账款

B. 因欠税产生的应交税款滞纳金

C. 因确认保修费用形成的预计负债

D. 为职工计提的超过税法扣除标准的应付养老保险金

4. 下列交易或事项形成的负债中,其计税基础等于账面价值的有(　　)。

A. 企业因违法支付的罚款支出 200 万元

B. 企业因销售商品提供售后服务在当期确认负债 100 万元

C. 企业为职工计提的超过税法扣除标准的工会经费 500 万元

D. 企业为关联方提供债务担保确认预计负债 800 万元

5. 在不考虑其他影响因素的情况下,企业发生的下列交易或事项中,期末会引起“递延所得税资产”科目增加的有(　　)。

A. 本期计提固定资产减值准备

B. 本期转回存货跌价准备

C. 本期发生净亏损,税法允许在未来 5 年内税前补亏

D. 实际发生产品售后保修费用,冲减已计提的预计负债

6. 企业因下列事项确认的递延所得税,列示利润表“所得税费用”项目的有(　　)。

A. 其他债权投资因资产负债表日公允价值变动产生的暂时性差异

B. 交易性金融资产因资产负债表日公允价值变动产生的暂时性差异

C. 交易性金融负债因资产负债表日公允价值变动产生的暂时性差异

D. 公允价值模式计量的投资性房地产因资产负债表日公允价值变动产生的暂时性差异

7. 下列各项中,能够产生应纳税暂时性差异的有(　　)。

A. 账面价值小于其计税基础的负债

B. 账面价值大于其计税基础的资产

C. 超过税法扣除标准的业务宣传费

D. 按税法规定可以结转以后年度的未弥补亏损

三、判断题

1. 资产的计税基础是指某项资产在未来期间计税时可予税前扣除的金额。(　　)

2. 负债产生的暂时性差异等于该负责在未来期间计税时可予税前扣除的金额。(　　)

3. 应纳税暂时性差异是指在确定未来收回资产或清偿负责期间的应纳税所得额时,将导致其增加的暂时性差异。(　　)

4. 资产负债表日,对于递延所得税负责,应按预期收回该资产或清偿该负责期间的适用税率计量。(　　)

5. 递延所得税资产的确认应以未来期间可能取得的用以抵扣可抵扣暂时性差异的应纳税所得额为限。(　　)

6. 利润表中的"所得税费用"项目金额与当期的"应交税费——应交所得税"科目金额相等。 ( )

四、计算分析题

1. 甲公司适用的所得税税率为25%,预计未来期间适用的企业所得税税率不会发生变化,未来期间能够产生足够的应纳税所得额用以抵减可抵扣暂时性差异。税法规定,金融资产在持有期间确认的公允价值变动不计入当期应纳税所得额,待处置时一并计算计入应纳税所得额。假定甲公司按照净利润的10%提取盈余公积。

资料一:甲公司于2020年4月自公开市场以每股6元的价格取得A公司普通股1 000万股,指定为以公允价值计量且其变动计入其他综合收益的非交易性权益工具投资核算(假定不考虑交易费用)。2020年12月31日,甲公司该股票投资尚未出售,当日市价为每股9元。

资料二:2021年3月甲公司以每股11元的价格将上述股票投资全部对外出售。

要求:

(答案中的金额单位用万元表示)

(1) 编制甲公司2020年相关会计分录。

(2) 编制甲公司2021年相关会计分录。

2. A公司属于高新技术企业,适用的所得税税率为15%。

(1) 2017年12月31日,A公司购入价值500万元的设备,预计使用年限为5年,无残值,采用直线法计提折旧。税法规定采用双倍余额递减法计提折旧,预计使用年限、残值与会计规定相同。

(2) 假定A公司各年利润总额均为1 000万元。

(3) 根据相关规定,A公司2019年年末得知自2020年开始不再属于高新技术企业,所得税税率将变更为25%。不考虑其他因素。

要求:

(答案中的金额单位用万元表示)

(1) 根据题目资料,填列暂时性差异计算表(见表5-13)。

表5-13 2018—2022年暂时性差异计算表

项 目	2018年年末	2019年年末	2020年年末	2021年年末	2022年年末
设备账面价值					
设备计税基础					

续 表

项　　目	2018年年末	2019年年末	2020年年末	2021年年末	2022年年末
累计应纳税暂时性差异					
递延所得税负债余额					

(2) 编制A公司各年有关所得税的会计分录,并列示计算过程。

3. 2020年1月1日,甲公司董事会批准研发某项新产品专利技术,有关资料如下:

(1) 截至2020年7月3日,该研发项目共发生支出5 000万元,其中费用化支出1 000万元,该项新产品专利技术于当日达到预定用途。甲公司预计该新产品专利技术的使用寿命为10年,采用直线法摊销,预计净残值为零。假定税法规定,企业费用化的研发支出按175%税前扣除,资本化的研发支出按资本化金额的175%确定应予摊销的金额,摊销年限和摊销方法与会计相同。

(2) ① 假定甲公司每年的税前利润总额均为10 000万元;甲公司适用的所得税税率为25%。② 假定甲公司2020年年初不存在暂时性差异。

要求:(答案中的金额单位用万元表示)

(1) 计算2020年年末无形资产的账面价值、计税基础、应交所得税,并编制会计分录。

(2) 计算2021年年末无形资产账面价值、计税基础、应交所得税,并编制会计分录。

第六章 政府补助会计

【结构框架】

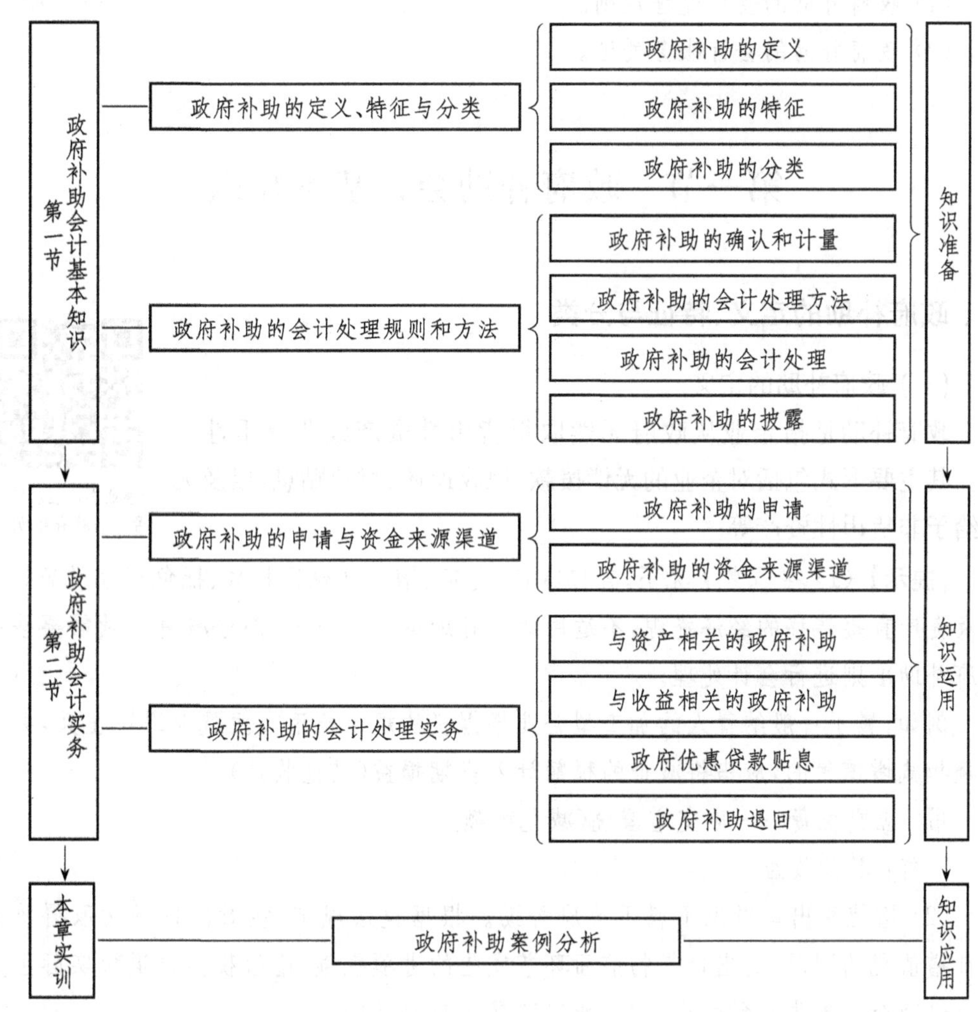

【主要知识点】

(1) 政府补助的定义、特征与分类。

(2) 政府补助的会计处理规则。

(3) 政府补助的会计处理方法。

(4) 政府补助的会计处理实务。

【学习目标】

(1) 了解掌握政府补助的含义与分类。

(2) 理解掌握政府补助的会计处理规则。

(3) 了解政府补助的申请与资金来源渠道。

(4) 掌握政府补助的会计处理。

【重点难点】

(1) 政府补助的会计处理规则。

(2) 政府补助的会计账务处理。

第一节 政府补助会计基本知识

一、政府补助的定义、特征与分类

《企业会计准则第16号——政府补助》

(一) 政府补助的定义

政府补助是指企业从政府无偿取得货币性资产或非货币性资产。其主要形式包括对企业的无偿拨款、税收返还、财政贴息，以及无偿给予非货币性资产等。

【提示】(1) 在通常情况下，直接减征、免征、增加计税抵扣额、抵免部分税额等不涉及资产直接转移的经济资源，不适用政府补助准则。但是，部分减免税款需要按照政府补助准则进行会计处理。

例如，属于一般纳税人的加工型企业根据税法规定招用自主就业退役士兵，并按定额扣减增值税的，应当将减征的税额计入当期损益(其他收益)。

借：应交税费——应交增值税(减免税额)

　贷：其他收益

(2) 增值税出口退税不属于政府补助。根据税法规定，在对出口货物取得收入免征增值税的同时，退出口货物前面环节发生的进项税额，增值税出口退税实际上是政府退回企业事先垫付的进项税，所以不属于政府补助。

(二) 政府补助的特征

1. 政府补助是来源于政府的经济资源

对于企业收到其他地方的补助，如有确凿证据表明政府是补助的实际拨付者，其他方只起到代收代付作用的，则该项补助也属于来源于政府的经济资源，如甲集团公司母公司收到一笔政府补助款，有确凿证据表明该补助款实际的补助对象为该母公司下属子公司，母公司只是起到代收代付的作用，在这种情况下，该补助款属于对子公司的政府补助。

2. 政府补助是无偿的

政府补助是无偿的，即企业取得来源于政府的经济资源，不需要向政府交付商品或服务等对价。无偿性是政府补助的基本特征，这一特征将政府补助与政府作为企业所有者投入的资本、政府购买服务等互惠性交易区别开来(见表 6-1)。

表 6-1 政府资本性投资与政府购买服务比较表

政府资本性投资	政府如以企业所有者身份向企业投入资本，享有相应的所有者权益，政府与企业之间是投资者与被投资者的关系，属于互惠交易
政府购买服务	企业从政府取得的经济资源，如果与企业销售商品或提供劳务等活动密切相关，且来源于政府的经济资源是企业商品或服务的对价或者是对价的组成部分。应当按照《企业会计准则第 14 号——收入》的规定进行会计处理，不适用政府补助准则

【例】 甲企业是一家生产和销售重型机械的企业。为推动科技创新，甲企业所在地政府于 2019 年 8 月向甲企业拨付了 2 000 万元资金，要求甲企业将这笔资金用于技术改造项目研究，研究成果归甲企业享有。

本例中甲企业的日常经营活动是生产和销售重型机械，其从政府取得了 2 000 万元资金用于研发支出，且研究成果归甲企业享有。所以这项财政拨款具有无偿性，甲企业收到的 2 000 万元资金应当按照政府补助准则的规定进行会计处理。

(三) 政府补助的分类

政府补助的分类如表 6-2 所示。

表 6-2 政府补助的分类一览表

分 类	定 义	基本会计处理
与资产相关的政府补助	与资产相关的政府补助，是指企业取得的、用于构建或以其他方式形成长期资产的政府补助	会计有两种处理方法可供选择，一是将与资产相关的政府补助确认为递延收益，随着资产的使用而逐步结转入损益；二是将补助冲减资产的账面价值，以反映长期资产的实际取得成本
与收益相关的政府补助	与收益相关的政府补助，是指除与资产相关的政府补助之外的政府补助	通常在满足政府补助所附条件时计入当期损益或冲减相关成本费用

二、政府补助的会计处理规则和方法

(一) 政府补助的确认和计量

1. 政府补助的确认

根据政府补助准则的规定,政府补助同时满足下列条件的,才能予以确认:

(1) 企业能够满足政府补助所附条件(政府为了推行其宏观经济政策,对企业使用政府补助的时间、使用范围和方向进行了限制)。

(2) 企业能够收到政府补助。判断企业能够收到政府补助,应着眼于分析和落实企业能够符合财政扶持政策规定的相关条件且预计能够收到财政扶持资金的“确凿证据”,例如,关注政府补助的发放主体是否具备相应的权力和资质,补助文件中索引的政策依据是否适用,申请政府补助的流程是否合法合规,是否已经履行完毕补助文件中的要求,实际收取资金前是否需要政府部门的实质性审核,同类型政府补助过往实际发放情况,补助文件是否有明确的支付时间,政府是否具备履行支付义务的能力等因素。

(3) 与企业日常活动相关的政府补助,应当按照经济业务实质计入其他收益或冲减相关成本费用。

(4) 与企业日常活动无关的政府补助,应当计入营业外收入。

2. 政府补助的计量

政府补助的计量原则如表 6-3 所示。

表 6-3 政府补助计量原则一览表

政府补助情形	计 量 原 则	
货币性资产	已实际收到补助资金	按实际收到金额计量
	未实际收到补助资金,但取得收款权	按应收(其他应收款)金额计量
非货币性资产	公允价值能可靠计量	按公允价值计量
	公允价值不能可靠计量	按名义金额(1 元)计量

(二) 政府补助的会计处理方法

政府补助的会计处理方法有总额法和净额法两种,这两种方法的含义与要求如表 6-4 所示。

表 6-4　总额法和净额法比较表

<table>
<tr><th>方法种类</th><th>总　额　法</th><th>净　额　法</th></tr>
<tr><td>含义</td><td>总额法是指在确认政府补助时，将政府补助全额确认为收益，而不是作为相关资产账面价值或者费用的扣减</td><td>净额法是指在确认政府补助时，将政府补助作为相关资产账面价值或所补偿费用的扣减</td></tr>
<tr><td>要求与说明</td><td colspan="2">企业应当根据经济业务的实质，判断某一类政府补助业务应当采用总额法还是净额法。在通常情况下，对同类或类似政府的补助业务只能选用一种方法，同时，企业对该业务应当一贯地运用该方法，不得随意变更
需要注意的是，税收返还应当采用总额法</td></tr>
</table>

（三）政府补助的会计处理

1. 与资产相关政府补助的会计处理

与资产相关政府补助的会计处理分两种情况、两种方法，以及会计处理原则、记账公式等内容，具体如表 6-5 所示。

表 6-5　与资产相关政府补助会计处理一览表

<table>
<tr><th colspan="2" rowspan="2">项　目</th><th colspan="2">先取得政府补助后购建相关资产</th><th colspan="2">先购建相关资产后取得政府补助</th></tr>
<tr><th>总额法</th><th>净额法</th><th>总额法</th><th>净额法</th></tr>
<tr><td rowspan="2">政府补助取得时</td><td>处理原则</td><td colspan="2">取得补助时计入递延收益</td><td>取得补助时计入递延收益</td><td>取得补助时冲减相关资产的账面价值</td></tr>
<tr><td>记账公式</td><td colspan="2">借：银行存款
　贷：递延收益</td><td>借：银行存款
　贷：递延收益</td><td>借：银行存款
　贷：固定资产等</td></tr>
<tr><td rowspan="2">政府补助后续摊销</td><td>处理原则</td><td>资产开始计提折旧或摊销时起，将递延收益分期摊销计入当期损益</td><td>在相关资产达到预定可使用状态或预定用途时将递延收益冲减资产账面价值</td><td>在资产的剩余使用寿命内，将递延收益分期摊销当期损益</td><td>按冲减后资产账面价值和相关资产的剩余使用寿命对资产计提折旧或摊销</td></tr>
<tr><td>记账公式</td><td>借：递延收益
　贷：其他收益
　　（日常）
　　营业外收入
　　（非日常）</td><td>借：递延收益
　贷：固定资产等</td><td>借：递延收益
　贷：其他收益
　　（日常）
　　营业外收入
　　（非日常）</td><td>—</td></tr>
<tr><td colspan="2">政府补助是否影响资产计提折旧或摊销</td><td>×</td><td>√</td><td>×</td><td>√</td></tr>
</table>

需要说明的是，采用总额法的，如果对应的长期资产在持有期间发生减值损失，递延收益的摊销仍保持不变，不受减值因素的影响。企业对与资产相关的政府补助选择总额法核算的，应当将递延收益分期转入其他收益或营业外收入，借记“递延收”科目，贷记“其他收益”或“营业外收入”科目。相关资产在使用寿命结束时或结束前被处置（出售、报废、转让、发生毁损等），尚未分配的相关递延收益余额应当转入资产处置当期的损益，不再予以递延。对相关资产划分为持有待售类别的，先将尚未分配的递延收益余额冲减相关资产的账面价值，再按照《企业会计准则第 42 号——持有待售的非流动资产、处置组和终止经营》的要求进行会计处理。

2. 与收益相关政府补助的会计处理

与收益相关政府补助的会计处理也分为两种方法，两种方法的会计处理原则、记账公式等内容具体如表 6－6 所示。

表 6－6 与收益相关政府补助会计处理一览表

<table>
<tr><th colspan="2">项 目</th><th>总 额 法</th><th>净 额 法</th></tr>
<tr><td colspan="2">处理原则</td><td>计入其他收益或营业外收入</td><td>冲减相关成本费用
或营业外支出</td></tr>
<tr><td rowspan="2">用于补偿企业以后期间的相关成本费用或损失</td><td>取得补助资金时</td><td>借：银行存款
贷：递延收益
（满足政府补助确认条件）
其他应付款
（不满足政府补助确认条件）
【提示】待客观情况表明满足政府补助所附条件后
借：其他应付款
贷：递延收益</td><td>同左列</td></tr>
<tr><td>在确认相关费用和损失的期间</td><td>借：递延收益
贷：其他收益
（与日常活动相关）
营业外收入
（与日常活动无关）</td><td>借：递延收益等
贷：生产成本
管理费用
营业外支出等</td></tr>
<tr><td>用于补偿企业已发生的相关成本费用或损失</td><td>取得补助资金时</td><td>借：银行存款等
贷：其他收益
（与日常活动相关）
营业外收入
（与日常活动无关）</td><td>借：银行存款等
贷：生产成本
管理费用
营业外支出等</td></tr>
</table>

3. 综合性项目政府补助的账务处理

综合性项目政府补助同时包含与资产相关的政府补助和与收益相关的政府补助，企业需要将其进行分解并分别进行会计处理；难以区分的，企业应当将其整体归类为与收益相关的政府补助进行处理。

4. 政府补助退回的会计处理

已确认的政府补助需要退回的，通常是因为政府补助相关政策发生变化或企业自身业务活动发生变化，导致企业不再满足政府补助所附条件。政府补助退回的会计处理分为3种情形，包括会计处理原则和账务处理等内容，具体如表6-7所示。

表6-7 政府补助退回会计处理一览表

情　形	处理原则	账务处理
初始确认时冲减相关资产账面价值的	调整相关资产账面价值	借：固定资产（以原补助扣除折旧后金额为限） 管理费用 制造费用等 贷：银行存款（实际退回的金额）
存在相关递延收益的	冲减相关递延收益账面余额，超出部分计入当期损益	借：递延收益（以尚未摊销的递延部分为限） 其他收益 营业外收入 贷：银行存款（实际退回的金额）
属于其他情况的	直接计入当期损益	——

5. 政府优惠贷款贴息的会计处理

政府优惠贷款贴息的会计处理分两种贴息方式，具体会计处理如表6-8所示。

表6-8 政府优惠贷款贴息会计处理一览表

会计处理	财政将贴息资金拨付给贷款银行	财政将贴息资金直接拨付给企业
取得贴息方式	在财政将贴息资金拨付给贷款银行的情况下，由贷款银行以政策性优惠利率向企业提供贷款。在这种方式下，受益企业按照优惠利率向贷款银行支付利息，没有直接从政府取得利息补助 **【提示】** 虽然该方式不涉及资产从政府到企业的直接转移，但主要考虑到政策性优惠贷款贴息业务确属政府对企业的无偿经济支持，而且国际财务报告准则对此类贴息业务专门进行了规定，为了保持国际趋同，政府补助准则也做了相应规定	财政将贴息资金直接拨付给受益企业，企业先按照同类贷款市场利率向银行支付利息，财政部门定期与企业结算贴息

续 表

会计处理	财政将贴息资金拨付给贷款银行	财政将贴息资金直接拨付给企业
账务处理	在财政将贴息资金拨付给贷款银行的情况下,企业可以选择下列方法之一进行会计处理: 方法一:以实际收到的金额作为借款的入账价值,按照借款本金和该政策性优惠利率计算借款费用。通常情况下,实际收到的金额即为借款本金 借:银行存款 贷:长期借款—本金 借:在建工程/财务费用 贷:应付利息 方法二:以借款的公允价值作为借款的入账价值并按照实际利率法计算借款费用,实际收到的金额与借款公允价值之间的差额确认为递延收益;递延收益在借款存续期间内采用实际利率法摊销,冲减相关借款费用 借:银行存款(实际收到的金额) 长期借款—利息调整 贷:长期借款—本金 递延收益 借:在建工程/财务费用 贷:应付利息 长期借款—利息调整 借:递延收益 贷:在建工程/财务费用	在这种方式下,由于企业先按照同类贷款市场利率向银行支付利息,所以实际收到的借款金额通常就是借款的公允价值,企业应当将对应的贴息冲减相关借款费用 借:银行存款 贷:长期借款—本金 借:在建工程/财务费用 贷:应付利息 借:其他应收款 贷:在建工程/财务费用

【提示】方法一在实务操作上较为简单并便于理解;方法二采用的是国际财务报告准则的处理原则。两种方法对企业借款费用的影响基本一致,所不同的是长期借款和递延收益在资产负债表日的金额。之所以提供两种方法供企业选择,是为了同时兼顾实务可操作性和国际趋同的需要。

(四)政府补助的披露

1. 政府补助在利润表上的列示

(1)企业应当在利润表中的"营业利润"项目上单独列报"其他收益"项目,计入其他收益的政府补助在该项目中的反映。

(2)减相关成本费用的政府补助,在相关成本费用项目中反映。

(3)与企业日常经营活动无关的政府补助,在利润表的营业外收支项目中列报。

2. 政府补助的附注披露

企业应当在附注中披露与政府补助有关的下列信息。

(1)政府补助的种类、金额和列报项目。

(2)计入当期损益的政府补助金额。

(3)本期退回的政府补助的金额及原因。

第二节　政府补助会计实务

一、政府补助的申请与资金来源渠道

(一) 政府补助的申请

政府补助是无偿的、有条件的。企业申请政府补助必须符合政府补助政策，并按照政策规定使用补助资金。企业申请政府补助的条件主要包括两方面：

一是政策条件。企业只有符合政府补助政策的规定，才有资格申请政府补助。符合政策规定不一定都能够取得政府补助；不符合政策规定、不具备申请政府补助资格的，不能取得政府补助。

二是使用条件。企业已获批准取得政府补助的，应当按照政府规定的用途使用。

(二) 政府补助的资金来源渠道

(1) 财政拨款。如粮食定额补贴、技术改造专项资金、研发经费等。

(2) 财政贴息。为了鼓励企业开发名优产品、采用先进技术，国家财政对使用某些特定用途的银行贷款的企业，为其支付全部或部分的贷款利息。

(3) 税收返还。政府按照国家有关规定采取先征后返(退)、即征即退等办法向企业返还的税款，属于以税收优惠形式给予的一种政府补助。

二、政府补助的会计处理实务

(一) 与资产相关的政府补助

下面以甲企业购置环保设备为例，就取得政府补贴的过程、金额、涉及的问题与会计处理进行展示和讲解。

 **操作实例**

【实务资料】

甲企业于2020年1月向政府有关部门提交了210万元的补助申请，作为对其购置环保设备的补贴(按照国家有关政策，企业购置环保设备可以申请补贴以补偿其环保支出)。2020年3月15日，甲企业收到了政府补贴款210万元。2020年4月20日，甲企业购入不需安装环保设备，实际成本为480万元，使用寿命10年，采用直线法计提折旧(不考虑净残值)。假设2028年4月，甲企业的这台设备将发生毁损。本例中不考虑相关税费。

【问题】

(1) 甲企业选择总额法进行的会计处理。

(2) 甲企业选择净额法进行的会计处理。

【会计处理】

甲企业选择总额法进行会计处理,其账务处理如下。

(1) 2020 年 3 月 15 日实际收到财政拨款,确认递延收益。

借:银行存款 2 100 000

  贷:递延收益 2 100 000

(2) 2020 年 4 月 20 日购入设备。

借:固定资产 4 800 000

  贷:银行存款 4 800 000

(3) 自 2020 年 5 月起每个资产负债表日(月末)计提折旧,同时分摊递延收益。

① 计提折旧(假设该设备用于污染物排放测试,折旧费用计入制造费用)。

借:制造费用 40 000

  贷:累计折旧 40 000

② 分摊递延收益(月末)。

借:递延收益 17 500

  贷:其他收益 17 500

(4) 2028 年 4 月设备毁损,同时转销递延收益余额。

① 设备毁损。

借:固定资产清理 960 000

  累计折旧 3 840 000

  贷:固定资产 4 800 000

借:营业外支出 960 000

  贷:固定资产清理 960 000

② 转销递延收益余额。

借:递延收益 420 000

  贷:营业外收入 420 000

甲企业选择净额法进行会计处理,其账务处理如下。

(1) 2020 年 3 月 15 日实际收到财政拨款。

借:银行存款 2 100 000

  贷:递延收益 2 100 000

(2) 2020 年 4 月 20 日购入设备。

借:固定资产 4 800 000

  贷:银行存款 4 800 000

借：递延收益　　　2 100 000

　贷：固定资产　　　2 100 000

(3) 自2020年5月起每个资产负债表日(月末)计提折旧。

借：制造费用　　　22 500

　贷：累计折旧　　　22 500

(4) 2028年4月设备毁损。

借：固定资产清理　　　540 000

　　累计折旧　　　2 160 000

　贷：固定资产　　　2 700 000

借：营业外支出　　　540 000

　贷：固定资产清理　　　540 000

(二) 与收益相关的政府补助

下面以乙企业与所在地地方政府签订合作协议为例，就取得政府补贴的过程、金额、涉及的问题与会计处理进行展示和讲解。

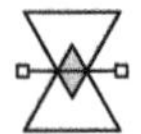

操作实例

【实务资料】

乙企业于2017年3月15日与企业所在地地方政府签订合作协议，根据协议约定，当地政府将向乙企业提供1 000万元奖励资金，用于企业的人才激励和人才引进奖励。乙企业必须按年向当地政府报送详细的资金使用计划并按规定用途使用资金。协议同时还约定，乙企业自获得奖励起10年内注册地址不迁离本区，否则政府有权追回奖励资金。乙企业于2017年4月10日收到1 000万元补助资金，分别在2017年12月、2018年12月、2019年12月使用了400万元、300万元和300万元，用于发放给总裁级别类的高管年度奖金。

【问题】

乙企业选择净额法进行的会计处理。

【会计处理】

乙企业选择净额法对此类补助进行会计处理，其账务处理如下。

(1) 2017年4月10日乙企业实际收到补贴资金。

借：银行存款　　　10 000 000

　贷：递延收益　　　10 000 000

(2) 2017年12月、2018年12月、2019年12月乙企业将补贴资金发放高管奖金，相应结转递延收益。

① 2017 年 12 月

借：递延收益　　4 000 000

　贷：管理费用　　4 000 000

② 2018 年 12 月

借：递延收益　　3 000 000

　贷：管理费用　　3 000 000

③ 2019 年 12 月

借：递延收益　　3 000 000

　贷：管理费用　　3 000 000

如果乙企业在收到补助资金时暂时无法确定能否满足政府补助所附条(即在未来 10 年内不得离开该地区)，则应当将收到的补助资金先计入"其他应付款"科目，待客观情况表明企业能够满足政府补助所附条件后再转入"递延收益"科目。

(三) 政府优惠贷款贴息

下面以丙企业取得扶持贷款为例，就取得贷款的性质、利率、贴息方式、涉及的问题与会计处理等进行展示和讲解。

操作实例

【实务资料】

2019 年 1 月 1 日，丙企业向银行贷款 100 万元，期限 2 年，按月计息，按季度付息，到期一次还本。由于这笔贷款资金将被用于国家扶持产业，符合财政贴息的条件，所以贷款利率显著低于丙企业取得同类贷款的市场利率。假设丙企业取得同类贷款的年市场利率为 9%，丙企业与银行签订的贷款合同约定的年利率为 3%，丙企业按季度向银行支付贷款利息，财政按年向银行拨付贴息资金。贴息后实际支付的年利息率为 3%，贷款期间的利息费用满足资本化条件，计入相关在建工程的成本。相关计算如表 6－9 所示。

表 6－9　相关借款费用的测算和递延收益的摊销

月度	实际支付银行的利息①	财政贴息②	实际现金流③	实际现金流折现④	长期借款各期实际利息⑤	摊销金额⑥	长期借款的期末账面价值⑦
0							890 554
1	7 500	5 000	2 500	2 481	6 679	4 179	894 733
2	7 500	5 000	2 500	2 463	6 711	4 211	898 944

续　表

月度	实际支付银行的利息①	财政贴息②	实际现金流③	实际现金流折现④	长期借款各期实际利息⑤	摊销金额⑥	长期借款的期末账面价值⑦
3	7 500	5 000	2 500	2 445	6 742	4 242	903 186
4	7 500	5 000	2 500	2 426	6 774	4 274	907 460
5	7 500	5 000	2 500	2 408	6 806	4 306	911 766
6	7 500	5 000	2 500	2 390	6 838	4 338	916 104
7	7 500	5 000	2 500	2 373	6 871	4 371	920 475
8	7 500	5 000	2 500	2 355	6 904	4 404	924 878
9	7 500	5 000	2 500	2 337	6 937	4 437	929 315
10	7 500	5 000	2 500	2 320	6 970	4 470	933 785
11	7 500	5 000	2 500	2 303	7 003	4 503	938 288
12	7 500	5 000	2 500	2 286	7 037	4 537	942 825
13	7 500	5 000	2 500	2 269	7 071	4 571	947 397
14	7 500	5 000	2 500	2 252	7 105	4 605	952 002
15	7 500	5 000	2 500	2 235	7 140	4 640	956 642
16	7 500	5 000	2 500	2 218	7 175	4 675	961 317
17	7 500	5 000	2 500	2 202	7 210	4 710	966 027
18	7 500	5 000	2 500	2 185	7 245	4 745	970 772
19	7 500	5 000	2 500	2 169	7 281	4 781	975 553
20	7 500	5 000	2 500	2 153	7 317	4 817	980 369
21	7 500	5 000	2 500	2 137	7 353	4 853	985 222
22	7 500	5 000	2 500	2 121	7 389	4 889	990 111
23	7 500	5 000	2 500	2 105	7 426	4 926	995 037
24	7 500	5 000	1 002 500	837 921	7 463	4 963	1 000 000
合计				890 554		109 446	

注：(1) 实际现金流折现④是指各月的实际现金流③2 500元按照月市场利率0.75%(9%÷12)折现的金额。例如,第一个月实际现金流折现＝2 500×(1＋0.75%)＝2 481(元),第二个月实际现金流折现＝2 500×[1－(0.75%)²]＝2 463(元)。

(2) 长期借款各期实际利息⑤为各月长期借款的期末账面价值⑦与月市场利率0.75%的乘积。例如,第一个月长期借款实际利息＝本月初长期借款账面价值×0.75%＝890 554×0.75%＝6 679(元),第二个月长期借款实际利息＝本月初长期借款账面价值×0.75%＝894 733×0.75%＝6 711(元)。

(3) 摊销金额⑥是长期借款各期实际利息⑤扣减每月实际现金流③ 2 500元后的金额。例如,第一个月摊销金额＝当月长期借款实际利息－当月实际支付的利息＝6 679－2 500＝4 179(元),第二个月摊销金额＝当月长期借款实际利息－当月实际支付的利息＝6 711－2 500＝4 211(元)。

【问题】

(1) 以实际收到的金额作为借款的入账价值的会计处理。

(2) 以借款的公允价值作为借款的入账价值的会计处理。

【会计处理】

以实际收到的金额作为借款的入账价值,按照借款本金和该政策性优惠利率计算借款费用,账务处理如下。

(1) 2019 年 1 月 1 日,丙企业取得银行贷款 100 万元。

借:银行存款　　1 000 000

　贷:长期借款——本金　　1 000 000

(2) 2019 年 1 月 31 日起每月月末,丙企业按月计提利息,企业实际承担的利息支出为 1 000 000×3%÷12=2 500(元)。

借:在建工程　　2 500

　贷:应付利息　　2 500

以借款的公允价值作为借款的入账价值并按照实际利率法计算借款费用,实际收到的金额与借款公允价值之间的差额确认为递延收益,递延收益在借款存续期内采用实际利率法摊销,冲减相关借款费用,账务处理如下。

(1) 2019 年 1 月 1 日,丙企业取得银行贷款 100 万元。

借:银行存款　　1 000 000

　　长期借款——利息调整　　109 446

　贷:长期借款——本金　　1 000 000

　　　递延收益　　109 446

(2) 2019 年 1 月 31 日,丙企业按月计提利息。

借:在建工程　　6 679

　贷:应付利息　　2 500

　　　长期借款——利息调整　　4 179

同时,摊销递延收益为

借:递延收益　　4 179

　贷:在建工程　　4 179

在这两种方法下,计入在建工程的利息支出是一致的,均为 2 500 元。所不同的是第一种方法,银行贷款在资产负债表中反映账面价值为 1 000 000 元;第二种方法,银行贷款的入账价值为 890 554 元,递延收益为 109 446 元,各月需要按照实际利率法进行摊销。

（四）政府补助退回

下面仍以甲企业购置环保设备为例，就取得政府补贴的过程、金额、发生补贴退回等问题与会计处理进行展示和讲解。

操作实例

【实务资料】

甲企业于2020年1月向政府有关部门提交了210万元的补助申请，作为对其购置环保设备的补贴（按照国家有关政策，企业购置环保设备可以申请补贴以补偿其环保支出）。2020年3月15日，甲企业收到了政府补贴款210万元。2020年4月20日，甲企业购入不需安装环保设备，实际成本为480万元，使用寿命10年，采用直线法计提折旧（不考虑净残值）。假设2021年5月，有关部门在对甲企业的检查中发现，甲企业不符合申请补助的条件，要求甲企业退回补助款。甲企业于当月退回了补助款210万元。

【问题】

（1）甲企业选择总额法进行会计处理。

（2）甲企业选择净额法进行会计处理。

【会计处理】

（1）甲企业选择总额法进行会计处理，应当结转递延收益，并将超出部分计入当期损益。因为以前计入其他收益，所以本例中这部分退回的补助冲减应退回当期的其他收益。

2019年5月甲企业退回补助款时为

借：递延收益	1 890 000
其他收益	210 000
贷：银行存款	2 100 000

（2）甲企业选择净额法进行会计处理，应当视同一开始就没有收到政府补助，调整固定资产的账面价值，将实际退回金额与账面价值调整数之间的差额计入当期损益。因为本例中以前期间实际冲减了制造费用，所以本例中这部分退回的补助补记退回当期的制造费用。

2019年5月甲企业退回补助款时为

借：固定资产	2 100 000
其他收益	210 000
贷：银行存款	2 100 000
累计折旧	210 000

本章实训

【实训目标与能力要求】

本实训目标是培养学生用所学政府补助会计知识进行案例分析的能力。其能力要求如下。

(1) 掌握政府补助会计确认、计量和报告要求,以及会计处理方法。

(2) 能够针对具体的案例事件,通过分析提出处理意见,并进行相应账务处理。

【实训方式】

实训分小组进行,以小组为单位完成案例分析和账务处理,并形成案例分析报告,参加讲评和讨论。

【实训考核】

根据各实训小组提交成果(案例分析报告)的质量和参与讨论的情况进行评分。实训成绩按百分制评定。

小组项目实训成绩=实训准备(满分 10)+实训成果(满分 80)+小组协作(满分 10)。

个人项目实训成绩=小组项目实训成绩×个人贡献系数(个人贡献系数由组长根据其在实训中的贡献大小决定)。

【实训步骤】

(1) 由任课教师引导学生解读实训案例资料,提示学生应注意哪些问题,并布置具体实训任务和时间要求。

(2) 各实训小组根据组内分工,通过拟定案例分析方案、查找与案例相关的背景资料、对案例事项进行分析并得出结论、根据分析结果进行账务处理四个环节,进行案例分析。在分析过程中,小组内对案例初步分析要进行讨论、修改、形成共识,最后按照要求形成案例分析报告。

(3) 各实训小组组长将案例分析报告交给学委,由任课老师组织互评。

(4) 任课老师根据互评结果和课堂讲评、讨论情况确定实训成绩。

【实训资料】

盛天公司为上市公司,2021 年,盛天公司发生的有关交易或事项如下。

(1) 盛天公司生产并销售环保设备。该设备的生产成本为每台 600 万元,正常市场销售价格为每台 780 万元。盛天公司按照国家确定的价格以每台 500 万元对外销售;同时,按照国家有关政策,每销售 1 台环保设备由政府给予盛天公司补助 250 万元。2021 年,盛天公司销售环保设备 20 台,50%款项尚未收到;当年收到政府给予的环保设备销售补助款 5 000 万元。

(2) 盛天公司为采用新技术生产更先进的环保设备,于 3 月 1 日起对某条生产线进行更新改造。该生产线的原价为10 000万元，已计提折旧6 500万元，旧设备的账面价值为300万元(假定无残值)，新安装设备的购进成本为8 000万元；另发生其他直接相关费用1 200万元。相关支出均通过银行转账支付。生产线更新改造项目于12月25日达到预定可使用状态。盛天公司更新改造该生产线属于国家鼓励并给予补助的项目，经盛天公司申请，于12月20日得到相关政府部门批准，可获得政府补助3 000万元。截至12月31日，补助款项尚未收到，但盛天公司预计能够取得。

(3) 5月10日，盛天公司所在地的地方政府为了引进人才，与盛天公司签订了人才引进合作协议。该协议约定，当地政府将向盛天公司提供1 500万元人才专用资金用于盛天公司引进与研发新能源汽车相关的技术人才，但盛天公司必须承诺在当地注册并至少八年内注册地址不变且不搬离本地区，若八年内盛天公司注册地址变更或搬离本地区，政府有权收回该补助资金。该资金分三年使用，每年500万元。每年年初，盛天公司需向当地政府报送详细的人才引进及资金使用计划，每年11月末，由当地政府请中介机构评估盛天公司人才引进是否符合年初计划并按规定的用途使用资金。盛天公司预计八年内不会变更注册地址，也不会撤离该地区，且承诺按规定使用资金。8月20日，盛天公司收到当地政府提供的1 500万元补助资金。

【实训任务】

盛天公司对于政府补助按净额法进行会计处理，不考虑增值税和相关税费以及其他因素。要求：

(1) 根据资料(1)说明盛天公司收到政府的补助款的性质及应当如何进行会计处理，并说明理由；编制相关的会计分录。

(2) 根据资料(2)说明盛天公司获得政府的补助款的分类；编制与生产线更新改造相关的会计分录。

(3) 根据资料(3)说明盛天公司收到政府的补助款的分类；编制盛天公司2021年相关的会计分录。

课后练习

一、单项选择题

1. 下列关于政府补助的说法中，不正确的是(　　)。

A. 政府补助可以是货币性资产，也可以是非货币性资产

B. 企业从政府取得经济资源，即使该经济资源属于企业商品对价的组成部分，也应当适用政府补助准则进行会计处理

C. 财政贴息属于政府补助

D. 政府补助通常附有一定的条件

2. 在总额法下，与收益相关的政府补助用于补偿以前期间与日常活动相关的费用或损失的，取得时(　　)。

A. 确认为其他收益　　B. 确认为递延收益

C. 确认为资本公积　　D. 调整留存收益

3. 下列各项关于政府补助会计处理的表述中，错误的是(　　)。

A. 在总额法下收到的自然灾害补贴款应确认为营业外收入

B. 在净额法下收到的人才引进奖励金应确认为营业外收入

C. 收到的用于未来购买环保设备的补贴款应确认为递延收益

D. 收到的即征即退增值税应确认为其他收益

4. 企业进行的下列交易或事项，不属于政府补助的是(　　)。

A. 甲公司收到的先征后返的增值税500万元

B. 乙公司因满足税法规定直接减征消费税200万元

C. 因鼓励企业投资，丙公司收到当地政府无偿划拨的款项2 000万元

D. 丁公司取得政府无偿划拨的山地，用于开发建厂

5. A公司从政府无偿取得1 000亩的土地使用权，相关的凭证上没有注明价值，也无法可靠取得其公允价值。A公司正确的处理为(　　)。

A. 确认递延收益1 000元　　B. 确认当期损益1 000元

C. 确认当期损益1元　　D. 确认资本公积1元

6. A公司于2020年1月1日收到政府拨付的1 200万元款项，用于购买新型研发设备，2021年12月31日，A公司购入该新型研发设备并于当月投入使用，成本为6 000万元，预计使用年限为20年，预计净残值为0，采用年限平均法计提折旧，A公司采用总额法核算政府补助。假定不考虑其他因素，2022年12月31日递延收益余额为(　　)万元。

A. 60　　B. 1 140　　C. 1 080　　D. 1 200

7. 丙企业生产一种先进的模具产品，按照国家相关规定，该企业的这种产品适用增值税先征后返政策，即先按规定征收增值税，然后按实际缴纳增值税税额返还70%。2022年1月，丙企业实际缴纳增值税税额200万元。2022年2月，丙企业实际收到返还的增值税税额140万元。丙企业2022年2月正确的会计处理是(　　)。

A. 确认其他收益140万元　　B. 确认递延收益140万元

C. 确认营业外收入140万元　　D. 确认其他收益200万元

二、多项选择题

1. 下列关于政府补助的说法中正确的有(　　)。

A. 政府补助是无偿的、无条件的

B. 政府以投资者身份向企业投入资本属于政府补助

C. 企业只有符合政府补助政策的规定时，才有资格申请政府补助

D. 符合政策规定不一定都能够取得政府补助；不符合政策规定、不具备申请政府补助资格的，不能取得政府补助

2. 下列各项中，属于甲公司的政府补助的有（ ）。

A. 政府部门作为企业所有者投入的资本

B. 甲公司收到政府部门无偿拨付的技术改造的专项资金

C. 甲公司的母公司收到一笔政府补助款有确凿证据表明该补助款实际补助对象是甲公司

D. 政府部门对企业出口货物增值税的出口退税

3. 下列项目表述中正确的有（ ）。

A. 企业收到来自政府新能源汽车补助款属于政府补助

B. 政府以投资者身份向企业投入资本属于政府补助

C. 企业只有符合政府补助政策的规定，才有资格申请政府补助

D. 企业已获得批准取得政府补助的，应当按照政府规定的用途使用

4. 关于政府补助的会计处理，下列说法中正确的有（ ）。

A. 在总额法下，收到政府补助款最终全额确认为收益

B. 净额法是将政府补助作为相关成本费用的扣减

C. 与企业日常活动相关的政府补助应当按照经济业务实质，计入其他收益或冲减相关成本费用

D. 与企业日常活动无关的政府补助，计入营业外收入

5. 下列各项关于已确认的政府补助需要退回的会计处理的表述中，正确的有（ ）。

A. 初始确认时冲减资产账面价值的，调整资产账面价值

B. 初始确认时计入其他收益或营业外收入的，直接计入当期损益

C. 初始确认时冲减相关成本费用或营业外支出的，直接计入当期损益

D. 初始确认时确认为递延收益的，冲减相关递延收益账面余额，超出部分计入当期损益

三、计算分析题

2021 年 3 月 1 日，甲公司收到 500 万元财政拨款，用于购买环保设备一台；政府规定若有结余，留归甲公司自行支配。2021 年 5 月 20 日，甲公司购入环保设备，以银行存款支付实际成本 488 万元，同日采用出包方式委托 A 公司开始安装。2021 年 6 月 30 日按合理估计的工程进度和合同规定以银行存款向 A 公司支付安装费 4 万元，

2021 年 9 月 30 日安装完毕，工程完工后，收到有关工程结算单据，并以银行存款支付剩余安装费用 8 万元。同日环保设备交付使用，预计使用寿命为 10 年，预计净残值为 2 万元，采用年限平均法计提折旧。2023 年 6 月 30 日，甲公司出售了这台设备，取得价款 460 万元，并存入银行。甲公司采用总额法核算政府补助。假定甲公司将环保设备计提的折旧费用计入管理费用，不考虑相关税费及其他因素。

要求：

(1) 编制 2021 年 3 月 1 日实际收到财政拨款的会计分录。

(2) 编制 2021 年 5 月 20 日购入环保设备的会计分录。

(3) 编制 2021 年 6 月 30 日按合理估计的工程进度和合同规定向 A 公司支付安装费的会计分录。

(4) 编制 2021 年 9 月 30 日安装完毕的会计分录。

(5) 编制 2021 年、2022 年计提折旧的会计分录。

(6) 编制 2021 年、2022 年分配递延收益的会计分录。

(7) 计算截至 2023 年 6 月 30 日累计折旧额和递延收益累计摊销额。

(8) 编制 2023 年 6 月 30 日出售设备的会计分录。

第七章 或有事项

【结构框架】

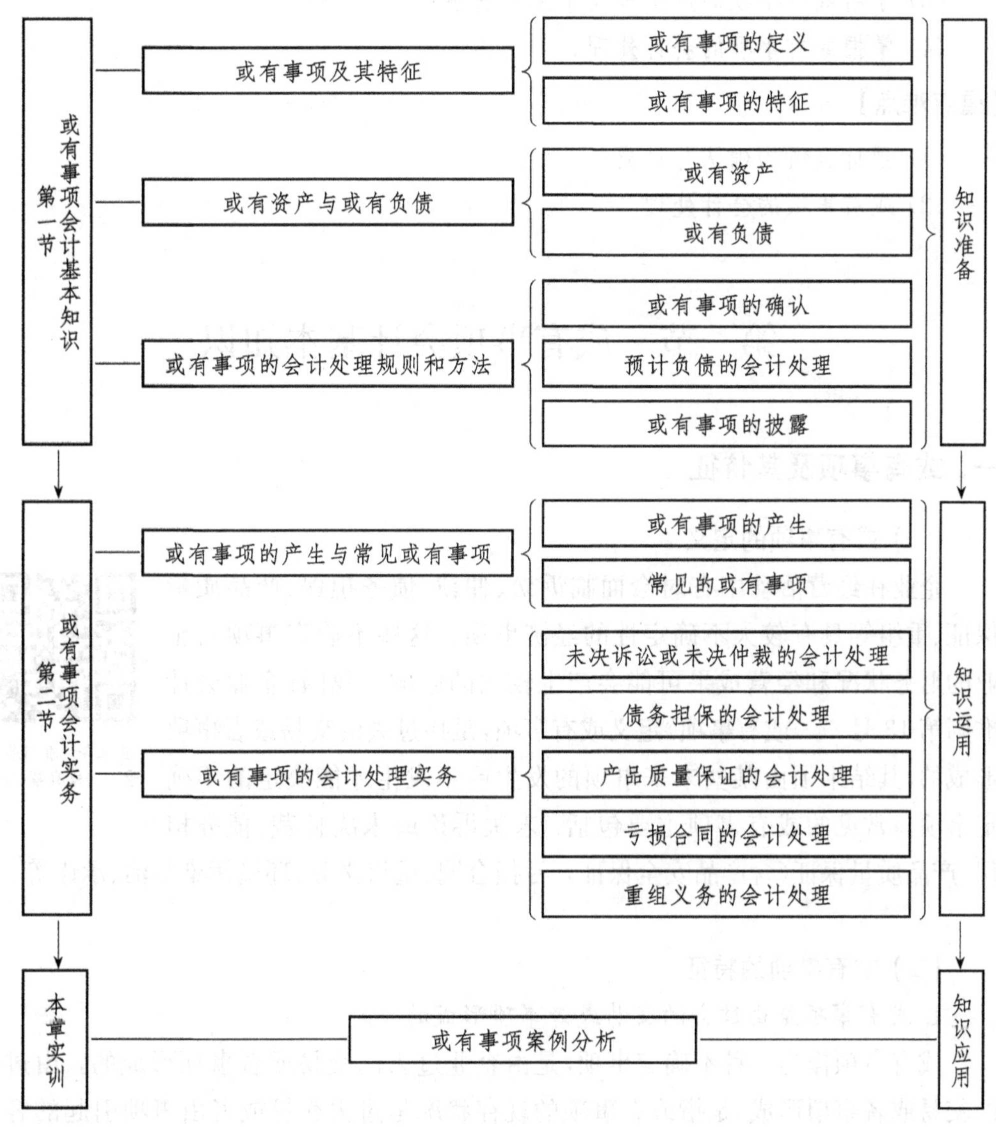

【主要知识点】

(1) 或有事项的定义与特征。

(2) 或有事项的会计处理规则。

(3) 或有事项的会计处理方法。

(4) 或有事项的会计处理实务。

【学习目标】

(1) 理解掌握或有事项的定义与特征。

(2) 理解掌握或有事项的会计处理规则。

(3) 了解或有事项的产生及其常见或有事项。

(4) 掌握或有事项的会计处理。

【重点难点】

(1) 预计负债的确认与计量。

(2) 或有事项的会计处理。

第一节　或有事项会计基本知识

一、或有事项及其特征

(一) 或有事项的定义

企业在经营活动中有时会面临诉讼、仲裁、债务担保、产品质量保证、重组等具有较大不确定性的经济事项。这些不确定事项对企业的财务状况和经营成果可能会产生较大的影响。我国《企业会计准则第13号——或有事项》定义或有事项，是指过去的交易或者事项形成的，其结果须由某些未来事项的发生或不发生才能决定的不确定事项。常见的或有事项主要包括：未决诉讼或未决仲裁、债务担保、产品质量保证(含产品安全保证)、亏损合同、重组义务、环境污染整治、承诺等。

《企业会计准则第13号——或有事项》

(二) 或有事项的特征

1. 或有事项是由过去的交易或者事项形成的

或有事项作为一种不确定事项，是由企业过去的交易或者事项形成的。由过去的交易或者事项形成，是指或有事项的现存状况是过去交易或者由事项引起的客观存在。

例如，未决诉讼虽然是进行中的诉讼，但该诉讼是企业因过去的经济行为导致起诉其他单位或被其他单位起诉，这是现存的一种状况。

由于或有事项具有因过去的交易或者事项而形成这一特征，未来可能发生的自然灾害、交通事故、经营亏损等事项，不属于或有事项准则规范的或有事项。

2. 结果具有不确定性

或有事项的结果具有不确定性，是指或有事项的结果是否发生具有不确定性或者或有事项的结果预计将会发生，但发生的具体时间或金额具有不确定性。例如有些未决诉讼，被告是否会败诉，在案件审理过程中有时是难以确定的，需要根据法院判决情况加以确定。再如，某企业因生产排污治理不力并对周围环境造成污染而被起诉，如无特殊情况，该企业很可能败诉。但是，在诉讼成立时，该企业因败诉将支出多少金额，或者何时将发生这些支出，可能是难以确定的。

3. 结果须由未来事项决定

结果由未来事项决定，是指或有事项的结果只能由未来不确定事项的发生或不发生才能决定。或有事项对企业是有利影响还是不利影响，或已知是有利影响或不利影响但影响多大，在或有事项发生时是难以确定的，只能由未来不确定事项的发生或不发生才能证实。例如，企业为其他单位提供债务担保，该担保事项最终是否会要求企业履行偿还债务的连带责任，一般只能看被担保方的未来经营情况和偿债能力。如果被担保方经营情况和财务状况良好且有较好的信用，那么企业将不需要履行该连带责任。只有在被担保方到期无力还款时，企业(担保方)才承担偿还债务的连带责任。

或有事项与不确定性联系在一起，但会计处理过程中存在的不确定性并不都形成或有事项准则所规范的或有事项，企业应当按照或有事项的定义和特征进行判断。

例如，折旧的提取虽然涉及对固定资产净残值和使用寿命的估计，具有一定的不确定性，但固定资产原值是确定的，其价值最终会转移到成本或费用中也是确定的，因此折旧不是或有事项。

二、或有资产与或有负债

或有事项的结果可能会产生预计负债、或有负债、或有资产等。其中，预计负债属于负债的范畴，一般符合负债的确认条件而应予确认。随着某些未来事项的发生或者不发生，或有负债可能转化为企业的预计负债，或者消失；或有资产也有可能形成企业的资产或者消失。

(一) 或有资产

或有资产是指过去的交易或者事项形成的潜在资产，其存在须通过未来不确定事项的发生或不发生予以证实。或有资产作为一种潜在资产,其结果具有较大的不确定性,只有随着经济情况的变化,通过某些未来不确定事项的发生或不发生才能证实其是否会形成企业真正的资产。例如,甲企业向法院起诉乙企业侵犯了其专利权。法院尚未对该案件进行公开审理,甲企业是否胜诉尚难判断。对于甲企业而言,将来可能胜诉而获得的赔偿属于一项或有资产,但这项或有资产是否会转化为真正的资产,要由法院的判决结果确定。如果终审判决结果是甲企业胜诉,那么这项或有资产就转化为甲企业的一项资产。如果终审判决结果是甲企业败诉,那么或有资产就消失了,不会形成甲企业的资产。

(二) 或有负债

或有负债是指过去的交易或者事项形成的潜在义务,其存在须通过未来不确定事项的发生或不发生予以证实;或过去的交易或者事项形成的现时义务,履行该义务不是很可能导致经济利益流出企业或该义务的金额不能可靠计量。

或有负债涉及两类义务:一类是潜在义务;另一类是现时义务。

1. 潜在义务

潜在义务是指结果取决于不确定未来事项的可能义务。也就是说,潜在义务最终是否转变为现时义务,由某些未来不确定事项的发生或不发生才能决定。或有负债作为一项潜在义务,其结果如何只能由未来不确定事项的发生或不发生来证实。

2. 现时义务

现时义务是指企业在现行条件下已承担的义务。作为或有负债的现时义务,其特征是:该现时义务的履行不是很可能导致经济利益流出企业,或者该现时义务的金额不能可靠地计量。其中,“不是很可能导致经济利益流出企业”是指该现时义务导致经济利益流出企业的可能性不超过50%(含50%);“金额不能可靠计量”是指该现时义务导致经济利益流出企业的“金额”难以合理预计,现时义务履行的结果具有较大的不确定性。

【例7-1】 2021年4月,乙公司从银行贷款美元100万元,期限1年,由甲公司担保50%;2021年4月,丙公司通过银行从丁公司贷款人民币1000万元,期限2年,由甲公司全额担保。

2021年12月31日,乙公司由于受政策影响和内部管理不善等原因,经营效益不如以往,可能不能偿还到期美元债务;丙公司经营情况良好,预期不存在还款困难。

【要求】分析甲公司应当对本担保应该承担的责任。

【解析】本例中，对乙公司而言，甲公司很可能需履行连带责任；就丙公司而言，甲公司履行连带责任的可能性极小。根据或有事项准则的规定，这两项债务担保形成甲公司的或有负债，不符合预计负债的确认条件，甲公司应当在 2021 年 12 月 31 日的财务报表附注中披露相关债务担保的被担保单位、担保金额及财务影响等。

三、或有事项的会计处理规则和方法

（一）或有事项的确认

或有事项的确认和计量通常是指预计负债的确认和计量。或有事项形成的或有资产只有在企业基本确定能够收到的情况下，才转变为真正的资产，从而应当予以确认（见表 7－1）。

表 7－1　或有事项确认一览表

项　目	确　认　原　则
或有资产	或有资产不符合资产确认条件，因而不能在报表中确认。企业通常不应当披露或有资产，但或有资产很可能给企业带来经济利益的，应当披露其形成的原因、预计产生的财务影响等
或有负债	或有负债无论是潜在义务还是现实义务，均不符合负债的确认条件，因而不能在报表中予以确认，但应当按照相关规定在财务报表附注中披露有关信息，包括或有负债的种类及其形成原因、经济利益流出不确定性的说明、预计产生的财务影响以及获得补偿的可能性等
预计负债	与或有事项相关的义务同时满足下列条件的，应当确认为预计负债： (1) 该义务是企业承担的现实义务 (2) 履行该义务很可能导致经济利益流出企业 (3) 该义务金额能够可靠计量

需要说明的是，这里所指的义务包括法定义务和推定义务。法定义务是指因合同、法规或其他司法解释等产生的义务，通常是企业在经济管理和经济协调中，依照经济法律、法规的规定必须履行的责任。比如，企业与另外企业签订购货合同产生的义务，就属于法定义务。推定义务是指因企业的特定行为而产生的义务。企业的特定行为泛指企业以往的习惯做法、已公开的承诺或已公开宣布的经营政策。

履行该义务很可能导致经济利益流出企业，这是指履行与或有事项相关的现时义务时，导致经济利益流出企业的可能性超过50%但小于或等于95%。企业通常可以结合表7-2所列情况来判断经济利益流出的可能性。

表7-2 结果的可能性与其对应概率区间

结果的可能性	对应的概率区间
基本确定	$95\% < P < 100\%$
很可能	$50\% < P \leqslant 95\%$
可 能	$5\% < P \leqslant 50\%$
极小可能	$0 < P \leqslant 5\%$

(二) 预计负债的会计处理

预计负债的计量在考虑相关因素的基础上，主要涉及两个问题：一是最佳估计数的确定；二是预期可获得补偿的处理。

1. 对预计负债计量需要考虑的因素

(1) 风险和不确定性。风险是对过去的交易或事项结果的变化可能性的一种描述。风险的变动可能增加预计负债的金额。企业在不确定的情况下进行判断需要谨慎，使得收益或资产不会被高估，费用或负债不会被低估。

企业应充分考虑与或有事项有关的风险和不确定性，既不能忽略风险和不确定性对或有事项计量的影响，也要避免对风险和不确定性进行重复调整，从而在低估和高估预计负债金额之间寻找平衡点。

(2) 货币时间价值。预计负债的金额通常应当等于未来应支付的金额，但因货币时间价值的影响，资产负债表日后不久发生的现金流出，要比一段时间之后发生的同样金额的现金流出负有更大的义务。所以，如果预计负债的确认时点距离实际清偿有较长的时间跨度，货币时间价值的影响重大，那么在确定预计负债的金额时，应考虑采用现值计量，即通过对相关未来现金流出进行折现后确定最佳估计数。如油气井及相关的设施或核电站的弃置费用等，应按照未来应支付金额的现值确定。

(3) 未来事项。在确定预计负债金额时，企业应当考虑可能影响履行现时义务所需金额的相关未来事项。也就是说，如果有足够的客观证据表明相关未来事项将发生，则应当在预计负债计量中予以考虑相关未来事项的影响，但不应考虑预期处置相关资产形成的利得。

2. 最佳估计数的确定与财务处理

预计负债应当按照履行相关现时义务所需支出的最佳估计数进行初始计量。最佳估计数的确定应当分两种情况处理。

(1) 所需支出存在一个连续范围(或区间,下同),且该范围内各种结果发生的可能性相同,则最佳估计数应当按照该范围内的中间值,即上下限金额的平均数确定。

【例 7-2】 2021 年 12 月 1 日,甲公司因合同违约而被乙公司起诉。2021 年 12 月 31 日,甲公司尚未接到人民法院的判决。甲公司预计,最终的法律判决很可能对公司不利。假定预计将要支付的赔偿金额为 2 000 000 元至 2 600 000 元之间的某个金额,而且这个区间内每个金额的可能性都大致相同。

【要求】 计算甲公司预计负债金额并进行账务处理。

【解析】 本例中,甲公司应在 2021 年 12 月 31 日的资产负债表中确认一项预计负债,金额为:(2 000 000+2 600 000)÷2=2 300 000(元)

有关账务处理:

借:营业外支出—赔偿支出—乙公司　　2 300 000

　贷:预计负债—未决诉讼—乙公司　　2 300 000

(2) 所需支出不存在一个连续范围,或者虽然存在一个连续范围,但该范围内各种结果发生的可能性不相同。在这种情况下,最佳估计数按照如下方法确定:或有事项涉及单个项目的,按照最可能发生金额确定。"涉及单个项目"指或有事项涉及的项目只有一个,如一项未决诉讼、一项未决仲裁或一项债务担保等。

【例 7-3】 2021 年 10 月 2 日,乙公司涉及一起诉讼案。2021 年 12 月 31 日,乙公司尚未接到人民法院的判决。在咨询了公司的法律顾问后,乙公司认为:胜诉的可能性为 40%,败诉的可能性为 60%;如果败诉,需要赔偿 2 000 000 元。

【要求】 计算乙公司预计负债金额并进行账务处理。

【解析】 本例中,乙公司在 2021 年 12 月 31 日资产负债表中应确认的预计负债金额应为最可能发生的金额,即 2 000 000 元。有关账务处理如下。

借:营业外支出—赔偿支出　　2 000 000

　贷:预计负债—未决诉讼　　2 000 000

或有事项涉及多个项目,最佳估计数按照各种可能结果及相关概率计算确定。"涉及多个项目"指或有事项涉及的项目不止一个,如产品质量保证。提出产品保修要求的可能有许多客户,相应地,企业对这些客户负有保修义务。

【例 7-4】丙公司是生产并销售 A 产品的企业，2021 年度第一季度共销售 A 产品 30 000 件，销售收入为 180 000 000 元。根据公司的产品质量保证条款，该产品售出后一年内，如发生正常质量问题，公司将负责免费维修。根据以前年度的维修记录，如果发生较小的质量问题，发生的维修费用为销售收入的 1%；如果发生较大的质量问题，发生的维修费用为销售收入的 2%。根据公司质量部门的预测，本季度销售的产品中，80%不会发生质量问题；15%可能发生较小质量问题；5%可能发生较大质量问题。

【要求】计算丙公司预计负债金额并进行账务处理。

【解析】本例中，根据上述资料，2021 年第一季度末丙公司应确认的预计负债金额为

$$180\,000\,000\times(0\times80\%+1\%\times15\%+2\%\times5\%)=450\,000(\text{元})$$

有关账务处理如下。

借：销售费用—产品质量保证—A 产品　　450 000
　贷：预计负债—产品质量保证—A 产品　　450 000

3. 对预期可获得补偿的处理

企业清偿预计负债所需支出全部或部分预期由第三方补偿的，补偿金额只有在基本确定能够收到时才能作为资产单独确认。确认的补偿金额不应当超过预计负债的账面价值。

企业预期从第三方获得的补偿，是一种潜在资产，其最终是否真的会转化为企业真正的资产(即企业是否能够收到这项补偿)具有较大的不确定性，企业只能在基本确定能够收到补偿时才能对其进行确认。其次，根据资产和负债不能随意抵消的原则，预期可获得的补偿在基本确定能够收到时应当确认为一项资产，而不能作为预计负债金额的扣减。

补偿金额的确认涉及两个方面：一是确认时间，补偿只有在“基本确定”能够收到时予以确认；二是确认金额，确认的金额是基本确定能够收到的金额，而且不能超过相关预计负债的金额。

例如，甲公司因或有事项确认了一项预计负债 60 万元，同时，因该或有事项，甲公司还可从乙公司获得 25 万元的赔偿，且这项金额基本确定能收到。在这种情况下，甲公司应分别确认一项预计负债 60 万元和一项资产 25 万元。如果甲公司基本确定能从乙公司获得 66 万元的赔偿，则应分别确认一项预计负债 60 万元和一项资产 60 万元。

(三) 或有事项的披露

或有事项披露的内容如表 7 - 3 所示。

表 7 - 3　或有事项信息披露一览表

项　　目	披　露　的　内　容
或有资产	企业通常不应当披露或有资产，但或有资产很可能会给企业带来经济利益，并预计其会产生财务影响的，所以应当在财务报告附注中披露其形成的原因
或有负债	(1) 或有负债的种类及其形成原因，包括已贴现商业承兑汇票、未决诉讼、未决仲裁、对外提供担保等形成的或有负债 (2) 经济利益流出不确定性的说明 (3) 或有负债预计产生的财务影响，以及获得补偿的可能性；无法预计的，应当说明原因 (4) 在涉及未决诉讼、未决仲裁的情况下，按相关规定披露全部或部分信息预期对企业造成重大不利影响的，企业无须披露这些信息，但应当披露该未决诉讼、未决仲裁的性质，以及没有披露这些信息的事实和原因
预计负债	(1) 预计负债的种类、形成原因，以及对经济利益流出不确定性的说明 (2) 各类预计负债的期初、期末余额和本期变动情况 (3) 与预计负债有关的预期补偿金额和本期已确认的预期补偿金额

第二节　或有事项会计实务

一、或有事项的产生与常见或有事项

(一) 或有事项的产生

或有事项因过去交易或者事项而形成的，包括企业经营活动过程中发生的未决诉讼或未决仲裁、债务担保、产品质量保证(含产品安全保证)、亏损合同、重组义务、环境污染整治、承诺等都属于或有事项。它与肯定事项是相对的，肯定事项的结果是肯定的，而或有事项的结果是不肯定或不确定的，须由某些未来事项的发生或不发生来决定。

(二) 常见的或有事项

常见的或有事项如表 7 - 4 所示。

表7-4 常见或有事项一览表

或有事项	含义
未决诉讼	未决诉讼是指一方上诉另一方，由人民法院依据事实进行判决，在上诉以后至判决之前就形成了未决诉讼的或有事项
未决仲裁	未决仲裁是指对双方有争议的事项共同提出申请，由仲裁委员会作出裁决，在提交申请之后至作出裁决之前就形成了未决仲裁的或有事项
债务担保	债务担保指一方替另一方向债权单位（如银行）所做的债务保证，叫债务担保，在担保方签订担保协议之后至被担保方债务到期之前，就形成了有关债务担保的或有事项
产品质量保证	产品质量保证是指在一定时间内对商品质量问题所负全部责任的一种承诺。在产品售出之后至保修期到期之前就形成了关于产品质量保证的或有事项
亏损合同	亏损合同是指履行合同义务不可避免发生的成本超过预期经济利益的合同
重组义务	重组义务是指在制定重组计划之后至正式实施计划之前，就形成了与重组义务有关的或有事项，如涉及或有金额的债务重组

二、或有事项的会计处理实务

根据《企业会计准则第13号——或有事项》，企业应当设置“预计负债”账户核算企业确认的未决诉讼或未决仲裁、债务担保、产品质量保证、亏损合同、重组义务等的预计负债金额。

（一）未决诉讼或未决仲裁的会计处理

一项未决诉讼对于被告来说，可能形成一项或有负债或者预计负债；对于原告来说，则可能形成一项或有资产。对于未决仲裁，作为当事人一方，仲裁的结果在仲裁决定公布以前是不确定的，会构成一项潜在义务或现时义务，或者潜在资产。当涉及未决诉讼或未决仲裁时，企业应当根据不同情况分别进行会计处理，如表7-5所示。

表7-5 未决诉讼或未决仲裁的相关预计负债及其会计处理一览表

相关预计负债	相应的会计处理
前期已合理计提	直接计入或冲减当期营业外支出
前期未合理预计（金额重大）	按照重大差错更正的方法进行会计处理
前期无法合理预计且未计提	在该损失实际发生的当期，直接计入营业外支出
资产负债表日后至财务报告批准报出日发生的需要调整或说明的未决诉讼	按照资产负债表日后事项的有关规定进行会计处理

下面以A公司涉及的一项未决诉讼为例，就未决诉讼的产生、涉及的问题与会计处理进行展示和讲解。

操作实例

【实务资料】

A公司2021年度发生的有关交易或事项如下。

2021年10月1日有一笔已到期的银行贷款本金10 000 000元，利息1 500 000元，A公司具有还款能力，但因与B银行存在其他经济纠纷，而未按时归还B银行的贷款，2021年12月1日，B银行向人民法院提起诉讼，截至2021年12月31日人民法院尚未对案件进行审理。A公司法律顾问认为败诉的可能性60%，预计将要支付的罚息、诉讼费用在1 000 000～1 200 000元之间，其中诉讼费50 000元。

2021年10月6日，A公司委托银行向K公司贷款60 000 000元，由于经营困难，2021年10月6日贷款到期时K公司无力偿还贷款，A公司依法起诉K公司，2021年12月6日，人民法院一审判决A公司胜诉，责成K公司向A公司偿付贷款本息70 000 000元，并支付罚息及其他费用6 000 000元，两项合计76 000 000元，但由于各种原因，K公司未履行判决，直到2021年12月31日，A公司尚未采取进一步的行动。

【问题】

分别对A公司2021年发生的诉讼进行会计处理。

【会计处理】

在本案中，A公司的会计处理如下。

(1) A公司败诉的可能性60%，即很可能败诉，则A公司应在2021年12月31日确认一项预计负债：(1 000 000＋1 200 000)÷2＝1 100 000(元)

有关财务处理：

借：管理费用—诉讼费　　50 000

　　营业外支出—罚息支出　　1 050 000

　贷：预计负债—未决诉讼—B银行　　1 100 000

A公司应在2021年12月13日的财务报表附注中做如下披露。

本公司欠B银行贷款于2021年10月1日到期，到期本金和利息合计11 500 000元，由于与B银行存在其他经济纠纷，故本公司尚未偿还上述借款本金和利息，为此，B银行起诉本公司，除要求本公司偿还本金和利息外，还要求支付罚息等费用。由于以上情况，本公司在2021年12月31日确认了一项预计负债1 100 000元。

(2)虽然一审判决A公司胜诉，将很可能从K公司收回委托贷款本金、利息及罚息，但是由于K公司本身经营困难，该款项是否能全额收回存在较大的不确定性，因此A公司2021年12月31日不应确认资产，但应考虑该项委托贷款的减值问题。

A公司应在2021年12月31日的财务报表附注中做如下披露。

A公司应在2019年10月6日委托银行向K公司贷款60 000 000元，K公司逾期未还，为此本公司依法向人民法院起诉K公司。2021年12月6日，一审判决本公司胜诉，并可从K公司索偿款项76 000 000元，其中贷款本金60 000 000元，利息10 000 000元以及罚息等其他费用6 000 000元。截至2021年12月31日，K公司未履行判决，本公司也未采取进一步的措施。

(二) 债务担保的会计处理

债务担保在企业中是较为普遍的现象。作为提供担保的一方，在被担保方无法履行合同的情况下，常常承担连带责任。从保护投资者、债权人的利益出发，客观、充分地反映企业因担保义务而承担的潜在风险是十分必要的。企业对外提供债务担保涉及的诉讼情况及其会计处理如表7-6所示。

表7-6 企业提供债务担保涉及的诉讼情况及其会计处理一览表

诉讼情况	担保企业的处理
企业(被担保企业)已被判决败诉的	应当按照法院判决的应承担的损失金额确认为负债
一审判决败诉，但被担保企业又上诉	通常应在资产负债表报表日根据已有判决结果合理估计损失金额，将其确认为预计负债
法院尚未判决的	若败诉的可能性大于胜诉的可能性，且损失金额能够合理估计，则应在资产负债表日根据预计损失金额确认为预计负债

下面以A公司为B公司的一项担保事项为例，就担保事项的产生、担保后果等问题与会计处理进行展示和讲解。

操作实例

【实务资料】

2020年10月，A公司为B公司人民币20 000 000元，期限2年的银行贷款提供全额担保；2021年4月，A公司为C公司1 000 000美元，期限1年的银行贷款提供50%的担保。

截至2021年12月31日，各贷款单位的情况如下：B公司贷款逾期未还，银行已起诉B公司和A公司，A公司因连带责任需赔偿多少金额尚无法确定；C公司由于受政策影响和内部管理不善等原因，经营效益不如以往，可能不能偿还到期美元债务。

【问题】

2021 年末，对 A 公司为了 B 公司的担保事项进行会计处理。

【会计处理】

本案中，对 B 公司而言，A 公司很可能需履行连带责任，但损失金额是多少，目前还难以预计；就 C 公司而言，A 公司可能需履行连带责任。这两项债务担保形成 A 公司的或有负债，但不符合预计负债的确认条件，A 公司应在 2021 年 12 月 31 日的财务报表附注中披露相关债务担保的被担保单位、担保金额以及财务影响等。

（三）产品质量保证的会计处理

产品质量保证在约定期内，若产品或劳务在正常使用过程中出现质量或与之相关的其他属于正常范围的问题，企业负有更换产品、免费或只收成本价进行修理等责任。为此，企业应当在符合确认条件的情况下，于销售成立时确认预计负债。当企业涉及产品质量保证时，应根据不同情况分别进行会计处理，如表 7-7 所示。

表 7-7　产品质量保证涉及的事项及其会计处理一览表

产品质量保证	企业的处理
发现保证费用的实际发生额与预计数相差较大	对预计比例进行调整
企业针对待定批次产品确认预计负债	在保修期结束时，冲销“预计负债——产品质量保证”账户的余额
已对其确认预计负债的产品	在相应的产品质量保证期满后，冲销“预计负债——产品质量保证”账户的余额

下面以 A 公司产品销售中的质量保证行为为例，就公司销售承诺的内容、承诺后果等问题与会计处理进行展示和讲解。

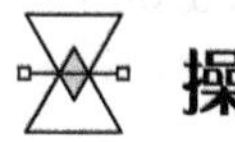

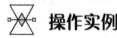

操作实例

【实务资料】

A 公司为机床生产和销售企业。A 公司对购买其机床的消费者作出承诺：机床售出后 3 年内如出现非意外事件造成的机床故障和质量问题，A 公司免费负责保修（含零部件更换）。A 公司 2021 年第一季度、第二季度、第三季度、第四季度分别销售机床 400 台、600 台、800 台和 700 台，每台售价为 5 万元。根据以往的经验，机床发生的保修费一般为销售额的 1%～1.5%。A 公司 2021 年四个季度实际发生的维修费用分别为 40 000 元、400 000 元、360 000 元和 700 000 元(假定用银行存款支付 50%,另 50%为耗用的原材料)。假定 2020 年 12 月 31 日“预计负债—产品质量保证—机床”科目年末余额为 240 000 元。

【问题】

对 A 公司 2021 年度发生的产品质量保证事项进行会计处理。

【会计处理】

本案中,A 公司因销售机床而承担了现实义务,该现实义务的履行很可能导致经济利益流出 A 公司,且该义务的金额能够可靠计量。A 公司应在每季度末确认一项预计负债。

(1) 第 1 季度:发生产品质量保证费用(维修费)。

借:预计负债—产品质量保证—机床　　40 000

　贷:银行存款　　20 000

　　原材料　　20 000

应确认的产品质量保证负债金额=400×50 000×(1%+1.5%)÷2=250 000(元)

借:销售费用—产品质量保证—机床　　250 000

　贷:预计负债—产品质量保证—机床　　250 000

第 1 季度末,“预计负债—产品质量保证—机床”科目余额=240 000+250 000−40 000=450 000(元)。

(2) 第 2 季度:发生产品质量保证费用(维修费)。

借:预计负债—产品质量保证—机床　　400 000

　贷:银行存款　　200 000

　　原材料　　200 000

应确认的产品质量保证负债金额=600×50 000×(1%+1.5%)÷2=375 000(元)

借:销售费用—产品质量保证—机床　　375 000

　贷:预计负债—产品质量保证—机床　　375 000

第 2 季度末,“预计负债一产品质量保证”科目余额=450 000+375 000−400 000=425 000(元)。

(3) 第 3 季度:发生产品质量保证费用(维修费)。

借:预计负债—产品质量保证—机床　　360 000

　贷:银行存款　　180 000

　　原材料　　180 000

应确认的产品质量保证负债金额=800×50 000×(1%+1.5%)÷2=500 000(元)

借:销售费用—产品质量保证—机床　　500 000

　贷:预计负债—产品质量保证—机床　　500 000

第 3 季度末，“预计负债—产品质量保证”科目余额＝425 000＋500 000－360 000＝565 000(元)。

(4) 第 4 季度：发生产品质量保证费用(维修费)。

借：预计负债—产品质量保证—机床　　700 000

　贷：银行存款　　350 000

　　原材料　　350 000

应确认的产品质量保证负债金额＝700×50 000×(1%＋1.5%)÷2＝437 500(元)

借：销售费用—产品质量保证—机床　　437 500

　贷：预计负债—产品质量保证—机床　　437 500

第 4 季度末，“预计负债—产品质量保证—机床”科目余额＝565 000＋437 500－700 000＝302 500(元)。

(四) 亏损合同的会计处理

亏损合同产生的义务满足预计负债的确认条件，应当确认为预计负债。预计负债的计量应当反映退出该合同的最低净成本，即履行该合同的成本与未能履行该合同而发生的补偿或处罚两者之中的较低者。企业与其他企业签订的商品销售合同、劳务合同、租赁合同等，均可能变为亏损合同。

企业对亏损合同进行会计处理，需要遵循以下两点。

(1) 如果与亏损合同相关的义务不需支付任何补偿即可撤销，企业通常就不存在现时义务，不应确认预计负债；如果与亏损合同相关的义务不可撤销，企业就存在了现时义务，同时满足该义务很可能导致经济利益流出企业和金额能够可靠地计量的，通常应当确认预计负债。

(2) 亏损合同存在标的资产的，应当对标的资产进行减值测试并按规定确认减值损失，如果预计亏损超过该减值损失，应将超过部分确认为预计负债；合同不存在标的资产的，亏损合同相关义务满足预计负债确认条件时，应当确认为预计负债。

下面以甲公司与丙公司签订的一项不可撤销合同为例，就合同的内容、合同履行后果等问题与会计处理进行展示和讲解。

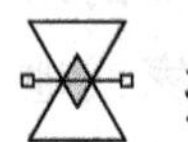

操作实例

【实务资料】

甲公司 2020 年 12 月 10 日与丙公司签订不可撤销合同，约定在 2021 年 3 月 1 日以每件 200 元的价格向丙公司提供 A 产品 1 000 件，若不能按期交货，将对甲公司处以总价款 20%的违约金。签订合同时 A 产品尚未开始生产，甲公司准备生产 A 产品时，原材料价格突然上涨,预计生产A产品的单位成本将超过合同单价。不考虑相关税费。

【问题】

对甲公司与丙公司签订不可撤销合同后出现的状况进行会计处理。

【会计处理】

在本案中,甲公司的会计处理如下。

(1) 若生产A产品的单位成本为210元。

履行合同发生的损失=1 000×(210−200)=10 000(元)

不履行合同支付的违约金=1 000×200×20%=40 000(元)

由于该合同变为亏损合同时不存在标的资产,甲公司应当按照履行合同造成的损失与违约金两者中的较低者确认一项预计负债,即应确认预计负债10 000元。

借:营业外支出—亏损合同损失—A产品　　10 000

　贷:预计负债—亏损合同损失—A产品　　10 000

待产品完工后,将已确认的预计负债冲减产品成本。

借:预计负债—亏损合同损失—A产品　　10 000

　贷:库存商品—A产品　　10 000

(2) 若生产A产品的单位成本为270元。

履行合同发生的损失=1 000×(270−200)=70 000(元)

不履行合同支付的违约金=1 000×200×20%=40 000(元)

应确认预计负债40 000元。

借:营业外支出—亏损合同损失—A产品　　40 000

　贷:预计负债—亏损合同损失—A产品　　40 000

支付违约金时

借:预计负债—亏损合同损失—A产品　　40 000

　贷:银行存款　　40 000

(五) 重组义务的会计处理

1. 企业的重组事项

属于企业重组的事项主要包括:① 出售或终止企业的部分业务;② 对企业的组织结构进行较大调整;③ 关闭企业的部分营业场所,或将营业活动由一个国家或地区迁移到其他国家或地区。

企业应当将重组与企业合并、债务重组区别开。因为重组通常是企业内部资源的调整和组合,谋求现有资产效能的最大化;企业合并是在不同企业之间的资本重组和规模扩张;债务重组是债权人对债务人作出让步,债务人减轻债务负担,债权人尽可能减少损失。

2. 企业重组义务的确定

企业因重组而承担了重组义务，并且同时满足预计负债确认的3个条件时，才能确认预计负债。

首先，同时存在下列情况的，表明企业承担了重组义务：① 有详细、正式的重组计划，包括重组涉及的业务、主要地点、需要补偿的职工人数、预计重组支出、计划实施时间等；② 该重组计划已对外公告。

其次，重组义务只有同时满足预计负债确认条件，即承担的重组义务是现时义务、履行重组义务很可能导致经济利益流出企业、重组义务的金额能够可靠计量，才能将重组义务确认为预计负债。

3. 重组义务的计量

企业应当按照与重组有关的直接支出确定预计负债金额，计入当期损益。直接支出是企业重组必须承担的直接支出，并且与主体继续进行的活动无关的支出，不包括留用职工岗前培训、市场推广、新系统和营销网络投入等支出。因为这些支出与未来经营活动有关，在资产负债表日不是重组义务。

由于企业在计量预计负债时不应当考虑预期处置相关资产的利得或损失，在计量与重组义务相关的预计负债时，不考虑处置相关资产（厂房、店面，有时是一个事业部整体）可能形成的利得或损失，即使资产的出售构成重组的一部分也是如此。

企业可以参照表7－8判断某项支出是否属于与重组有关的直接支出。

表7－8 与重组有关支出的判断表

支出项目	包括	不包括	不包括的原因
自愿遣散	√		
强制遣散（如果自愿遣散目标未满足）	√		
将不再使用的厂房的租赁撤销费	√		
将职工和设备从拟关闭的工厂转移到继续使用的工厂		√	支出与继续进行的活动相关
剩余职工的再培训		√	支出与继续进行的活动相关
新经理的招聘成本		√	支出与继续进行的活动相关
推广公司新形象的营销成本		√	支出与继续进行的活动相关
对新分销网络的投资		√	支出与继续进行的活动相关
重组的未来可辨认经营损失（最新预计值）		√	支出与继续进行的活动相关
特定不动产、厂场和设备的减值损失		√	资产减值准备应当按照《企业会计准则第8号——资产减值》进行计提产的抵减项

下面以A公司发生的重组事件为例，就重组事件的产生、涉及的相关支出等问题与会计处理进行展示和讲解。

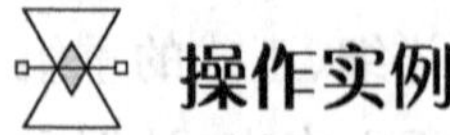

操作实例

【实务资料】

A公司为一家儿童玩具生产企业，主要生产益智玩具、模型玩具、填充玩具。A公司2018年度发生的有关事项如下：

A公司管理层于2018年11月制定了一项业务重组计划。该业务重组计划的主要内容如下：自2019年1月1日起关闭丙产品生产线；从事丙产品生产的员工共计250人，除部门主管及技术骨干等50人留用转入其他部门外，其他200人将辞退；根据被辞退员工的职位、工作年限等因素，A公司将一次性给予被辞退员工不同标准的补偿，补偿支出共计900万元，丙产品生产线关闭之日，将腾空租用的厂房撤销租赁合同，并将其移交给出租方，将用于丙产品生产的固定资产转移至A公司自己的仓库。

上述业务重组计划已于2018年12月2日经A公司董事会批准，并于2018年12月3日对外公告。2018年12月31日，上述业务重组计划尚未实际实施，员工补偿及相关支出尚未支付。

(1) 为了实施上述业务重组计划，A公司预计发生以下支出或损失：因辞退员工将支付补偿款1 600万元；因撤销厂房租赁合同将支付违约金50万元；因将用于丙产品生产的固定资产转移至仓库将发生运输费6万元；因对留用员工进行培训将发生支出2万元；因推广新款乙产品将发生广告费用5 000万元；因处置用于丙产品生产的固定资产将产生减值损失300万元。

(2) 2018年12月15日，消费者因使用丙产品造成财产损失而向法院提起诉讼，要求A公司赔偿损失1 120万元。2018年12月31日，法院尚未对该案做出判决。在咨询法律顾问后，A公司认为该案很可能败诉。根据专门人士的测算，A公司的赔偿金额可能为900万元～1 100万元，而且上述区间内每个金额的可能性相同。

(3) 2018年12月25日，B公司(为A公司的子公司)向银行借款5 200万元，期限为4年。经董事会批准，A公司为B公司的上述银行借款提供全额担保。2018年12月31日，B公司经营状况良好，预计不存在还款困难。

【问题】

(1) 根据操作实例中的(1)判断哪些是与A公司业务重组有关的直接支出，并计算因重组义务应预计负责金额。

(2) 根据操作实例中的(1)计算A公司因业务重组计划而减少2018年度两人的金额，并编制相关会计分录。

(3) 根据操作实例中的(2)和(3)判断A公司是否应当将与这些有关事项相关第一位确认为预计负责。如确认,则计算预计负责的最佳估计数,并编制相关会计分录,如不确认,则说明理由。

【会计处理】

(1) 因辞退员工将支付的补偿款1 600万元和因撤销厂房租赁合同将支付的违约金50万元属于与重组有关的直接支出。

重组义务应确认的预计负责=1 600+50=1 650(万元)

(2) 因重组计划减少2018年度利润总额=1 600+300=1 950(万元),A公司编制的会计分录如下。

借:营业外支出　500 000

　贷:预计负责　500 000

借:管理费用　16 000 000

　贷:应付职工薪酬　16 000 000

借:资产减值损失　3 000 000

　贷:固定资产减值准备　3 000 000

(3) 资料(2)应确认预计负责。预计负责的最佳估计数=(900+1 000)÷2=1 000(万元),A公司编制的会计分录如下。

借:营业外支出　10 000 000

　贷:预计负责　10 000 000

操作实例中的(3)不确认预计负责。因为此项不是很可能导致经济利益流出企业,所以不符合或有事项确认预计负责的条件。

 本章实训

【实训目标与能力要求】

本实训目标是培养学生用所学或有事项知识进行案例分析的能力。其能力要求如下。

(1) 掌握企业或有事项会计处理方法。

(2) 能够针对具体的案例事件,通过分析提出处理意见,并进行相应账务处理。

【实训方式】

实训分小组进行,以小组为单位完成案例分析和账务处理,并形成案例分析报告,参加讲评和讨论。

【实训考核】

根据各实训小组提交成果(案例分析报告)的质量和参与讨论的情况进行评分。

实训成绩按百分制评定。

小组项目实训成绩＝实训准备（满分 10）＋实训成果（满分 80）＋小组协作（满分 10）。

个人项目实训成绩＝小组项目实训成绩×个人贡献系数（个人贡献系数由组长根据其在实训中的贡献大小决定）。

【实训步骤】

（1）由任课教师引导学生解读实训案例资料，提示学生应注意哪些问题，并布置具体实训任务和时间要求。

（2）各实训小组根据组内分工，通过拟定案例分析方案、查找与案例相关的背景资料、对案例事项进行分析并得出结论、根据分析结果进行账务处理 4 个环节，进行案例分析。在分析过程中，小组内对案例初步分析要进行讨论、修改、形成共识，最后按照要求形成案例分析报告。

（3）各实训小组组长将案例分析报告交给学委，由任课老师组织互评。

（4）任课老师根据互评结果和课堂讲评、讨论情况确定实训成绩。

【实训资料】

甲公司系增值税一般纳税人，适用的增值税税率为 13%。有关资料如下。

（1）2020 年 8 月 1 日，甲公司从乙公司购入一台不需安装的 A 生产设备并投入使用，已收到增值税专用发票，价款为 1 000 万元，增值税税额为 130 万元，款项尚未支付，付款期为 3 个月。

（2）2020 年 11 月 1 日，应付乙公司款项到期，甲公司虽有付款能力，但因该设备在使用过程中出现过故障，与乙公司协商未果，所以未按时支付。

2020 年 12 月 1 日，乙公司向人民法院提起诉讼，至当年 12 月 31 日，人民法院尚未判决。甲公司法律顾问认为败诉的可能性为 70%，预计支付诉讼费 5 万元，逾期利息在 20 万元至 30 万元之间，且这个区间内每个金额发生的可能性相同。

（3）2021 年 5 月 8 日，人民法院判决甲公司败诉，承担诉讼费 5 万元，并在 10 日内向乙公司支付欠款 1 130 万元和逾期利息 50 万元。甲公司和乙公司均服从判决，甲公司于 2021 年 5 月 16 日以银行存款支付上述所有款项。

（4）甲公司 2020 年度财务报告已于 2021 年 4 月 20 日报出；不考虑其他因素。

【实训任务】

（1）编制甲公司购进固定资产的相关会计分录。

（2）判断说明甲公司 2020 年年末就该未决诉讼案件是否应当确认预计负债及其理由；如果应当确认预计负债，编制相关会计分录。

（3）编制甲公司服从判决支付款项的相关会计分录。

（答案中的金额单位用万元表示）

课后练习

一、单项选择题

1. 下列会计事项中,不属于或有事项的是( )。

A. 固定资产折旧　　B. 企业存在环境污染整治义务

C. 待执行合同变为亏损合同　　D. 未决诉讼

2. 下列各项中,属于或有事项的是( )。

A. 甲公司将商品赊销给乙公司　　B. 甲公司向银行贷款 1 000 万元

C. 甲公司销售商品承诺 3 年保修期　　D. 甲公司对购入固定资产计提折旧

3. 与或有事项相关的义务确认为负债的条件之一是履行该业务很可能导致经济利益流出企业。这里所指的"很可能"是指( )。

A. 发生的可能性大于 95%但小于 100%

B. 发生的可能性大于 30%但小于或等于 50%

C. 发生的可能性大于 50%但小于或等于 95%

D. 发生的可能性大于 5%但小于或等于 50%

4. 甲企业为了结或有事项而确认负债 70 万元,估计有 98%的可能性由乙企业补偿 100 万元。甲企业应确认的资产为( )万元。

A. 0　　B. 100　　C. 20　　D. 70

5. A 公司因或有事项确认了一项负债 200 万元;同时,A 公司还可以从第三方 B 公司获得赔偿 240 万元,且这项赔偿金额基本确定能收到。在这种情况下,A 公司应确认的资产为( )万元。

A. 100　　B. 120　　C. 20　　D. 200

6. 企业对于预计很可能承担的诉讼赔款损失,应在利润表中列入( )项目。

A."营业外支出"　　B."销售费用"

C."管理费用"　　D."财务费用"

7. A 企业与 B 企业签订合同,购买 20 件商品,合同价格为每件 20 000 元。市场上同类商品的价格为每件 16 000 元。A 企业将购买的商品卖给 C 企业,单价为 16 000元。如 A 企业单方面撤销合同,应支付违约金 60 000 元。A 企业尚未购入商品。A 企业应确认的预计负债为( )元。

A. 60 000　　B. 30 000　　C. 20 000　　D. 0

8. 2021 年 12 月 31 日,甲公司涉及一项未决诉讼,预计很可能败诉,甲公司若败诉,需承担诉讼费 10 万元并支付赔款 300 万元,但基本确定可从保险公司获得 60 万元的补偿。2021 年 12 月 31 日,甲公司因该诉讼应确认预计负债的金额为( )

万元。

A. 240　　B. 250　　C. 300　　D. 310

二、多项选择题

1. M公司为甲公司、乙公司、丙公司和丁公司提供了银行借款担保。不考虑其他因素，下列各项中，M公司不应确认预计负债的有(　　)。

A. 甲公司运营良好，M公司极小可能承担连带还款责任

B. 乙公司发生暂时财务困难，M公司可能承担连带还款责任

C. 丙公司发生财务困难，M公司很可能承担连带还款责任

D. 丁公司发生严重财务困难，M公司基本确定承担还款责任

2. 预计负债初始和后续计量需要考虑的因素有(　　)。

A. 风险和不确定性

B. 货币时间价值

C. 已发生的事项

D. 资产负债表日对预计负债账面价值的复核

3. 下列各项中，属于或有事项的有(　　)。

A. 某公司为其子公司的贷款提供担保

B. 某单位为其他企业的贷款提供担保

C. 某企业以财产作为抵押向银行借款

D. 某公司被国外企业提起诉讼

4. 下列关于或有事项的说法，正确的有(　　)。

A. 或有事项是过去的交易或事项形成的一种状况，其结果须通过未来不确定事项的发生或不发生予以证实

B. 对于待执行合同转为亏损合同的，以及企业拥有合同标的资产的，企业应对标的资产进行减值测试，并按规定计提减值准备

C. 如果与或有事项有关的义务的履行很可能导致经济利益流出企业，就应将其确认为一项负债

D. 企业不应确认或有资产和或有负债

5. 下列关于或事项的说法，正确的有(　　)。

A. 企业承担的重组义务满足或有事项确认预计负债规定的，应当确认预计负债

B. 企业应当按照与重组有关的直接支出确认预计负债

C. 与重组有关的直接支出包括留用职工岗前的培训、市场的推广、新系统和营销网络投入等方面的支出

D. 企业在发生重组义务而承担重组义务的，应当确认预计负债

三、判断题

1. 或有事项是指过去的交易或事项形成的，其结果要由未来事项的发生或不发生才能决定的不确定的事项。（　）

2. 企业不应当确认或有负债和或有资产。（　）

3. 或有资产是指过去的交易或事项所形成的潜在的资产，其存在需要通过未来不确定事项的发生或不发生予以证实。（　）

4. 待执行合同变为亏损合同的，该亏损合同产生的义务应确认为预计负债。（　）

5. 企业只要有详细、正式的重组计划就表明企业承担了重组义务。（　）

6. 2021 年 12 月 31 日，甲上市公司董事会决定关闭 A 事业部，并将此项决定确认预计负债。（　）

四、业务处理题

1. 兴旺科技有限公司为工业生产企业，自 2020 年 1 月起为售出的产品提供“三包”服务，规定产品出售后一定期限内出现质量问题，负责退换或免费提供修理。假定兴旺科技有限公司只生产和销售甲、乙两种产品。

(1) 兴旺科技有限公司为甲公司“三包”服务确认的预计负债的 2021 年年初的账面余额为 60 万元。甲产品的“三包”服务期限为 3 年。该公司在年末对售出的甲产品可能发生的“三包”费用按照当年甲产品销售收入的 2%预计。

兴旺科技有限公司 2021 年甲产品销售收入及实际发生的“三包”费用资料如表 7－9所示。

表 7－9　2021 年甲产品销售收入及实际发生的“三包”费用　　单位：万元

项　　目	第一季度	第二季度	第三季度	第四季度
甲产品的销售收入	2 000	1 600	2 400	1 200
发生的“三包”费用	30	20	60	40
其中：原材料成本	20	16	20	30
人工成本	10	4	10	10
用银行存款支付的其他支出	0	0	30	0

(2) 兴旺科技有限公司为乙产品“三包”服务确认的预计负债在 2021 年年初的账面余额为 16 万元。乙产品已于 2020 年 7 月 31 日停止生产，乙产品的“三包”截止日

期为 2021 年 12 月 31 日。兴旺科技有限公司库存的乙产品已于 2020 年年底以前全部售出。2021 年第四季度发生的乙产品“三包”费用为 10 万元(均为人工成本),其他各季度均未发生“三包”费用。

要求：(1) 计算 2021 年年末应对甲产品确认的预计负债。

(2) 编制 2021 年年末对甲产品确认预计负债相关的会计分录(假定按年编制会计分录)。

(3) 编制甲产品 2021 年发生的与售出产品“三包”费用相关的会计分录(假定按年编制会计分录)。

(4) 编制乙产品 2021 年与预计负债相关的会计分录(假定按年编制会计分录)。

(5) 计算 2021 年 12 月 31 日预计负债的账面余额,并注明借方或贷方。

2. 甲公司与乙公司于 2021 年 11 月签订不可撤销合同,甲公司向乙公司销售 A 设备 50 台,合同价格每台 1 000 000 元(不含税)。该批设备在 2021 年 1 月 25 日交货。至 2021 年末甲公司已生产 40 台 A 设备,由于原材料价格上涨,单位成本达到 1 020 000元,每销售一台 A 设备亏损 20 000 元,因此这项合同已成为亏损合同。预计其余未生产的 10 台 A 设备的单位成本与已生产的 A 设备的单位成本相同。则甲公司应对有标的的 40 台 A 设备计提存货跌价准备,对没有标的的 10 台 A 设备确认预计负债。不考虑相关税费。

要求：为甲公司亏损合同进行相关账务处理。

第八章 外币折算会计

【结构框架】

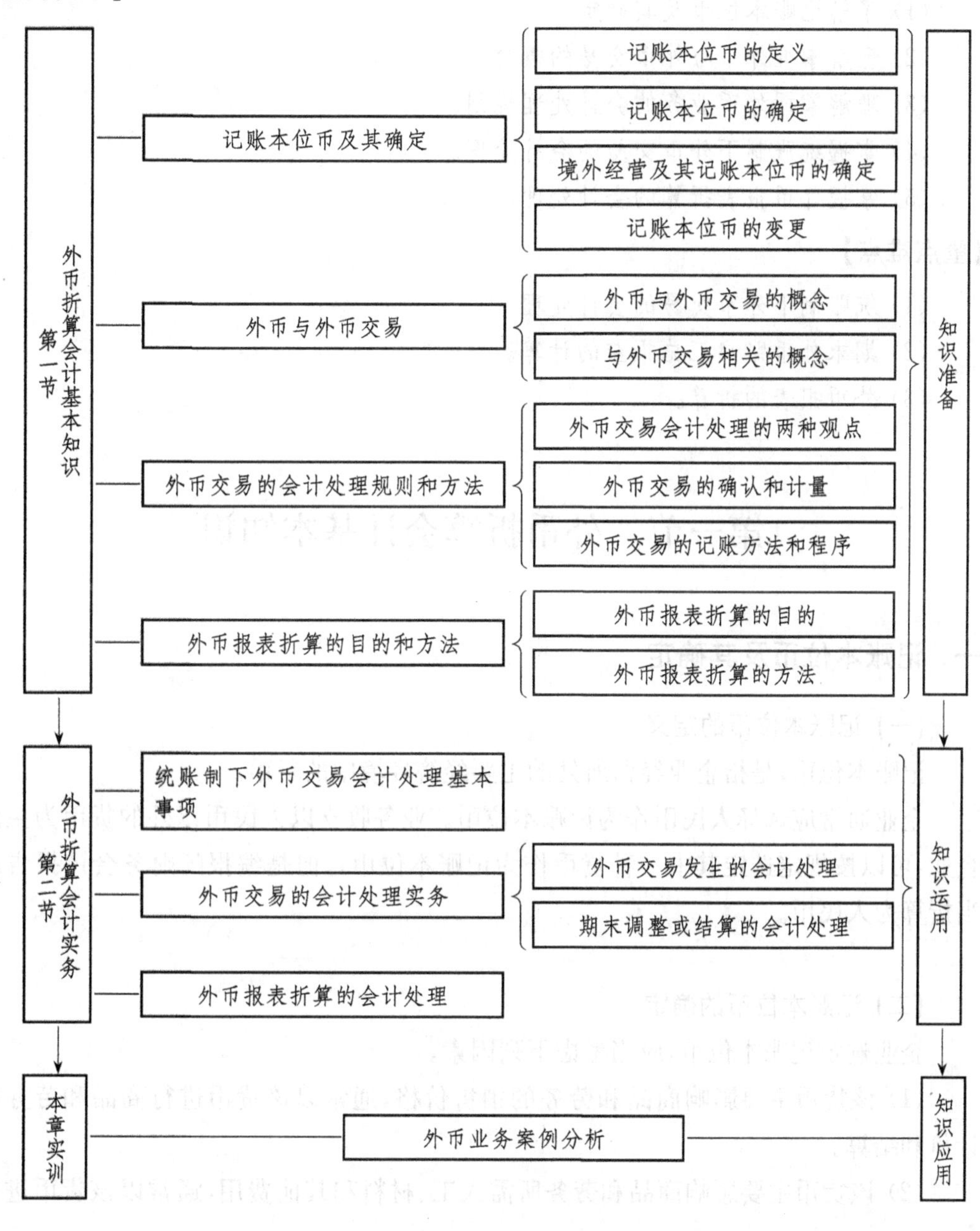

【主要知识点】

(1) 记账本位币及其确定。

(2) 外币与外币交易的概念。

(3) 外币交易的会计处理规则和方法。

(4) 外币报表折算的目的和方法。

(5) 外币业务的会计处理实务。

【学习目标】

(1) 了解记账本位币及其确定。

(2) 理解掌握外币与外币交易的概念。

(3) 理解掌握外币业务的会计处理规则。

(4) 掌握统账制下外币交易的会计处理。

(5) 掌握外币报表折算的会计处理。

【重点难点】

(1) 统账制下外币交易的会计处理。

(2) 期末外币账户汇兑损益的计算。

(3) 外币报表的折算。

第一节　外币折算会计基本知识

一、记账本位币及其确定

(一) 记账本位币的定义

记账本位币,是指企业经营所处的主要经济环境中的货币。

企业通常应选择人民币作为记账本位币。业务收支以人民币以外的货币为主的企业,可以按规定选定其中一种货币作为记账本位币。但是编报的财务会计报告应当折算为人民币。

(二) 记账本位币的确定

企业选定记账本位币,应当考虑下列因素。

(1) 该货币主要影响商品和劳务的销售价格,通常以该货币进行商品和劳务的计价和结算。

(2) 该货币主要影响商品和劳务所需人工、材料和其他费用,通常以该货币进行上述费用的计价和结算。

(3) 融资活动获得的资金以及保存从经营活动中收取款项时所使用的货币。

企业记账本位币一经确定，不得随意变更，除非与确定企业记账本位币相关的经营所处的主要经济环境发生重大变化。

(三) 境外经营及其记账本位币的确定

1. 境外经营的含义

境外经营有两方面的含义，一是指企业在境外的子公司、合营企业、联营企业、分支机构；二是当企业在境内的子公司、联营企业、合营企业或者分支机构选定的记账本位币不同于企业的记账本位币时，也应当视同境外经营。

2. 境外经营记账本位币的确定

企业选定境外经营的记账本位币，除考虑前面所讲的因素外，还应考虑下列因素。

(1) 境外经营对其所从事的活动是否拥有很强的自主性。

(2) 境外经营活动中与企业的交易是否在境外经营活动中占有较大比重。

(3) 境外经营活动产生的现金流量是否直接影响企业的现金流量、是否可以随时汇回。

(4) 境外经营活动产生的现金流量是否足以偿还其现有债务和可预期的债务。

(四) 记账本位币的变更

企业因经营所处的主要经济环境发生重大变化，确需变更记账本位币的，应当采用变更当日的即期汇率将所有项目折算为变更后的记账本位币，折算后的金额作为新的记账本位币的历史成本。由于采用同一即期汇率进行折算，因此，不会产生汇兑差额。

企业记账本位币发生变更的，在按照变更当日的即期汇率将所有项目折算为变更后的记账本位币时，其比较财务报表应当以可比当日的即期汇率折算所有资产负债表和利润表项目。

二、外币与外币交易

(一) 外币与外币交易的概念

1. 外币

外币是指“本币”以外的货币，是相对于本国货币而言的，是一种功能货币，具体在会计上表现为“记账本位币”以外的货币。

《企业会计准则第19号——外币折算》

2. 外币交易

我国《企业会计准则第 19 号——外币折算》定义的外币交易，是指以外币计价或者结算的交易。外币交易包括买入或者卖出以外币计价的商品或劳务、借入或者借出外币资金和其他以外币计价或者结算的交易。

(二) 与外币交易相关的概念

1. 外汇

外汇是一国持有的以外币表示的用以进行国际结算的支付手段。我国《外汇管理条例》所称外汇是指外币表示的可以用作国际清偿的支付手段和资产，具体包括：① 外国货币；② 外币支付凭证，如票据、银行存款凭证、邮政储蓄凭证等；③ 外币有价证券，如政府债券、公司债券、股票等；④ 特别提款权、欧洲货币单位；⑤ 其他外汇资产。

2. 汇率及其标价方法

汇率是指两种货币相兑换的比率，是一种货币单位用另一种货币单位所表示的价格。汇率的标价有直接标价法和间接标价法两种方法。

(1) 直接标价法。直接标价法又称应付标价法，是以一定单位的外国货币为标准，折合成若干数额本国货币的标价方法。直接标价法下，本国货币币值的大小与汇率高低成反比。

(2) 间接标价法。间接标价法又称应收标价法，是以一定单位的本国货币为标准，来计算应收若干单位外国货币的标价方法。间接标价法下，本国货币币值的大小与汇率的高低成正比。

3. 汇率的种类

我们通常在银行见到的汇率有三种表示方式：买入价、卖出价和中间价。买入价指银行买入其他货币的价格，卖出价指银行出售其他货币的价格，中间价是银行买入价与卖出价的平均价，银行的卖出价一般高于买入价，以获取其中的差价。外币交易中常用的汇率见表 8-1 所示。

表 8-1 外币交易中常见的汇率一览表

汇 率	含 义
市场汇率	市场汇率是指外汇市场上由交易双方的供求关系形成的汇率，这种汇率随市场行情的变化而上下波动
现行汇率	现实汇率是指企业将外汇款项记入账簿时，或编制财务报表时采用的汇率，因此，又称为记账汇率或编报汇率
历史汇率	历史汇率是相对于现行汇率而言的，是指最初取得外币资产、承担外币负责时记入账簿中的汇率，因此，又称为账面汇率
买入汇率	买入汇率(买入价)是指银行等在买进外汇时使用的汇率

续 表

汇　率	含　义
卖出汇率	卖出汇率(卖出价)是指银行等在卖出外汇时使用人汇率
中间汇率	中间汇率是买入汇率与卖出汇率的平均值,也是买入价和卖出价的平均值
即期汇率	即期汇率是指外汇买卖的双方在成交后即期(原则上不超过两个工作日)办理交割业务时采用的汇率
远期汇率	远期汇率是订立远期外汇交易合同时的约定汇率
即期汇率的近似汇率	即期汇率的近似汇率,是指按照系统合理的方法确定的、与交易发生日即期汇率近似的汇率,通常是指当期平均汇率或加权平均汇率等。确定即期汇率的近似汇率的方法应在前后各期保持一致 如果汇率波动使得采用即期汇率的近似汇率折算不适当时,应当采用交易发生日的即期汇率折算

4. 外币兑换与外币折算

(1) 外币兑换。外币兑换是指企业根据需要,在规定允许的情况下,将一种货币兑换成另一种货币的实际活动。如用本国货币换取外国货币,或用外国货币换取本国货币等。

(2) 外币折算。外币折算是指将以外币编制的财务报表转换为以记账本位币表示的财务报表的折合换算过程。但在日常外币交易中,将经营过程中使用的外币金额折合为等值的记账本位币金额,也是外币折算。

5. 汇兑损益及其种类

汇兑损益是指将同一项目的外币资产或外币负债折合为记账本位币时,由于业务时间不同,所采用的汇率不同而产生的记账本位币的差额;或者是不同货币兑换,由于两种货币采用的汇率不同而产生的折合为记账本位币的差额,它会给企业带来得利或损失,是衡量企业外汇风险的一个指标。根据外币业务的不同,所产生的汇兑损益可分为两类共计 4 种,如表 8－2 所示。

表 8－2　不同汇兑损益一览表

汇兑损益		含　义
已实现的汇兑损益	兑换损益	企业在将人民币兑换为外币或外币中间进行兑换时,由于实际兑换汇率与企业记账汇率或账面汇率不同而产生的汇兑损益
	交易损益	企业发生的外币债权债务在结算时,由于时间的不同,汇率发生了变化使其折合为记账本位币的金额发生差额,而产生的汇兑损益

续 表

<table>
<tr><th colspan="2">汇兑损益</th><th>含　　义</th></tr>
<tr><td rowspan="2">未实现的汇兑损益</td><td>调整损益</td><td>期末对外币账户按期未即期汇率进行调整时，由于企业外币性账户的账面汇率与期末即期汇率不同，而产生的汇兑损益</td></tr>
<tr><td>折算损益</td><td>为了编制合并财务报表或为了重新表述会计记录和财务报表金额，而把外币计量单位的金额转换为按记账本位币计量的金额时所产生的汇兑损益</td></tr>
</table>

三、外币交易的会计处理规则和方法

(一) 外币交易会计处理的两种观点

外币交易由于交易日与款项结算日的不同，折算所用的汇率可能不同，相同金额的外币折算为记账货币的金额可能不同，对此的处理有两种观点：一种是历史曾出现的一项交易观；另一种是目前普遍为我国及其他国家或地区所采用的两项交易观。两种观点比较如表 8－3 所示。

表 8－3　外币交易会计处理的两种观点一览表

观点	含　　义	处 理 原 则	账务处理(以销售为例)
一项交易观	一项交易观认为，企业以外币结算的销售(或采购)和收购(或付款)业务是一个完整购销交易必不可少的两个阶段，只有在账款结算日，购销业务才算完成	(1) 汇率的变动直接调整采购物资的成本或销售收入的金额 (2) 采购物资的成本或者销售收入的金额需要在结算时才能最终确定 (3) 该方法是收付实现制的反映	借：应收账款 　贷：主营业务收入(销售时) 借或贷：应收账款 　贷或借：主营业务收入(期末汇率变动) 借：银行存款 　贷：应收账款 借或贷：主营业务收入(结算时)
两项交易观	两项交易观认为，购、销业务和账款结算是两项独立的交易，期末和结算日汇率发生变动，则形成“汇兑损益”，不影响购货成本或者销售收入的入账金额	(1) 汇率的变动直接计入当期损益(财务费用)。采购物资的成本或者销售收入的金额在 (2) 交易发生时即可确定该方法是权责发生制的反映	借：应收账款 　贷：主营业外收入(销售时) 借或贷：应收账款 　贷或借：财务费用(期末汇率变动) 借：银行存款 　贷：应收账款 借后贷：财务费用(结算时)

(二) 外币交易的确认和计量

外币交易应当在初始确认时，采用交易发生日的即期汇率将外币金额折算为记账本位币金额；也可以采用按照系统合理的方法确定的、与交易发生日即期汇率近似的汇率折算。

企业收到投资者以外币投入的资本，应当采用交易发生日即期汇率折算，不得采用合同约定汇率和即期汇率的近似汇率折算，外币投入资本与相应的货币性项目的记账本位币金额之间不产生外币资本折算差额。

（三）外币交易的记账方法和程序

外币交易的记账方法包含外币统账制和外币分账制两种类型。

1. 外币统账制

外币统账制又称“记账本位币法”，是指企业在发生外币交易时，需要将外币按照一定的汇率即时地折算为记账本位币的方法。

2. 外币分账制

外币分账制又称为“原币记账法”是指企业在日常核算时分别币种记账，资产负债表日，分别货币性项目和非货币性项目进行调整；产生的汇兑差额计入当期损益。

从我国目前的情况看，绝大多数企业采用外币统账制，只有银行等少数金融企业由于外币交易频繁，涉及外币币种较多，可以采用分账制记账方法进行日常核算。无论是采用分账制记账方法，还是采用统账制记账方法，只是账务处理的程序不同，产生的结果应当相同，即计算出的汇兑差额相同；相应的会计处理也相同，即均计入当期损益。本书主要介绍统账法的具体会计处理原理和程序。

3. 外币统账制的基本原理

在外币统账制下，外币交易应当在初始确认时采用交易发生日的即期汇率或交易发生日即期汇率近似的汇率将外币金额折算为记账本位币金额，并同时在外币账户登记记账本位币金额、外币金额和采用的汇率。因此，外币统账制下，外币账户应当采用“双三栏”或“小九栏”的账页格式。

4. 外币统账制下外币交易的会计处理程序

企业发生外币交易时，其会计处理的基本程序如下。

(1) 将外币金额按照交易发生日的即期汇率或即期汇率的近似汇率折算为记账本位币金额。

(2) 期末，将所有外币货币性项目的外币余额，按照期末即期汇率折算为记账本位币金额，并与原记账本位币金额相比较，其差额即为汇兑差额。

(3) 结算外币货币性项目时，将其外币结算金额按照当日即期汇率折算为记账本位币金额，并与原记账本位币金额相比较，其差额记入“财务费用——汇兑差额”科目。

【例】甲股份有限公司以人民币为记账本位币，对外币交易采用交易日的即期汇率折算。2020 年 6 月 1 日，因外币支付需要，从银行购入 10 000 欧元，银行当日的欧元卖出价为 1 欧元＝8 元人民币，当日的中间价为 1 欧元＝7.9元人民币。有关会计分录如下。

借：银行存款——欧元 (10 000×7.9)79 000

　　财务费用——汇兑差额 1 000

　贷：银行存款——人民币 (10 000×8)80 000

四、外币报表折算的目的和方法

外币报表折算是指为了特定目的将以某一货币表示的财务报表换用为另一种货币表述。一般来讲，外币报表折算只是改变表述的货币单位，并不改变报表项目之间的关系。

(一) 外币报表折算的目的

(1) 编制跨国公司合并会计报表的需要。由于编制合并报表的主要目的是满足母公司股东和债权人等的需要，因而合并报表通常应以母公司报表所用货币来表述。

(2) 母(总公司)公司为了考核、评价国外子公司(分支机构)的财务状况、经营成果以及现金流量情况；也需要将国外子公司用外币表述的报表转换为按母公司(总公司)所用货币表述的报表。

(3) 在国外资本市场有证券上市交易的公司，必须按上市地区的货币对外报告。或有义务向其他国家的投资者和债权人报告财务信息。

(二) 外币报表折算的方法

对外币报表的折算，常见的方法一般有 4 种：流动和非流动法、货币性与非货币性法、时态法和现时汇率法，我国外币折算准则基本采用现时汇率法。四种折算方法及其使用如表 8-4 所示。

表 8-4　外币报表折算方法一览表

折算方法	折算汇率的选择标准	资产负债表折算	利润表折算
现行汇率法	资产、负债采用现行汇率折算	资产和负债项目均按现时汇率折算，实收资本按历史汇率折算	利润表各项目按当期平均汇率折算

续　表

<table>
<tr><th>折算方法</th><th>折算汇率的选择标准</th><th>资产负债表折算</th><th>利润表折算</th></tr>
<tr><td>流动性与非流动性项目法</td><td>根据资产、负债的流动性来选择折算汇率</td><td>流动资产和流动负债项目按资产负债表日现时汇率折算，非流动资产和非流动负债项目及实收资本等项目按历史汇率折算，留存收益为倒算数</td><td rowspan="3">折旧与摊销费用按相应资产取得时的历史汇率折算，其他项目按报告期的平均汇率折算</td></tr>
<tr><td>货币性与非货币性项目法</td><td>根据货币性与非货币性项目来选择折算汇率</td><td>货币性资产和负债按期末现时汇率折算，非货币性资产和负债按历史汇率折算</td></tr>
<tr><td>时态法</td><td>根据项目的计量属性来选择折算汇率</td><td>资产负债表各项目以过去价值计量的，采用历史汇率折算；以现行价值计量的，采用现时汇率折算</td></tr>
</table>

第二节　外币折算会计实务

一、统账制下外币交易会计处理基本事项

根据《企业会计准则第 19 号——外币折算》的要求，和我国绝大多数企业对外币交易采用外币统账制核算的现实情况，将统账制下外币交易的会计处理分为业务发生时（初始确认）和期末调整或结算两类情况，具体外币交易业务的处理如表 8－5 所示。

表 8－5　统账制下外币交易的会计处理一览表

<table>
<tr><th>分类</th><th>业务或项目</th><th colspan="2">会　计　处　理</th></tr>
<tr><td rowspan="2">业务发生时（初始确认）</td><td rowspan="2">外币兑换业务</td><td>企业卖出外币时，实际收入的记账本位币金额与付出的外币按当日市场汇率折算为记账本位币金额的差额，作为汇兑损益</td><td>借：银行存款——人民币
　　财务费用
　贷：银行存款——××外币</td></tr>
<tr><td>企业买入外汇时，实际付出的记账本位币金额与收取的外币按照当日市场汇率折算为本位币之间的差额，作为当期汇兑损益</td><td>借：银行存款——××外币
　　财务费用
　贷：银行存款——人民币</td></tr>
</table>

续 表

分类	业务或项目	会 计 处 理
业务发生时(初始确认)	以外币计价的购销业务	企业从国外或境外购进原材料,商品或引进设备时,安装即期汇率的近似汇率将支付的外汇或应支付的外汇折算为人民币记账,以确定购入原材料等货物及债务的入账价值,同时按照外币的金额记有关外币账户 注意　非外币账户:仅按当日即期汇率折算的金额入账 外币账户:既要登记外币金额,也要登记本位币金额
	外币借款业务	企业借入外币时,按照借入外币时的市场汇率折算为记账本位币入账,同时按照借入外币的金额登记相关的外币账户
	吸收外币投资	企业收到投资者以外币投入的资本,无论是否有合同约定汇率,均不采用合同约定汇率和即期汇率的近似汇率折算,而是采用交易发生日即期汇率折算。这样,外币投入资本与相应的货币性项目的记账本位币金额相等,不会产生外币资本折算差额
期末调整或结算	外币货币性项目的处理	货币性项目,是指企业持有的货币资金和将以固定或可确定的金额收取的资产或者偿付的负债;货币性资产包括库存现金、银行存款、应收账款、其他应收款、长期应收款等,货币性负债包括短期借款、应付账款、其他应付款、长期借款、应付债券、长期应付款等
	外币非货币性项目的处理	(1) 非货币性项目,是指货币性项目以外的项目,包括存货、长期股权投资、固定资产、无形资产等 (2) 以历史成本计量的外币非货币性项目,由于已在交易发生日按当日即期汇率折算,资产负债表日不应改变其原记本位币金额,不产生汇兑差额 (3) 对以成本与可变现净值孰低计量的存货,如果其可变现净值以外币确定,则的确定存货的期末价值时,应先将可变现净值折现为记账本位币,再与以记账本位币反映的存货成本进行比较 (4) 以公允价值计量的外币非货币性项目,如交易金融资产(股票、基金等),采用公允价值确定日的即期汇率折算,折算后的记账本位币金额与原记账本位币金额的差额,作为公允价值变动(含汇率变动)处理,计入当期损益,对于其他权益工具投资产生的差额,则计入其他综合收益

二、外币交易的会计处理实务

(一) 外币交易发生的会计处理

下面以甲股份有限公司发生的外币交易事项为例,就外币交易事项的产生、涉及的汇率折算等问题与会计处理进行展示和讲解。

操作实例

【实务资料】

甲股份有限公司以人民币为记账本位币，对外币交易采用交易日的即期汇率计算。2021年5月分别发生以下业务：

(1) 2021年5月10日，将30 000美元到银行兑换为人民币，银行当日的美元买入价为1美元＝6.44元人民币，中间价为1美元＝6.47元人民币。

(2) 2021年5月14日，从境外公司购入不需要安装的设备一台，设备价款为200 000美元，购入该设备当日的即期汇率为1美元＝6.45元人民币，适用的增值税税率为13%，款项尚未支付，增值税以银行存款支付。

(3) 2021年5月18日，借款20 000美元，期限6个月，借入的外币暂存银行。2021年5月18日的即期汇率为1美元＝6.44元人民币，2021年11月18日的即期汇率为1美元＝6.38元人民币，假定不考虑相关税费的影响。

(4) 2021年5月21日，接受外商投资100 000美元，当日即期汇率为1美元＝6.43元人民币。

【问题】

编制上述各项交易发生日的会计分录。

【会计处理】

(1) 甲公司与银行发生货币兑换，兑换所用汇率为银行的买入价，而通常记账所用的即期汇率为中间价，由于汇率变动而产生的汇兑差额计入当期财务费用。

借：银行存款——人民币　(30 000×6.44)193 200
　　财务费用——汇兑差额　900
　贷：银行存款——美元　(30 000×6.47)194 100

(2) 借：固定资产——机器设备　(200 000×6.45)1 290 000
　　　　应交税费——应交增值税(进项税额)　167 700
　　　贷：应付账款——美元　1 290 000
　　　　　银行存款——美元　167 700

(3) 借：银行存款——美元　(20 000×6.44)128 800
　　　贷：短期借款——美元　128 800

6个月后，甲公司按期归还：

借：短期借款——美元　(20 000×6.38)127 600
　贷：银行存款——美元　127 600

发生汇兑损失：

借：财务费用——汇兑差额　1 200

　贷：银行存款——美元　1 200

(4) 借：银行存款——美元　(100 000×6.43)643 000

　　贷：实收资本　643 000

(二) 期末调整或结算的会计处理

1. 货币性项目

下面以乙公司借入的专门长期借款为例，就外币借款事项的产生、涉及的汇率折算、期末调整等问题与会计处理进行展示和讲解。

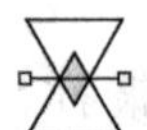

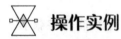

操作实例

【实务资料】

国内乙公司的记账本位币为人民币。2019 年 1 月 1 日，为建造某固定资产专门借入长期借款 20 000 美元，期限为 2 年，年利率为 5%，每年年初支付利息，到期还本。2019 年 1 月 1 日的即期汇率为 1 美元＝6.45 元人民币，2019 年 12 月 31 日的即期汇率为 1 美元＝6.2 元人民币，2020 年 1 月 1 日的即期汇率为 1 美元＝6.22 元人民币。假定不考虑相关税费的影响。

【问题】

乙公司期末计息和汇兑差额的会计处理。

【会计处理】

2019 年 12 月 31 日，该公司计提当年利息应做以下会计分录

借：在建工程　(20 000×5%×6.2)6 200

　贷：应付利息——美元　6 200

2019 年 12 月 31 日，该公司美元借款本金由于汇率变动产生的汇兑差额

借：长期借款——美元　[20 000×(6.45−6.2)]5 000

　贷：在建工程　5 000

2020 年 1 月 1 日，该公司支付 2019 年利息，该利息由于汇率变动产生的汇兑差额应当予以资本化，计入在建工程成本

借：应付利息——美元　6 200

　　在建工程　[20 000×5%×(6.22−6.2)]20

　贷：银行存款　6 220

2. 非货币性项目

下面以丙上市公司发生的外币交易事项为例，就外币交易事项的产生、涉及的汇率折算、期末调整等问题与会计处理进行展示和讲解。

操作实例

【实务资料】

丙上市公司以人民币为记账本位币。2021 年 11 月 2 日，从英国公司采购国内市场尚无的 A 商品 10 000 件，每件价格为 1 000 英镑，当日即期汇率为 1 英镑＝10 元人民币。2021 年 12 月 31 日，尚有 1 000 件 A 商品未销售出去，国内市场仍无 A 商品供应，A 商品在国际市场的价格降至 900 英镑。2021 年 12 月 31 日的即期汇率是 1 英镑＝9.7 元人民币。假定不考虑相关税费。

【问题】

丙公司购入商品和期末调整的会计处理。

【会计处理】

2021 年 11 月 2 日，购入 A 商品

借：库存商品——A　　(10 000×1 000×10)100 000 000

　贷：银行存款——英镑　　100 000 000

2021 年 12 月 31 日，计提存货跌价准备

借：资产减值损失　　(1 000×1 000×10−1 000×900×9.7)1 270 000

　贷：存货跌价准备　　1 270 000

三、外币报表折算的会计处理

为与我国《企业会计准则第 33 号——合并财务报表》所采用的实体理论保持一致，我国外币折算准则基本采用现时汇率法。具体折算方法如表 8－6 所示。

表 8－6　我国外币报表折算方法一览表

折算项目	汇率的选择与折算差额的处理
资产负债表折算	(1) 资产和负责项目，采用资产负债表日的即期汇率折算 (2) 所有者权益项目除“未分配利润”项目外，其他项目采用发生时的即期汇率折算 (3) 外币报表折算差额，在编制合并财务报表时，应在合并资产负债表中所有者权益项目下作为“其他综合收益”项目列示
利润表折算	利润表中的收入和费用项目，均采用交易发生日的即期汇率或即期汇率近似汇率折算

续 表

<table>
<tr><th>折算项目</th><th colspan="2">汇率的选择与折算差额的处理</th></tr>
<tr><td>特殊项目的处理</td><td colspan="2">(1) 少数股东应分担的外币财务报表折算差额，应并入少数股东权益
(2) 母公司含有实质上构成对子公司(境外经营)净投资的外币货币性项目的情况下，在编制合并财务报表时，应对以下两种情况分别编制抵销分录
① 实质上构成对子公司净投资的外币货币性项目以母公司或子公司的记账本位币反映，则该外币货币性项目产生的汇兑差额应转入“其他综合收益”</td></tr>
<tr><td>特殊项目的处理</td><td colspan="2">② 实质上构成对子公司净投资的外币货币性项目以母、子公司的记账本位币以外的货币反映，则应将母、子公司此项外币货币性项目产生的汇兑差额相互抵销，其差额计入“其他综合收益”</td></tr>
<tr><td>境外经营的处理</td><td>企业在处置境外经营时，应当将资产负债表中所有者权益项目下列示的，与境外经营相关的外币报表折算差额，自所有者权益项目转入当期损益，部分处置境外经营的，应当按处置的比例将处置部分的外币报表折算差额，转入处置当期损益</td><td>会计处理为：
借(或贷)：其他综合收益
贷(或借)：财务费用</td></tr>
</table>

下面以丁公司外币报表折算为例，就外币报表折算的项目、涉及的汇率等问题与会计处理进行展示和讲解。

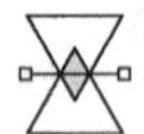

操作实例

【实务资料】

国内丁公司的记账本位币为人民币，该公司在境外有一家子公司D公司，D公司的记账本位币为美元，根据合同约定，丁公司拥有D公司70%的股权，并能够控制D公司。丁公司采用当期平均汇率折算D公司利润表项目。

D公司的有关资料如下：2021年12月31日的汇率为1美元=6.2元人民币，2021年的平均汇率为1美元=6.4元人民币，实收资本、资本公积发生日的即期汇率为1美元=7元人民币，2021年12月31日的股本为500万美元，折算为人民币为3 500万元；累计盈余公积为50万美元，折算人民币为345万元，累计未分配利润为120万美元，折算人民币为835万元，丁、D公司均在年末提取盈余公积，D公司当年提取的盈余公积为70万美元。

【问题】

丁公司期末外币报表折算的会计处理。

【会计处理】

报表折算见表8-7、表8-8和表8-9。

表 8－7　2021 年度利润表(简表)　单位：万元

项　　目	期末数(美元)	折算汇率	折算为人民币金额
一、营业收入	2 000	6.4	12 800
减：营业成本	1 500	6.4	9 600
税金及附加	40	6.4	256
管理费用	100	6.4	640
财务费用	10	6.4	64
加：投资收益	30	6.4	192
二、营业利润	380	—	2 432
加：营业外收入	40	6.4	256
减：营业外支出	20	6.4	128
三、利润总额	400	—	2 560
减：所得税费用	120	6.4	768
四、净利润	280	—	1 792
五、每股收益			
六、其他综合收益			
七、综合收益总额			

表 8－8　2021 年度所有者权益变动表(简表)　单位：万元

项　　目	实收资本			盈余公积			未分配利润		其他综合收益	股东权益合计
	美元	折算汇率	人民币	美元	折算汇率	人民币	美元	人民币		人民币
一、本年年初余额	500	7	3 500	50		345	120	835		4 680
二、本年增减变动金额										
(一) 净利润							280	1 792		1 792
(二) 其他综合收益										—582
其中：外币报表折算差额									—582	—582
(三) 利润分配										
提取盈余公积				70	6.4	448	—70	—448		0
三、本年年末余额	500	7	3 500	120		793	330	2 179	—582	5 890

当期计提的盈余公积采用当期平均汇率折算，期初盈余公积为以前年度计提的盈余公积按相应年度平均汇率折算后金额的累计，期初未分配利润记账本位币金额为以前年度未分配利润记账本位币金额的累计。

表 8-9　2021 年 12 月 31 日资产负债表　单位：万元

资　产	期末数（美元）	折算汇率	折算为人民币金额	负债和所有者权益（或股东权益）	期末数（美元）	折算汇率	折算为人民币金额
流动资产：				流动负债：			
货币资金	190	6.2	1 178	短期借款	45	6.2	279
应收账款	190	6.2	1 178	应付账款	285	6.2	1 767
存货	240	6.2	1 488	其他流动负债	110	6.2	682
其他流动资产	200	6.2	1 240	流动负债合计	440		2 728
流动资产合计	820		5 084	非流动负债：			
非流动资产：				长期借款	140	6.2	868
长期应收款	120	6.2	744	应付债券	80	6.2	496
固定资产	550	6.2	3 410	其他非流动负债	90	6.2	558
在建工程	80	6.2	496	非流动负债合计	310		1 922
无形资产	100	6.2	620	负债合计	750		4 650
其他非流动资产	30	6.2	186	股东权益：			
非流动资产合计	880	—	5 456	股本	500	7	3 500
				盈余公积	120		779
				未分配利润	330		2 193
				外币报表折算差额			−582
				股东权益合计	950		5 890
资产总计	1 700		10 540	负债和股东权益总计	1 700		10 540

本章实训

【实训目标与能力要求】

本实训目标是培养学生用所学外币折算知识进行案例分析的能力。其能力要求是：

(1) 掌握企业外币折算的确认、外币交易的会计处理和外币财务报表折算。

(2) 能够针对具体的案例事件，通过分析提出处理意见，并进行相应账务处理。

【实训方式】

实训分小组进行，以小组为单位完成案例分析和账务处理，并形成案例分析报告，参加讲评和讨论。

【实训考核】

根据各实训小组提交成果(案例分析报告)的质量和参与讨论的情况进行评分。实训成绩按百分制评定。

小组项目实训成绩＝实训准备(满分10)＋实训成果(满分80)＋小组协作(满分10)。

个人项目实训成绩＝小组项目实训成绩×个人贡献系数(个人贡献系数由组长根据其在实训中的贡献大小决定)。

【实训资料】

环达股份有限公司(以下简称“环达公司”)为增值税一般纳税人，购买及销售商品适用的增值税税率为13%。环达公司以人民币作为记账本位币，外币业务采用交易发生时的即期汇率折算，按月计算汇兑损益。

(1) 2020年2月29日环达公司有关外币账户的余额如表8-10所示。

表8-10　环达公司有关外币账户的余额情况

项　目	外币账户余额(万欧元)	汇率	人民币账户余额(万元人民币)
银行存款	800	8.0	6 400
应收账款	400	8.0	3 200
应付账款	200	8.0	1 600
长期借款	1 000	8.0	8 000

(2) 环达公司2020年3月份发生的有关外币交易或事项如下。

① 3月2日，将100万欧元兑换为人民币，兑换取得的人民币已存入银行。当日即期汇率为1欧元＝8.0元人民币，当日银行买入价为1欧元＝7.9元人民币。

② 3月10日，从国外购入一批原材料，货款总额为400万欧元。该原材料已验收入库，货款尚未支付。当日即期汇率为1欧元＝7.9元人民币。另外，以银行存款支付该原材料的进口关税256万元人民币，增值税444.08万元人民币。

③ 3月14日，出口销售一批商品，销售价款为600万欧元，货款尚未收到。当日

即期汇率为1欧元=7.9元人民币。出口该批商品免征增值税，同时不涉及免、抵、退税的事项。

④ 3月20日，收到应收账款300万欧元，款项已存入银行。当日即期汇率为1欧元=7.8元人民币。该应收账款系2月份出口销售商品发生的。

⑤ 3月22日，偿还3月10日从国外购入原材料的货款400万欧元，当日即期汇率为1欧元=7.8元人民币。

⑥ 3月25日，以每股10欧元的价格(不考虑相关税费)以银行存款购入意大利杰拉尔德公司发行的10 000股股票作为以公允价值计量且其变动计入当期损益的金融资产，当日即期汇率为1欧元=7.8元人民币。

⑦ 3月31日，计提长期借款第一季度发生的利息。该长期借款系2020年1月1日从中国银行借入的外币专门借款，用于购买建造某生产线的专用设备，借入款项已于当日支付给该专用设备的外国供应商，无余额。该生产线的在建工程已于2019年10月开工。该外币借款金额为1 000万欧元，期限2年，年利率为4%，按季计提借款利息，到期一次还本付息。该专用设备于3月20日验收合格并投入安装。至2020年3月31日，该生产线尚处于建造过程中。

⑧ 3月31日，意大利杰拉尔德公司股票的市价为11欧元/股。

⑨ 3月31日，即期汇率为1欧元=7.7元人民币。

【实训要求】

(1) 编制环达公司3月份与外币交易或事项相关的会计分录。

(2) 填列环达公司2020年3月31日外币账户发生的汇兑差额(请将汇兑差额金额填入给定的表8-11中；汇兑收益以"+"表示，汇兑损失以"—"表示)，并编制汇兑差额相关的会计分录。

表8-11 环达公司2020年3月31日外币账户发生的汇兑差额

外币账户	3月31日汇兑差额(单位：万元人民币)
银行存款(欧元)	
应收账款(欧元)	
应付账款(欧元)	
长期借款(欧元)	

(3) 计算以公允价值计量且其变动计入当期损益的金融资产2020年3月31日应确认的公允价值变动损益并编制相关会计分录。

课后练习

一、单项选择题

1. 某外商投资企业以人民币作为记账本位币，收到外商作为实收资本投入的设备一台，协议作价 100 万美元，当日的市场汇率为 1 美元=6.6 元人民币。投资合同约定汇率为 1 美元=6.5 元人民币。另发生运杂费 2 万元人民币，进口关税 5 万元人民币，安装调试费 3 万元人民币，上述相关税费均以银行存款(人民币户)支付。该设备的入账价值为(　　)万元人民币。

A. 665　　B. 650　　C. 660　　D. 670

2. 企业对外币财务报表进行折算时，下列各项中，应当采用交易发生日即期汇率折算的是(　　)。

A. 固定资产　　B. 未分配利润　　C. 实收资本　　D. 应付账款

3. 对于外币财务报表折算，下列项目应当采用资产负债表日的即期汇率进行折算的是(　　)。

A. 固定资产　　B. 管理费用　　C. 营业收入　　D. 盈余公积

4. 下列各项关于记账本位币变更会计处理的表述中，正确的是(　　)。

A. 记账本位币变更日所有者权益项目按照历史汇率折算为变更后的记账本位币

B. 记账本位币变更日资产负债项目按照当日的即期汇率折算为变更后的记账本位币

C. 记账本位币变更当年年初至变更日的利润表项目按照交易发生日的即期汇率折算为变更后的记账本位币

D. 记账本位币变更当年年初至变更日的现金流量表项目按照与交易发生日即期汇率近似的汇率折算为变更后的记账本位币

5. 甲公司记账本位币为人民币，外币业务采用交易发生时的即期汇率进行折算，按月计算汇兑损益。5 月 20 日对外销售产品发生应收账款 500 万欧元，当日的即期汇率为 1 欧元=10.30 元人民币。5 月 31 日的即期汇率为 1 欧元=10.28 元人民币；6 月 1 日的即期汇率为 1 欧元=10.32 元人民币；6 月 30 日的即期汇率为 1 欧元=10.35元人民币。7 月 10 日收到该应收账款，当日即期汇率为 1 欧元=10.34 元人民币。该应收账款 6 月份应当确认的汇兑收益为(　　)万元人民币。

A. −10　　B. 15　　C. 25　　D. 35

6. 下列各项外币资产和负债发生的汇兑差额，不应计入财务费用的是(　　)。

A. 应收账款　　B. 长期借款

C. 以外币购入的存货期末发生减值　　D. 应付账款

二、多项选择题

1. 下列各项中，属于企业在选择记账本位币时应当考虑的因素有（　　）。

A. 销售商品时计价和结算所使用的币种

B. 结算职工薪酬通常使用的币种

C. 融资活动获得的币种

D. 保存从经营活动中收取款项所使用的币种

2. 下列各项中，在对境外经营财务报表进行折算时选用的有关汇率，符合会计准则规定的有（　　）。

A. 股本采用股东出资日的即期汇率折算

B. 其他债权投资采用资产负债表日即期汇率折算

C. 未分配利润项目采用报告期平均汇率折算

D. 营业收入采用当期平均汇率折算

3. 企业对外币财务报表进行折算时，下列各项中，应当采用资产负债表日的即期汇率进行折算的有（　　）。

A. 合同资产　　B. 其他综合收益

C. 应付债券　　D. 营业收入

4. 下列关于企业外币财务报表折算会计处理表述中，正确的有（　　）。

A. "营业收入"项目按照资产负债表日的即期汇率折算

B. "货币资金"项目按照资产负债表日的即期汇率折算

C. "长期借款"项目按照借款日的即期汇率折算

D. "实收资本"项目按照收到投资者投资当日的即期汇率折算

5. 下列各项涉及外币业务的账户中，企业因汇率变动需于资产负债表日对其记账本位币余额进行调整的有（　　）。

A. 固定资产　　B. 长期借款

C. 应收账款　　D. 应付债券

6. 下列各项金融资产或金融负债中，因汇率变动导致的汇兑差额应当计入当期财务费用的有（　　）。

A. 外币应收账款　　B. 外币债权投资产生的应收利息

C. 外币衍生金融负债　　D. 外币非交易性权益工具投资

7. 企业发生的下列交易或事项产生的汇兑差额应计入当期损益的有（　　）。

A. 以公允价值计量且其变动计入其他综合收益的非交易性权益工具投资产生的汇兑差额

B. 接受外币资本性投资

C. 外币计价的交易性金融资产（基金投资）公允价值变动

D. 买入外汇

8. 下列各项中，在对境外经营财务报表进行折算时选用的有关汇率，符合会计准则规定的有（ ）。

A. 股本采用股东出资日的即期汇率折算

B. 其他债权投资采用资产负债表日即期汇率折算

C. 未分配利润项目采用报告期平均汇率折算

D. 合同负债采用资产负债表日即期汇率折算

三、判断题

1. 外币货币性资产项目的汇兑差额，企业应当计入当期损益。 （ ）

2. 企业编制的合并财务报表涉及境外经营时，实质上构成对境外经营净投资的外币货币性项目产生的汇兑差额应先相互抵销，抵销后仍有余额的，再将该余额转入其他综合收益。 （ ）

3. 企业因经营所处的主要经济环境发生重大变化，确需变更记账本位币时，所有项目均应采用变更当日的即期汇率折算。 （ ）

四、计算分析题

甲公司于2021年1月1日，为建造某工程项目专门以面值发行美元公司债券2 000万元，票面年利率为6%，期限为3年，假定不考虑与发行债券有关的辅助费用、未支出专门借款的利息收入或投资收益。合同约定，每年12月31日计提当年度利息，每年1月1日支付上年度利息，到期还本。

工程于2021年1月1日开始实体建造，2022年6月30日完工，达到预定可使用状态，其间发生的资产支出如下：

2021年1月1日，支出400万美元；

2021年7月1日，支出1 000万美元；

2022年1月1日，支出600万美元。

甲公司的记账本位币为人民币，外币业务采用交易发生时的即期汇率折算。相关汇率如下：

2021年1月1日，即期汇率为1美元=6.40元人民币；

2021年12月31日，即期汇率为1美元=6.45元人民币；

2022年1月1日，即期汇率为1美元=6.47元人民币；

2022年6月30日，即期汇率为1美元=6.50元人民币。

要求：

(1) 计算2021年甲公司因专门借款产生的汇兑差额资本化金额并编制相关会计

分录；

(2) 计算 2022 年 1 月 1 日实际支付利息时产生的汇兑差额并编制会计分录；

(3) 计算 2022 年 6 月 30 日甲公司因专门借款产生的汇兑差额资本化金额并编制相关会计分录。

第九章 债务重组会计

【结构框架】

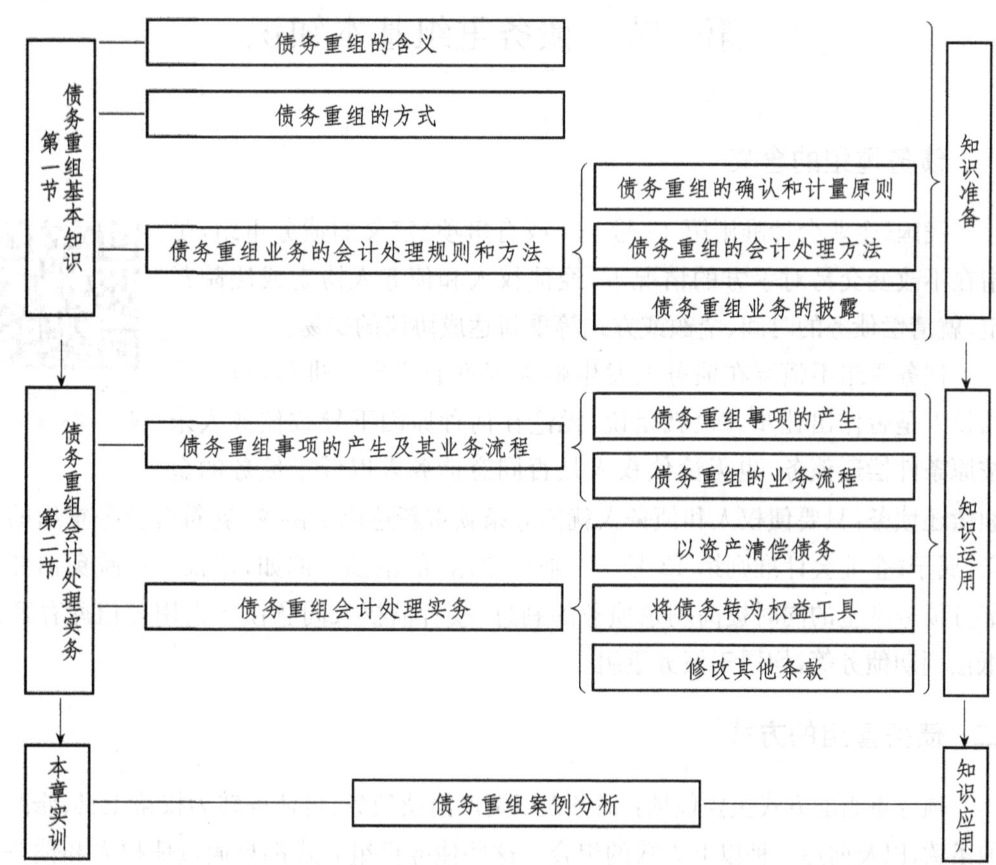

【主要知识点】

(1) 债务重组的定义与方式。

(2) 债务重组的会计处理规则。

(3) 债务重组的会计处理方法。

(4) 债务重组的会计处理实务。

【学习目标】

(1) 理解债务重组的定义与方式。

(2) 理解掌握债务重组的会计处理规则。

(3) 了解债务重组的产生及业务流程。

(4) 掌握以资产清偿债务、将债务转为权益工具、修改其他条款的会计处理。

【重点难点】

(1) 以资产清偿债务的会计处理。

(2) 将债务转为权益工具的会计处理。

第一节 债务重组基本知识

一、债务重组的含义

《企业会计准则第12号——债务重组》

我国《企业会计准则第13号——或有事项》定义的债务重组,是指在不改变交易对手方的情况下,经债权人和债务人协定或法院裁定,就清偿债务的时间、金额或方式等重新达成协议的交易。

债务重组不强调在债务人发生财务困难的背景下进行,也不论债权人是否作出让步。也就是说,无论在何种原因下导致债务人未按原条件偿还债务,也无论债权人是否同意债务人以低于债务的金额偿还债务,只要债权人和债务人就债务条款重新达成了协议,就符合债务重组的定义,属于《企业会计准则第12号——债务重组》的范围。例如,债权人在减免债务人部分债务本金的同时提高剩余债务的利息,或者债权人同意债务人用等值库存商品抵偿到期债务等,均属于债务重组。

二、债务重组的方式

债务重组的方式主要包括:债务人以资产清偿债务、将债务转为权益工具、修改其他条款,以及前述一种以上方式的组合。这些债务重组方式都是通过债权人和债务人重新协定或者法院裁定达成的,与原来约定的偿债方式不同,具体方式如表9-1所示。

表9-1 债务重组方式一览表

债务重组方式	内容
债务人以资产清偿债务	债务人以资产清偿债务,是债务人转让其资产给债权人以清偿债务的重组方式 需要注意的是: (1) 债务人也可能以不符合确认条件而未予确认的资产清偿债务

续 表

债务重组方式	内 容
债务人以资产清偿债务	例如：债务人以未确认的内部产生品牌清偿债务，债权人在获得的商标权符合无形资产确认条件的前提下作为无形资产核算。 (2) 在少数情况下，债务人还可能以处置组(即一组资产和与这些资产直接相关的负债)清偿债务
债务人将债务转为权益工具	债务人将债务转为权益工具，这里的权益工具，是指根据《企业会计准则第 37 号——金融工具列报》分类为"权益工具"的金融工具，会计处理上体现为股本、实收资本、资本公积等科目 需要注意的是以下两种重组情形不属于债务人将债务转为权益工具的债务重组方式 (1) 有些债务重组名义上采用"债转股"的方式，但是同时附加相关条款，如约定债务人在未来某个时点有义务以某一金额回购股权，或债权人持有的股份享有强制分红权等。对于债务人，这些"股权"可能并不是根据金融工具列报准则分类为权益工具的金融工具 (2) 债权人和债务人协议以一项同时包含金融负债成分和权益工具成分的复合金融工具替换原债权债务的
修改其他债务条件	修改债权和债务的其他条款，是债务人不以资产清偿债务，也不将债务转为权益工具，而是改变债权和债务的其他条款的债务重组方式，如调整债务本金、改变债务利息、变更还款期限等。经修改其他条款的债权和债务分别形成重组债权和重组债务
混合重组	混合重组是指用上述两种及两种以上的债务重组方式进行组合重组

三、债务重组业务的会计处理规则和方法

(一) 债务重组的确认和计量原则

债权人在收取债权现金流量的合同权利终止时终止确认债权，债务人在债务的现时义务解除时终止确认债务。只有在符合终止确认条件时才能终止确认相关债权和债务，并确认债务重组相关损益。不同方式债务重组的确认和计量原则如表 9-2 所示。

表 9-2 债务重组的确认和计量原则一览表

债务重组方式	债权人的会计确认和计量	债务人的会计确认和计量
将债务转为权益工具	将债务转为权益工具方式进行债务重组导致债权人将债权转为对联营企业或合营企业的权益性投资的，其对联营企业或合营企业投资的初始投资成本，包括放弃债权的公允价值和可直接归属于该资产的税金等其他成本。放弃债权的公允价值与账面价值之间的差额，应当计入当期损益	将债务转为权益工具方式进行债务重组的，债务人应当在所清偿债务符合终止确认条件时予以终止确认。债务人初始确认权益工具时应当按照权益工具的公允价值计量，权益工具的公允价值不能可靠计量的，应当按照所清偿债务的公允价值计量。所清偿债务账面价值与权益工具确认金额之间的差额，应当计入当期损益

续 表

债务重组方式	债权人的会计确认和计量	债务人的会计确认和计量
修改其他债务条款	采用修改其他条款方式进行债务重组的，债权人应当按照《企业会计准则第22号——金融工具确认和计量》的规定，确认和计量重组后债权	采用修改其他条款方式进行债务重组的，债务人应当按照《企业会计准则第22号——金融工具确认和计量》和《企业会计准则第37号——金融工具列报》的规定，确认和计量重组债务
混合重组	以多项资产清偿债务或者组合方式进行债务重组的，债权人应当首先按照《企业会计准则第22号——金融工具确认和计量》的规定确认和计量受让的金融资产和重组债权，然后按照受让的金融资产以外的各项资产的公允价值比例，对放弃债权的公允价值扣除受让金融资产和重组债权确认金额后的净额进行分配，并以此为基础分别确定各项资产的成本。放弃债权的公允价值与账面价值之间的差额，应当计入当期损益	以多项资产清偿债务或者组合方式进行债务重组的，债务人应当上述重组方式的规定确认和计量权益工具和重组债务，所清偿债务的账面价值与转让资产的账面价值以及权益工具和重组债务的确认金额之和的差额，应当计入当期损益

(二) 债务重组的会计处理方法

债务重组的当事人是债务人、债权人，重组的结果可能导致双方相关债权、债务的终止确认，也可能导致相关偿债资产的出让与受让，还可能导致相关权益工具及权益工具投资的确认，同时还会伴随重组损益的计算确认。也就是说，不同的重组方式将涉及相关资产、负债、所有者权益和损益的增减变动，需要双方会计人员作相应的账务处理。债务重组双方基本账务处理如表 9-3 所示。

表 9-3 债务重组双方基本账务处理一览表

债务重组方式		债 务 人	债 权 人
以资产清偿债务或将债务转为权益工具	以金融资产清偿债务	重组损益＝重组债务的账面价值－偿债金融资产的账面价值	重组损益＝重组债权账面价值－放弃债权的公允价值
	债权人受让非金融资产	重组损益＝重组债务的账面价值－转让资产的账面价值	重组损益＝重组债权的账面价值－放弃债权的公允价值
		借：应付账款等 贷：库存商品、固定资产清理等 其他收益—债务重组收益	借：库存商品等 应交税费—应交增值税 坏账准备 投资收益—债务重组损失 贷：应收账款等 银行存款等

续 表

债务重组方式	债 务 人	债 权 人
债务人将债务转为权益工具	重组损益＝重组债务的账面价值－权益工具确认金额	重组损益＝重组债权的账面价值－放弃债权的公允价值
	借：应付账款等 　贷：股本(实收资本) 　　　资本公积—股本溢价(资本溢价) 　　　投资收益—债务重组收益	借：长期股权投资 　　坏账准备 　贷：应收账款等 　　　银行存款等 　　　投资收益
修改其他债务条款	重组损益＝重组债务的账面价值－重组后债务的公允价值	重组损益＝重组债权的账面价值－重组后债权的公允价值
	借：重组债务 　贷：重组后债务 　　　投资收益	借：重组后债权 　　投资收益 　贷：重组债权
组合方式	重组损益＝重组债务的账面价值－重组确认的债务价值	重组损益＝重组债权的账面价值－重组后债权的公允价值
	借：应付账款等债务 　贷：出让的资产 　　　转成的权益工具 　　　确认的重组债务 　　　其他收益—债务重组收益 　　　投资收益	借：受让的资产 　　转成的权益工具投资 　　确认的重组债权 　　投资收益 　贷：应收账款等债权

(三) 债务重组业务的披露

1. 债权人信息披露

债权人应当在附注中披露与债务重组有关的下列信息。

(1) 根据债务重组方式，分组披露债权账面价值和债务重组相关损益。分组时，债权人可以按照以资产清偿债务方式、将债务转为权益工具方式、修改其他条款方式、组合方式为标准分组，也可以根据重要性原则以更细化的标准分组。

(2) 债务重组导致的对联营企业或合营企业的权益性投资增加额，以及该投资占联营企业或合营企业股份总额的比例。

2. 债务人信息披露

债务人应当在附注中披露与债务重组有关的下列信息。

(1) 根据债务重组方式，分组披露债务账面价值和债务重组相关损益。分组的标准与对债权人的要求类似。

(2) 债务重组导致的股本等所有者权益的增加额。报表使用者可能关心与债务重组相关的其他信息,例如,债权人和债务人是否具有关联方关系。

第二节 债务重组会计处理实务

一、债务重组事项的产生及其业务流程

(一) 债务重组事项的产生

债务重组,是指在不改变交易对手方的情况下,经债权人和债务人协定或法院裁定,就清偿债务的时间、金额或方式等重新达成协议的交易。也就是说,只要修改了原定债务偿还条件的,即债务重组时确定的债务偿还条件不同于原协议的,均作为债务重组。

(二) 债务重组的业务流程

从本质而言,债务重组是一项法律活动,其旨在通过一定的方式改变债权人与债务人之间原有债权债务合同关系的过程,其基本业务流程包括债务重组准备、确定债务重组方案、重组方案实施和后续工作四个方面。

1. 债务重组准备

接受委托开展必要的尽职调查,包括对主体资格、法律条件,各当事方的资信以及是否涉讼、存在或有债务等进行调查;协助全面清理负债企业的资产和债务,清查企业所有的债权人、债务性质、债务成因、债务数额、期限、诉讼情况、财产抵押情况、查封保全情况、担保情况等。

2. 确定债务重组方案

分析债务重组存在的法律风险,排除法律障碍,确定有关重组行动的合法性;通过对企业的资产负债情况、生产经营状况的分析和企业偿债能力、盈利能力和发展潜力的评估预测,策划债务重组方案,确定重组程序和实施步骤。

3. 实施重组方案

就重组方案实施过程中的法律问题进行解答,并起草有关法律文件,就债务重组提供广泛涉及投资、证券、税务及诉讼等各方面的综合性法律意见;参加各当事方之间就债务重组进行的谈判,争取为委托人最大限度实现重组目的;参加有关诉讼或仲裁以及执行程序。

4. 后续工作

后续工作主要包括协调各方法律关系、完善有关授权、解决债务重组过程中产生的纠纷和遗留问题等。

二、债务重组会计处理实务

(一) 以资产清偿债务

下面以甲公司与乙公司发生的债务重组事件为例,就重组事件的产生、涉及的资产清偿事项与重组双方会计处理进行展示和讲解。

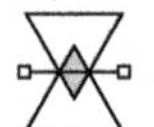 **操作实例**

【实务资料】

甲公司由于经营出现问题,现与乙公司协商决定,用多种资产组合进行抵债,具体内容如下:2019 年 11 月 5 日,甲公司向乙公司赊购一批材料,含税价为 234 万元。2020 年 9 月 10 日,甲公司因发生财务困难,无法按合同约定偿还债务,双方协商进行债务重组。乙公司同意甲公司用其生产的商品、作为固定资产管理的机器设备和一项债券投资抵偿欠款。当日,该债权的公允价值为 210 万元,甲公司用于抵债的商品市价(不含增值税)为 90 万元,抵债设备的公允价值为 75 万元,用于抵债的债券投资市价为 23.55 万元。

抵债资产于 2020 年 9 月 20 日转让完毕,甲公司发生设备运输费用 0.65 万元,乙公司发生设备安装费用 1.5 万元。

乙公司以摊余成本计量该项债权。2020 年 9 月 20 日,乙公司对该债权已计提坏账准备 19 万元,债券投资市价为 21 万元。乙公司将受让的商品、设备和债券投资分别作为低值易耗品、固定资产和以公允价值计量且其变动计入当期损益的金融资产核算。

甲公司以摊余成本计量该项债务。2020 年 9 月 20 日,甲公司用于抵债的商品成本为 70 万元;抵债设备的账面原价为 150 万元,累计折旧为 40 万元,已计提减值准备 18 万元;甲公司以摊余成本计量用于抵债的债券投资,债券票面价值总额为 15 万元,票面利率与实际利率一致,按年付息。假定甲公司尚未对债券确认利息收入。当日,该项债务的账面价值仍为 234 万元。

甲、乙公司均为增值税一般纳税人,适用增值税率为 13%,经税务机关核定,该项交易中商品和设备的计税价格分别为 90 万元和 75 万元。不考虑其他相关税费。

【问题】

(1) 债权人的会计处理。

(2) 债务人的会计处理。

【会计处理】

(1) 债权人的会计处理。

低值易耗品可抵扣增值税=90×13%=11.7(万元)

设备可抵扣增值税＝75×13%＝9.75(万元)

低值易耗品和固定资产的成本应当以其公允价值比例(90∶75)对放弃债权公允价值扣除受让金融资产公允价值后的净额进行分配后的金额为基础确定。

低值易耗品的成本＝90/(90＋75)×(210－23.55－11.7－9.75)＝90(万元)

固定资产的成本＝75/(90＋75)×(210－23.55－11.7－9.75)＝75(万元)

① 2020 年 9 月 20 日，乙公司的账务处理如下。

借：低值易耗品　900 000
　　在建工程——在安装设备　750 000
　　应交税费——应交增值税　214 500
　　交易性金融资产　210 000
　　坏账准备　190 000
　　投资收益　75 500
　贷：应收账款——甲公司　2 340 000

② 支付安装成本：

借：在建工程——在安装设备　15 000
　贷：银行存款　15 000

③ 安装完毕达到可使用状态

借：固定资产——××设备　765 000
　贷：在建工程——在安装设备　765 000

(2) 债务人的会计处理。

甲公司 9 月 20 日的账务处理如下。

借：固定资产清理　920 000
　　累计折旧　400 000
　　固定资产减值准备　180 000
　贷：固定资产　1 500 000

借：固定资产清理　6 500
　贷：银行存款　6 500

借：应付账款　2 340 000
　贷：固定资产清理　926 500
　　　库存商品　700 000
　　　应交税费——应交增值税　214 500
　　　债权投资——成本　150 000
　　　其他收益——债务重组收益　349 000

(二) 将债务转为权益工具

下面以甲公司与乙公司发生的另一项债务重组事件为例，就该重组事件的产生、涉及的债务转换事项与重组双方会计处理进行展示和讲解。

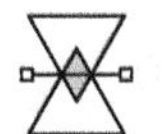

操作实例

【实务资料】

甲公司由于内部经营问题，无法如期支付货款，于是同乙公司协商进行了债务重组，将债权转为对甲公司股权投资，具体内容如下。

2019 年 2 月 10 日，甲公司从乙公司购买一批材料，约定 6 个月后甲公司应结清款项 100 万元(假定无重大融资成分)。乙公司将该应收款项分类为以公允价值计量且其变动计入当期损益的金融资产；甲公司将该应付款项分类为以摊余成本计量的金融负债。2019 年 8 月 12 日，甲公司因无法支付货款与乙公司协商进行债务重组，双方商定乙公司将该债权转为对甲公司的股权投资。10 月 20 日，乙公司办结了对甲公司的增资手续，甲公司和乙公司分别支付手续费等相关费用 1.5 万元和 1.2 万元。债转股后甲公司总股本为 100 万元，乙公司持有的抵债股权占甲公司总股本的 25%，对甲公司具有重大影响，甲公司股权公允价值不能可靠计量。甲公司应付款项的账面价值仍为 100 万元。

2019 年 6 月 30 日，应收款项和应付款项的公允价值均为 85 万元。

2019 年 8 月 12 日，应收款项和应付款项的公允价值均为 76 万元。

2019 年 10 月 20 日，应收款项和应付款项的公允价值仍为 76 万元。

假定不考虑其他相关税费。

【问题】

(1) 债权人的会计处理。

(2) 债务人的会计处理。

【会计处理】

(1) 债权人的会计处理。

乙公司的账务处理如下。

① 6 月 30 日的账务处理如下。

借：公允价值变动损益　　150 000

　贷：交易性金融资产——公允价值变动　　150 000

② 8 月 12 日的账务处理如下。

借：公允价值变动损益　　90 000

　贷：交易性金融资产——公允价值变动　　90 000

③ 10月20日，乙公司对甲公司长期股权投资的成本为应收款项公允价值76万元与相关税费1.2万元的合计77.2万元。

借：长期股权投资——甲公司　　772 000
　　交易性金融资产——公允价值变动　　240 000
　贷：交易性金融资产——成本　　1 000 000
　　　银行存款　　12 000

(2) 债务人的会计处理。

10月20日，由于甲公司股权的公允价值不能可靠计量，初始确认权益工具公允价值时应当按照所清偿债务的公允价值76万元计量，并扣除因发行权益工具支出的相关税费1.5万元。甲公司的账务处理如下。

借：应付账款　　1 000 000
　贷：实收资本　　250 000
　　　资本公积——资本溢价　　495 000
　　　银行存款　　15 000
　　　投资收益　　240 000

(三) 修改其他条款

下面以A公司与B银行发生的一项债务重组事件为例，就该重组事件的产生、涉及的修改条款事项与重组双方会计处理进行展示和讲解。

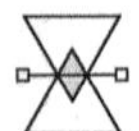

操作实例

【实务资料】

A公司由于经营管理问题，无法如期偿还款项，与B银行协商后决定进行债务重组，使用了多种不同的重组方式进行混合，具体内容如下：A公司为上市公司，2016年1月1日，A公司取得B银行贷款5 000万元，约定贷款期限为4年(即2019年12月31日到期)，年利率6%，按年付息，原实际年利率为6%，A公司已按时支付所有利息。2019年12月31日，A公司出现严重资金周转问题，多项债务违约，信用风险增加，无法偿还贷款本金，2020年1月10日，B银行同意与A公司就该项贷款重新达成协议，新协议约定如下。

(1) A公司将一项作为固定资产核算的房产转让给B银行，用于抵偿债务本金1 000万元，该房产账面原值1 200万元，累计折旧400万元，未计提减值准备。

(2) A公司向B银行增发股票500万股，面值1元/股，占A公司股份总额的1%，用于抵偿债务本金2 000万元，A公司股票于2020年1月10日的收盘价为4

元/股。

(3) 在A公司履行上述偿债义务后,B银行免除A公司500万元债务本金,并将尚未偿还的债务本金1 500万元展期至2020年12月31日,年利率8%;如果A公司未能履行本约定中的(1)(2)所述偿债义务,B银行有权终止债务重组协议,尚未履行的债权调整承诺随之失效。

B银行以摊余成本计量该贷款,已计提贷款损失准备300万元。该贷款于2020年1月10日的公允价值为4 600万元,予以展期的贷款的公允价值为1 500万元。2020年3月2日,双方办理完成房产转让手续,B银行将该房产作为投资性房地产核算。2020年3月31日,B银行为该笔贷款补提了100万元的损失准备。2020年5月9日,双方办理完成股权转让手续,B银行将该股权投资分类为以公允价值计量且其变动计入当期损益的金融资产,A公司股票当日收盘价为4.02元/股。

A公司以摊余成本计量该贷款,截至2020年1月10日,该贷款的账面价值为5 000万元。不考虑相关税费。

【问题】

(1) 债权人的会计处理。

(2) 债务人的会计处理。

【会计处理】

(1) 债权人的会计处理。A公司与B银行以组合方式进行债务重组,同时涉及以资产清偿债务、将债务转为权益工具、包括债务豁免的修改其他条款等方式,可以认为对全部债权的合同条款做出了实质性修改,债权人在收取债权现金流量的合同权利终止时应当终止确认全部债权,即在2020年5月9日该债务重组协议的执行过程和结果不确定性消除时,可以确认债务重组相关损益,并按照修改后的条款确认新金融资产。

债权人B银行的账务处理如下。

① 3月2日的账务处理。

投资性房地产成本=放弃债权公允价值4 600万元−受让股权公允价值2 000万元(500×4)−重组债权公允价值1 500万元=1 100(万元)。

借:投资性房地产　　11 000 000

　贷:贷款——本金　　11 000 000

② 3月31日的账务处理。

借:信用减值损失　　1 000 000

　贷:贷款损失准备　　1 000 000

③ 5月9日的账务处理。

受让股权的公允价值=4.02×500=2 010(万元)

借：交易性金融资产　　20 100 000
　贷款——本金　　15 000 000
　贷款损失准备　　4 000 000
　贷：贷款——本金　　39 000 000
　　投资收益　　100 000

(2) 债务人的会计处理。该债务重组协议的执行过程和结果不确定性于2020年5月9日消除时，债务人清偿该部分债务的现时义务已经解除，可以确认债务重组相关损益，并按照修改后的条款确认新金融负债。

① 3月2日的账务处理。

借：固定资产清理　　8 000 000
　累计折旧　　4 000 000
　贷：固定资产　　2 000 000
借：长期借款——本金　　8 000 000
　贷：固定资产清理　　8 000 000

② 5月9日的账务处理。

重组债务未来现金流量现值＝1 500×(1＋8%)/(1＋6%)＝1 528.3(万元)

原债务的剩余期间现金流量现值＝2 000×(1＋6%)/(1＋6%)＝2 000(万元)

现金流变化＝(2 000－1 528.3)÷2 000＝23.59%＞10%，属于实质性修改，应终止确认该部分债务，新债务按修改后条款的公允价值入账。

借：长期借款——本金　　42 000 000
　贷：股本　　5 000 000
　　资本公积　　15 100 000
　　短期借款——本金　　15 000 000
　　其他收益——债务重组收益　　6 900 000

本例中，即使没有"A公司未能履行(1)(2)所述偿债义务，B银行有权终止协议，其他债权调整承诺随之失效"的条款，债务人仍然应当谨慎处理，考虑在债务的现时义务解除时终止确认原债务。

 本章实训

【实训目标与能力要求】

本实训目标是培养学生用所学企业债务重组知识进行案例分析的能力。其能力要求如下。

(1) 掌握企业债务重组确认、计量和报告要求，以及会计处理方法。

(2) 能够针对具体的案例事件，通过分析提出处理意见，并进行相应账务处理。

【实训方式】

实训分小组进行，以小组为单位完成案例分析和账务处理，并形成案例分析报告，参加讲评和讨论。

【实训考核】

根据各实训小组提交成果(案例分析报告)的质量和参与讨论的情况进行评分。实训成绩按百分制评定。

小组项目实训成绩＝实训准备(满分 10)＋实训成果(满分 80)＋小组协作(满分 10)。

个人项目实训成绩＝小组项目实训成绩×个人贡献系数(个人贡献系数由组长根据其在实训中的贡献大小决定)。

【实训步骤】

(1) 由任课教师引导学生解读实训案例资料，提示学生应注意哪些问题，并布置具体实训任务和时间要求；

(2) 各实训小组根据组内分工，通过拟定案例分析方案、查找与案例相关的背景资料、对案例事项进行分析并得出结论、根据分析结果进行账务处理四个环节，进行案例分析。在分析过程中，小组内对案例初步分析要进行讨论、修改、形成共识，最后按照要求形成案例分析报告；

(3) 各实训小组组长将案例分析报告交给学委，由任课老师组织互评；

(4) 任课老师根据互评结果和课堂讲评、讨论情况确定实训成绩。

【实训资料】

山西安泰集团股份有限公司(股票代码 600408)2019 年 6 月 25 日发布公告(公告编号：临 2019－036)称其与华融晋商资产管理股份有限公司进行债务重组。

公告具体数据内容如下(来源巨潮网)。

(1) 原有债务金额确认。截至 2019 年 3 月 20 日，安泰对华融负有的债务余额为人民币 131 044 528.86 元，其中，本金为人民币 118 999 990 元，利息及罚息金额为人民币 12 044 538.86 元。

(2) 重组债务。双方一致确认，重组债务金额为人民币 85 000 000 元。

【实训任务】

债务重组双方对重组事项应如何确认、计量？并分别为债务重组双方进行账务处理。

【公告网址】

http：//static.cninfo.com.cn/finalpage/2019－06－25/1206384196.PDF

课后练习

一、单项选择题

1. 2020 年 1 月 1 日，A 公司与 B 公司进行债务重组，重组日 A 公司应收 B 公司账款账面余额为 1 000 万元，已提坏账准备 100 万元，其公允价值为 900 万元，B 公司以一项交易性金融资产抵偿上述账款，交易性金融资产公允价值为 900 万元。A 公司为取得交易性金融资产支付手续费 2 万元，假定不考虑其他因素。A 公司债务重组取得交易性金融资产的入账价值为(　　)万元。

A. 900　　B. 960　　C. 1 000　　D. 902

2. 2020 年 1 月 1 日，A 公司与 B 公司进行债务重组，重组日 A 公司应收 B 公司账款账面余额为 1 000 万元，已提坏账准备 100 万元，其公允价值为 900 万元，B 公司以一批存货和一项以摊余成本计量的金融资产抵偿上述账款，存货公允价值为 500 万元，以摊余成本计量的金融资产公允价值为 500。假定不考虑其他因素。A 公司债务重组取得存货的入账价值为(　　)万元。

A. 500　　B. 400　　C. 900　　D. 1 000

3. 2020 年 1 月 1 日，长江公司与新华公司进行债务重组，重组日长江公司应收新华公司账款账面余额为 1 000 万元，已提坏账准备 100 万元，其公允价值为 940 万元，长江公司同意原应收账款的 40%延长至 2022 年 12 月 31 日偿还，原应收账款的 40%部分当日公允价值为 400 万元，剩余部分款项新华公司以一批存货抵偿，存货公允价值为 600 万元。假定不考虑其他因素。长江公司因债务重组影响当期损益的金额为(　　)万元。

A. 40　　B. 100　　C. 400　　D. 600

4. 长江公司与新华公司均为增值税一般纳税人，销售和购买商品适用的增值税税率为 13%，2020 年 5 月 1 日，长江公司与新华公司进行债务重组，重组日长江公司应收新华公司账款账面余额为 2 000 万元，已提坏账准备 200 万元，其公允价值为 1 880 万元，长江公司同意新华公司以其生产的设备抵偿全部债务，设备账面价值为 1 700 万元，未计提减值准备，公允价值为 1 800 万元。假定不考虑其他因素。新华公司因债务重组影响当期损益的金额为(　　)万元。

A. 80　　B. 100　　C. 66　　D. 120

5. 以下会计科目中，债权人在债务重组业务的会计处理中不会用到的是(　　)。

A. 投资性房地产　　B. 应交税费　　C. 投资收益　　D. 预付账款

二、多项选择题

1. 以下属于债务重组涉及的债权和债务的有(　　　　)。

A. 合同资产　　　B. 租赁应收款　　　C. 预计负债　　　D. 应收账款

2. 以下属于适用债务重组准则进行会计处理的有(　　)。

A. 以固定资产清偿债务

B. 债务重组中涉及的债权、重组债权、债务、重组债务和其他金融工具的确认、计量和列报

C. 以投资性房地产抵偿债务

D. 以联营企业抵偿债务

3. 以下有关债权人对债务重组有关会计处理的表述中正确的有(　　)。

A. 债务重组采用以资产清偿债务或者将债务转为权益工具方式进行的,债权人应当在受让的相关资产符合其定义和确认条件时予以确认

B. 债权人受让金融资产,金融资产初始确认时应当以其公允价值计量,金融资产确认金额与债权终止确认日账面价值之间的差额,记入"投资收益"科目

C. 债权人受让多项资产,应当按照受让的金融资产以外的各项资产在债务重组合同生效日的公允价值比例,对放弃债权在合同生效日的公允价值扣除受让金融资产当日公允价值后的净额进行分配,并以此为基础分别确定各项资产的成本

D. 债权人应将放弃债权的公允价值与账面价值之间的差额,记入"其他收益"科目

4. 以下有关债务人对债务重组有关会计处理正确的有(　　)。

A. 债务人以单项或多项金融资产清偿债务的,债务的账面价值与偿债金融资产账面价值的差额,记入"投资收益"科目

B. 债务人以单项或多项非金融资产清偿债务,或者以包括金融资产和非金融资产在内的多项资产清偿债务的,不需要区分资产处置损益和债务重组损益,也不需要区分不同资产的处置损益,而应将所清偿债务账面价值与转让资产账面价值之间的差额,记入"其他收益——债务重组收益"科目

C. 偿债金融资产由于原公允价值变动确认其他综合收益的,无须进行结转

D. 偿债金融资产已计提减值准备的,应结转已计提的减值准备

5. 以下有关债务重组相关披露表述正确的有(　　)。

A. 债务重组中涉及的债权、重组债权、债务、重组债务和其他金融工具的披露,应当按照《企业会计准则第37号——金融工具列报》的规定处理

B. 债权人应当根据债务重组方式,分组在附注中披露债权账面价值和债务重组相关损益

C. 债务人应当根据债务重组方式,分组在附注中披露债务账面价值和债务重组相关损益

D. 债务人应当在附注中披露与债务重组导致的股本等所有者权益的增加额

三、判断题

1. 债务人在采取将债务转为资本这种债务重组方式时，必然导致债权人在转销重组债权的同时确认长期股权投资者。 （ ）

2. 如果债权人在转销重组债权的同时确认了长期股权投资，那就意味着所采取的债务重组方式时债务人将债务转为资本（对于债权人而言就是债权转为股权）。

（ ）

3. 债权人的债权相对于债务人而言就是债务，所以，债务重组过程中债权人转销的重组债权的账面价值一定等于债务人转销的重组债务的账面价值。 （ ）

4. 债务重组过程中债权人确认的债权重组损失不一定等于债务人确认的债务重组利得。 （ ）

四、计算分析题

1. 甲企业 2020 年 4 月 1 日向乙企业赊购一批原材料，价格为 3 000 000 元，增值税为 390 000 元，贷款及税款原定两个月后付清。因甲企业出现严重的资金周转困难，无法按合同规定如期足额偿付债务，双方于 2020 年 7 月 10 日签订债务重组协议，乙企业同意甲企业以在 5 日内支付 3 200 000 元现金方式了结此项债务。甲企业 2020 年 7 月 14 日用转账支票支付了 3 200 000 元给乙企业。

要求：请根据资料写出甲、乙公司的账务处理。

2. 甲企业 2020 年 4 月 1 日向乙企业购入一批原材料，价格为 6 000 000 元，增值税为 780 000 元，贷款及税款共 6 780 000，原定三个月后付清，甲企业没有按期偿还债务。双方于 2020 年 7 月 29 日签订债务重组协议。协议约定，甲企业将其持有的一项确认为以公允价值计量且其变动计入当期损益的金融资产对丙企业的股票投资和一项确认为长期股权投资的对丁企业的股权投资来抵偿所欠乙企业的 6 780 000 元应付账款。该金融资产的账面价值为 400 000，重组前已确认的公允价值变动损失为 10 000 元，重组当日的公允价值为 390 000 元，该项长期股权投资的账面价值为 6 000 000 元，重组当日的公允价值为 5 530 000 元。2020 年 7 月 30 日双方办理了两项股权的转让手续。甲、乙企业分别支付 7 000 元、4 000 元的相关费用。其他相关税费忽略。（假定乙企业将受让的股权投资分为两种情况：作为长期股权投资和作为以公允价值计量且其变动计入其他综合收益的金融资产）。

要求：请写出甲、乙公司的账务处理。

3. 沿用计算题 2 的资料，假定债务重组协议规定，甲企业以其所生产的一批 A 商品偿还此项债务。该批商品的账面价值为 4 500 000 元，市价为 5 000 000 元，增值税税率为 13%，甲企业 2020 年 7 月 30 日支付 2 000 元的运费将该商品交付给乙企业，乙企业将其作为原材料核算，其他相关税费略。请写出甲、乙公司的账务处理。

第十章 企业合并会计

【结构框架】

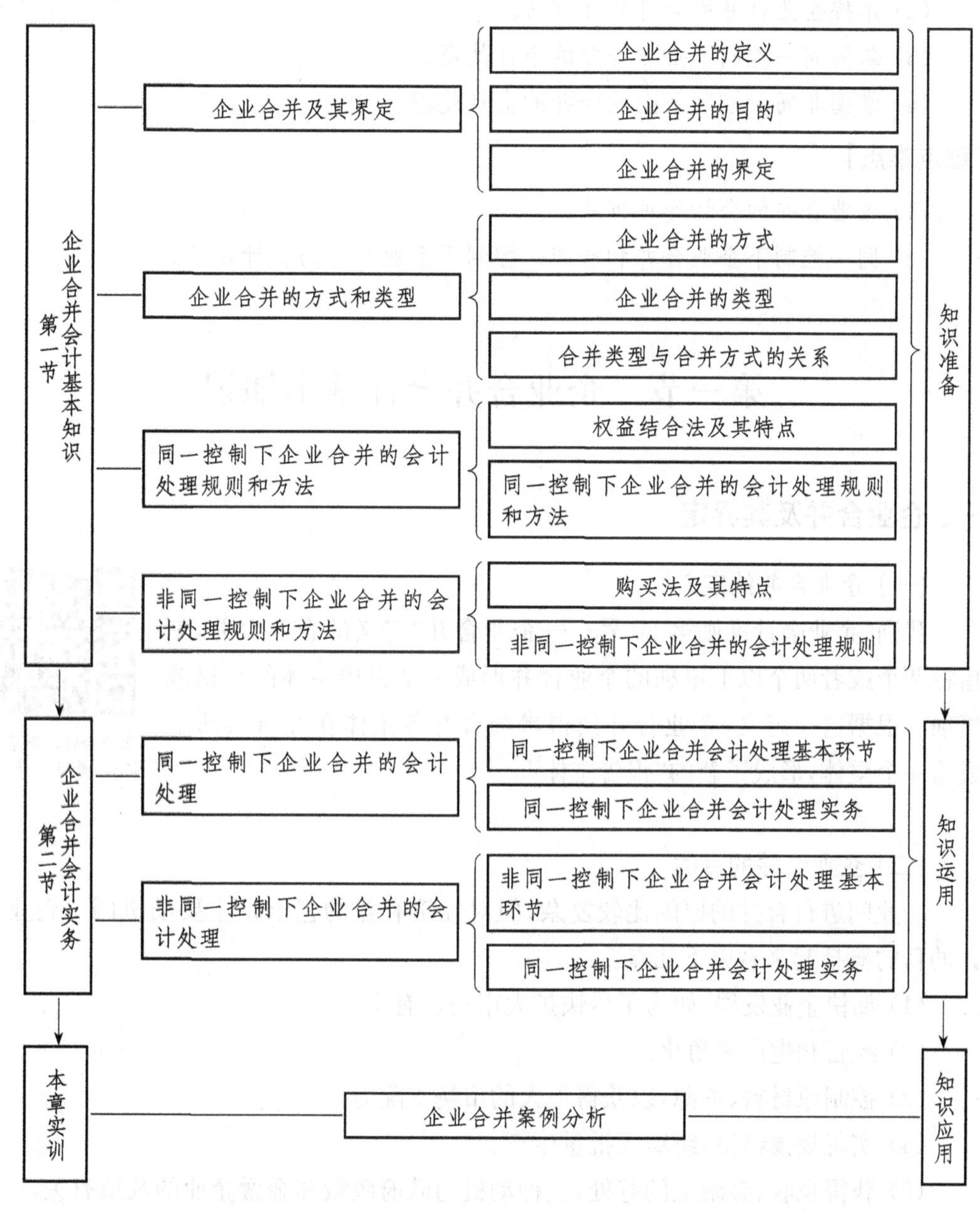

【主要知识点】

(1) 企业合并及其分类。

(2) 企业合并的会计处理方法。

(3) 同一控制下企业合并的会计处理。

(4) 非同一控制下企业合并的会计处理。

【学习目标】

(1) 理解企业合并的含义与分类。

(2) 掌握企业合并的会计处理方法。

(3) 掌握同一控制下企业合并的会计处理。

(4) 掌握非同一控制下企业合并的会计处理。

【重点难点】

(1) 企业合并的会计处理方法。

(2) 同一控制下企业合并和非同一控制下企业合并的会计处理。

第一节 企业合并会计基本知识

一、企业合并及其界定

(一) 企业合并的定义

我国《企业会计准则第 20 号——企业合并》定义的企业合并，是指将两个或者两个以上单独的企业合并形成一个报告主体的交易或事项。根据这一定义，企业合并使得参与合并各主体在经济实质上成为一个整体，形成了新的"报告主体"。

《企业会计准则第 20 号——企业合并》

(二) 企业合并的目的

企业间进行合并的原因比较复杂，但对经济利益的乞求是主要动机因。企业合并的目的概括起来有以下几点。

(1) 加快企业发展，如为了尽快扩大市场占有率。

(2) 经营和生产多角化。

(3) 控制原材料、资源，以获得更大的市场支配力。

(4) 实现规模经济，组织大批量生产。

(5) 获得税收、金融上的好处，这种动机与政府政策和金融企业的政策有关。

(6) 吸收技术和经营管理能力，如为了获得某项技术，购买掌握这项技术的企业。

(7) 救济经营不善的企业。

(8) 便于安排人事。

(三) 企业合并的界定

从企业合并的定义可以看出，是否构成企业合并，一是看取得的企业是否构成业务；二是看有关交易或事项发生前后，是否引起报告主体的变化。

取得对另一个或多个企业(或业务)的控制权。

1. 所合并的企业是否构成业务

企业合并的结果通常是一个企业取得了对另一个或多个业务的控制权。这里的"业务"是指企业内部某些生产经营活动或资产负债的组合，该组合具有投入、加工处理过程和产出能力，能够独立计算其成本费用或所产生的收入。

如果一个企业取得了对另一个或多个企业的控制权，而被购买方(或被合并方)并不构成业务，则该交易或事项不形成企业合并。如一个企业对另一个企业某条具有独立生产能力的和生产线的合并，一般构成业务合并。不构成业务与构成业务的会计处理是有明确区别的，如表 10－1 所示。

表 10－1　不构成业务与构成业务的会计处理比较表

<table>
<tr><th>项　目</th><th colspan="2">会　计　处　理</th></tr>
<tr><td>不构成业务(不按企业合并准则处理)</td><td colspan="2">将购买成本基于购买日所取得各项可辨认资产、负债的相对公允价值，在各单独可辨认资产和负债间进行分配，不产生商誉或购买利得</td></tr>
<tr><td>构成业务(非同一控制)</td><td>合并成本大于取得的可辨认净资产公允价值份额的差额
合并成本小于取得的可辨认净资产公允价值份额的差额</td><td>确认商誉
确认负商誉(计入当期损益)</td></tr>
</table>

2. 有关交易或事项发生前后，是否引起会计主体的变化

有关交易或事项发生前后，是否引起会计主体的变化是判断是否构成企业合并的关键。而会计报告主体的变化则取决于控制权的变化，具体有以下两种情况：

一是交易或事项发生后，一方能够对另一方的生产经营决策实施控制，双方形成母子公司关系，涉及控制权的转移，被购买方或合并方(子公司)应纳入购买方或合并方(母公司)的合并财务报告中，从合并财务报告的角度形成报告主体的变化，而形成企业合并。

二是交易或事项发生后，一方能够控制另一方的全部净资产，被购买方或被合并方在合并后失去法人资格不再是一个报告主体，因而涉及控制权及报告主体的变化，形成企业合并。

二、企业合并的方式和类型

(一) 企业合并的方式

按照合并后双方法人地位的变化，企业合并的方式包括控股合并、吸收合并和新设合并3种，各种合并方式的含义及其简略表达式如表10-2所示。

表10-2 企业合并按合并法律形式分类一览表

合并方式	含　　义	简略表达式
控股合并	控股合并，是指一家企业购进或取得了另一家企业有投票表决权的股份或出资证明书，并已达到可以控制被合并企业财务和经营政策的持股比例。通过合并，原有各家公司依然保留法人资格	A+B=A+B
吸收合并	吸收合并，是指两家或两家以上的企业合并成一家企业。经过合并，收购受企业以支付现金、发行股票或其他代价取得另外一家或几家其他企业的资产和负债，继续保留其法人地位，而另外一家或几家企业合并后丧失了独立的法人资格	A+B=A
新设合并	新设合并，是指两个或两个以上的公司合并后，成立一个新的公司，参与合并的原有各公司均归于消灭的公司合并	A+B=C

(二) 企业合并的类型

根据企业合并会计准则，参与合并的各方在合并前后是否受同一方或相同的多方最终控制，将企业合并的类型分为同一控制下的企业合并和非同一控制下的企业合并两类。两类合并的含义与判断如表10-3所示。

表10-3 企业合并类型及其判断一览表

企业合并类型	含　　义	判　　断
同一控制下企业合并	同一控制下企业合并，是指参与合并的企业在合并前后均受同一方或相同的多方最终控制且该控制并非暂时性的	(1) 集团内母子公司之间、子公司与子公司之间的合并 (2) 参与合并的企业在合并前后均受相同多方的最终控制，且最终控制的时间在一年以上
非同一控制下企业合并	非同一控制下企业合并，是指参与合并各方在合并前后不受同一方或相同多方最终控制的合并交易，即同一控制下企业合并以外的其他企业合并	除判断属于同一控制下企业合并的情况以外其他的企业合并

需要说明的是，能够对参与合并各方在合并前后均实施最终控制的一方通常指企业集团的母公司；能够对参与合并的企业在合并前后均实施最终控制的相同多方，是指根据合同或协议的约定，拥有最终决定参与合并企业的财务和经营政策，并从中获取利益的投资者群体。

企业合并的类型不同，所遵循的会计处理原则也不同。

(三) 合并类型与合并方式的关系

企业合并类型与合并方式的关系如图 10－1 所示。

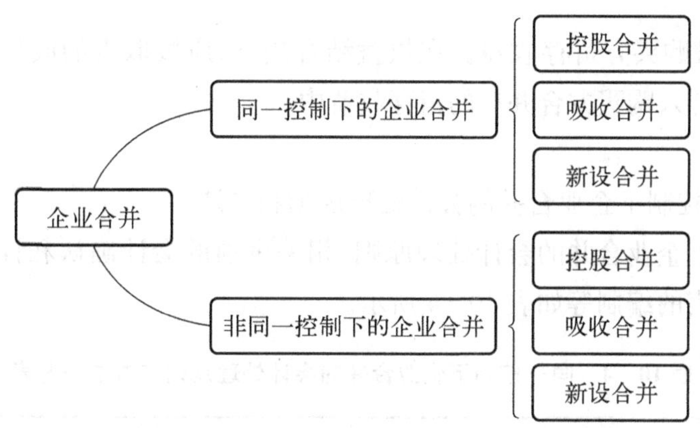

图 10－1　企业合并类型与合并方式的关系

三、同一控制下企业合并的会计处理规则和方法

(一) 权益结合法及其特点

同一控制下企业合并的会计处理是从合并方出发，确定合并方在实际取得被合并方控制权时(合并日)对于企业合并事项应进行的会计处理，基本方法是权益结合法。

1. 权益结合法的含义

权益结合法，亦称股权结合法、权益联营法，是指将企业合并视企业合并为参与合并的各方，通过股权的交换形成的所有者权益的结合，而非资产的购买。合并后，股东在新企业中的股权相对不变。

2. 权益结合法的特点

权益结合法有以下几个特点。

(1) 合并的实质不属于购买交易。权益结合法的实质是将企业合并视为参与合并的各方原有的股东权益在新的合并主体中的联合和继续，而不是作为企业之间发生的一荐项购买交易。

(2) 不产生新的计量基础。在权益结合法下，参与合并的各企业的资产和负债均按其原来的账面价值计价，不需要重新计量。

(3) 不单独确定和分配合并成本。在权益结合法下，不存在购买关系，不需要确认和分配成本，合并过程所发生相关直接和间接费用，均计入当期损益。

(4) 不确认商誉。权益结合法要求按照被合并方资产的账面价值入账，因而不涉及商誉的确认；被合并方在企业合并前账面上原已确认的商誉应作为合并中取得的资产确认。

(5) 参与合并各方当年净损益均作为合并方的损益。在权益结合法下，被合并方在合并日前的净损益可作为合并方净损益的一部分并入合并方的报表中，不构成合并方成本。

(6) 保留被购买方留存收益。在权益结合法下，应按取得的股权比例将被合并方的留存收益并入购买方合并后的留存收益中。

(二) 同一控制下企业合并的会计处理规则和方法

同一控制下企业合并的会计处理原则、相关事项的会计确认和计量、账务处理、合并日财务报表的编制等如表 10-4 所示。

表 10-4　同一控制下企业合并的会计处理规则和方法一览表

<table>
<tr><th>项　目</th><th colspan="2">会计处理规则和方法</th></tr>
<tr><td>同一控制下企业合并的处理原则</td><td colspan="2">(1) 合并方在合并中确认取得的被合并方的资产、负债仅限于被合并方账面上原已确认的资产和负债，合并中不产生新的资产和负债
(2) 合并方在合并中取得的被合并方各项资产、负债应维持其在被合并方的原账面价值不变
(3) 合并方在合并中取得的净资产的入账价值相对于为进行企业合并支付的对价账面价值之间的差额，不作为资产的处置损益，不影响合并当期利润表，有关差额应调整所有者权益相关项目
(4) 参与合并各方在合并以前实现的留存收益应体现为合并财务报表中的留存收益</td></tr>
<tr><td rowspan="2">同一控制下控股合并的会计处理</td><td>(1) 长期股权投资的确认和计量</td><td>合并方应在合并日按照所取得的被合并方的最终控制方合并财务报表中的净资产的账面价值的份额作为长期股权投资的初始投资成本
借：长期股权投资(应享有被合并方所有者权益账面价值的份额)
　　应收股利(享有被投资单位已宣告但尚未发放的现金股利或利润)
　贷：有关资产(支付的合并对价的账面价值)
　　　资本公积(初始投资成本与支付的现金、非现金资产的差额)
　　　(或借资本公积，资本溢价或股本溢价的余额不足冲减的，相应调整留存收益)</td></tr>
<tr><td colspan="2">(2) 同一控制下的企业在合并日需要编制合并资产负债表和合并利润表</td></tr>
</table>

续　表

<table>
<tr><th>项　目</th><th colspan="3">会计处理规则和方法</th></tr>
<tr><td rowspan="2">同一控制下控股合并的会计处理</td><td rowspan="2">合并日财务报表的编制</td><td>合并资产负债表</td><td>被合并方的有关资产、负债应以其账面价值并入合并财务报表。合并方与被合并方在合并日及以前期间发生的交易,应作为内部交易进行抵消,应编制如下抵消分录:
借:股本(被合并方合并前的股本)
资本公积(被合并方合并前的资本公积)
盈余公积(被合并方合并前的盈余公积)
未分配利润(被合并方合并前的未分配利润)
贷:长期股权投资(合并方的初始合并成本)
少数股东权益(合并方初始合并成本小于应享被合并方净资产的差额)
① 合并方账面资本公积(资本溢价或股本溢价)贷方余额大于被合并方在合并前实现的留存收益中归属于合并方的部分,在合并资产负债表中,应将被合并方在合并前实现的留存收益中归属于合并方的部分自“资本公积”转入“盈余公积”和“未分配利润”,编制如下调整分录:
借:资本公积(被合并方合并前实现的留存收益×合并方持股比例)
贷:盈余公积(被合并方合并前的盈余公积×合并方持股比例)
未分配利润(被合并方合并前的未分配利润×合并方持股比例)
② 合并方账面资本公积(资本溢价或股本溢价)贷方余额小于被合并方在合并前实现的留存收益中归属合并方的部分,在合并资产负债表中,应以合并方资本公积(资本溢价或股本溢价)的贷方余额为限,将被合并方在企业合并前实现的留存收益中归属于合并方的部分自“资本公积”转入“盈余公积”和“未分配利润”。合并方应当在会计报表附注中对这一情况进行说明</td></tr>
<tr><td>合并利润表</td><td>① 包含合并方及被合并方自合并当期期初至合并日实现的净利润
② 双方在当期所发生的交易,应当按照合并财务报表的有关原则进行抵消
③ 合并方在合并利润表中的“净利润”项下应单列,其中:被合并方在合并前实现的“净利润”项目,反映因同一控制下企业合并规定的编表原则,导致由于该项企业合并自被合并在合并当期带入的损益情况</td></tr>
<tr><td>同一控制下吸收合并的会计处理</td><td colspan="3">(1) 合并中取得资产、负债入账价值,按照相关资产、负债在被合并方的原账面价值确定
(2) 合并差额的处理
合并差额=净资产入账价值-支付的现金、非现金资产账面价值、发行股份面值总额
合并差额应调整资本公积(资本溢价或股本溢价),资本公积(资本溢价或股本溢价)的余额不足冲减的,应冲减盈余公积和未分配利润</td></tr>
</table>

续 表

项　目	会计处理规则和方法
同一控制下吸收合并的会计处理	(3) 账务处理 借：有关资产(取得被合并方资产的账面价值) 　　管理费用(发生的与企业合并直接相关的费用) 　贷：有关负债(承担被合并方负债的账面价值) 　　　固定资产清理等(作为合并对价支付的非现金资产的账面价值) 　　　应付债券——面值(以发行债券为合并对价的债券的面值) 　　　　　　——利息调整(发行债券的溢价减去发行费用后的余额) 　　　股本(以发行权益性证券为合并对价的股票的面值) 　　　银行存款(以现金支付合并对价、直接相关费用、债券或股票发行费用) 　　　资本公积——股本溢价(取得净资产入账价值大于支付对价的差额)
合并方为进行合并发生相关费用的处理	(1) 同一控制下企业合并进行过程中发生的各项直接相关费用，应于发生时费用化，计入当期损益(管理费用) (2) 以发生债券方式进行的企业合并，与发生债券相关的佣金、手续费等应计入负债的初始计量金额中。折价发生的，应增加折价的金额，溢价发生的，应减少溢价的金额 (3) 发行权益性证券作为合并对价的，与所发行权益性证券相关的佣金、手续费等应从所发行权益性证券的发行收入中扣减：溢价发行的，自溢价收入中扣除：发行无溢价或溢价金额不足以扣减的，冲减留存收益(盈余公积和未分配利润)

【例 10-1】A 股份有限公司于 2021 年 9 月 1 日，按面值发行 5 000 万元的债券以取得 B 公司 60%的股份，2021 年 9 月 1 日 B 公司所有者权益的账面价值为 10 000 万元。A 公司另支付手续费 15 万元。A 公司和 B 公司为同一集团的两家子公司。

【要求】根据合并事项，对 A 公司进行会计处理。

【解析】本例为同一控制下的控股合并。合并日，A 公司应确认对 B 公司的长期股权投资，其成本为 10 000×60%＝6 000 万元，账务处理如下。

借：长期股权投资——投资成本　　60 000 000

　贷：应付债券——面值　　50 000 000

　　　资本公积——股本溢价　　10 000 000

借：应付债券——利息调整　　150 000

　贷：银行存款　　150 000

【例 10-2】2021 年 8 月 30 日，甲公司向同一集团内乙公司的原股东 M 公司定向增发 1 000 万股普通股(每股面值 1 元，市价 8 元)，取得乙公司 100%的股权，并于当日起能够对乙公司实施控制，合并后乙公司仍维持其独立法人资格继续经营。甲公司以银行存款支付股票发行手续费150万元,支付合并过程中发生的审计费用15万元。甲、乙两公司在企业合并前采用的会计政策相同。乙公司合并前为M公司非同一控制下的全资子公司,M公司合并财务报表中乙公司净资产为3 600万元。

【要求】根据合并事项,对甲公司进行账务处理。

【解析】本例为同一控制下的控股合并。合并日,A公司应确认对B公司的长期股权投资,其成本为3 600×100%=3 600万元,账务处理如下。

借:长期股权投资——乙公司　36 000 000
　贷:股本　10 000 000
　　资本公积——股本溢价　26 000 000
借:资本公积——股本溢价　1 500 000
　管理费用　150 000
　贷:银行存款　1 650 000

【例10-3】A公司和B公司均为甲公司控制下的两家子公司。2021年6月30日,A公司定向增发面值1元的普通股1 000万作为合并对价,吸收合并了B公司。假定A公司与B公司采用的会计政策相同,合并过程中没有发生相关费用。合并日,A公司和B公司的净资产构成如表10-5所示。

表10-5　合并日A公司和B公司的净资产　　单位:万元

A公司		B公司	
货币资金(银行存款)	1 200	货币资金(银行存款)	400
存货(库存商品)	600	存货(原材料)	300
固定资产	5 400	固定资产	1 300
短期借款	1 400	短期借款	680
应付账款	600	其他应付款	120
股本	2 500	股本	300
资本公积(股本溢价)	400	资本公积	100
盈余公积	800	盈余公积	400
未分配利润	1 500	未分配利润	400
股东权益合计	5 200	股东权益合计	1 200

【要求】对A公司吸收合并B公司进行账务处理。

【解析】本例为同一控制下的吸收合并,其账务处理如下。

借:银行存款	4 000 000	
原材料	3 000 000	
固定资产	13 000 000	
贷:短期借款		6 800 000
其他应付款		1 200 000
股本		10 000 000
资本公积——股本溢价		2 000 000

四、非同一控制下企业合并的会计处理规则和方法

(一) 购买法及其特点

非同一控制下的企业合并,是参与合并的一方购买另一方或多方的交易,基本会计处理方法是购买法。

1. 购买法的含义

购买法也称购受法、收买法,是将企业合并视为购买企业,即以一定的价款购进被购买企业的机器设备、存货等资产项目,同时承担该企业的所有负债的行为,要求按合并时的公允价值计量被购买企业的净资产,将投资成本(购买价格)超过净资产公允价值的差额确认为商誉的会计方法。

2. 购买法的特点

购买法有以下几个特点。

(1) 合并的实质是一项购买交易。购买法将企业合并视为一个企业(购买方)购买另一个企业(被购买方)净资产和经营的控制权的一项交易,该交易与企业购买固定资产、存货等其他资产相类似。其中,控股合并是购买方购买被购买方净资产的交易;吸收合并是购买方购买被购买方全部资产并承担全部负债的交易。

(2) 产生新的计量基础。购买法下企业合并的交易性质,决定了企业合并应以公允价值作为计量基础。

(3) 需要确定和分配合并成本。在购买法下,应按购买成本作为合并成本,并将合并成本在取得的可辨认资产和负债中进行分配。

(4) 需要确认商誉或负商誉。当购买方支付的购买成本大于被购买方可辨认净资产的公允价值时,其差额确认为商誉;购买方支付的购买成本小于被购买方可辨认净资产的公允价值时,其差额确认为负商誉。

(5) 购买方当年的净损益不包括被购买方自期初至购买日的净损益。在购买法

下，购买方合并当年净损益只包括购买方当年实现的净损益以及合并日后应享有被购买方当年实现的净损益份额。

(6) 不保留被购买方留存收益。在购买法下，被购买方的留存收益已作为净资产的一部分，反映在购买方的购买成本中，因此，购买方不应将被购买方的留存收益并入购买方合并后的留存收益中。

(二) 非同一控制下企业合并的会计处理规则

1. 非同一控制下企业合并的会计处理原则

非同一控制下企业合并的会计处理原则如表 10-6 所示。

表 10-6　非同一控制下企业合并的会计处理原则一览表

<table>
<tr><th>项　目</th><th colspan="2">会计处理原则</th></tr>
<tr><td>购买方的认定</td><td colspan="2">购买方是指在企业合并中取得对另一方或多方控制权的一方。具体可从以下两方面来认定：
一是企业合并中一方取得另一方半数以上有表决权股份的，除非有明确的证据表明不能形成控制，一般认为取得另一方半数以上表决权股份的一方为购买方
二是投资方持有被投资方半数或以下表决权，但通过与其他表决权持有人之间的协议能够控制半数以上表决权，一般也可以认为其获得了对另一方的控制权。持有半数或半数以下表决权的投资方，还可综合考虑下列事实和情况，以判断其持有的表决权与相关事实和情况相结合是否拥有对被投资方的控制权。① 投资方持有的表决权份额相对于其他投资方持有的表决权份额的大小，以及其他投资方持有表决权的分散程度；② 投资方和其他投资方持有的潜在表决权；③ 其他合同安排产生的权利；④ 其他相关事实或情况等</td></tr>
<tr><td>购买日的确定</td><td colspan="2">(1) 企业合并合同或协议已获股东大会等内部权力机构通过
(2) 合并事项需要经过国家有关主管部门审批的，已获得相关部门的批准
(3) 参与合并各方已办理了必要的财产权交接手续
(4) 购买方已支付了购买价款的大部分(一般应超过 50%)；并且有能力支付剩余款项
(5) 购买方实际上已经控制了被购买方和经营政策，并享有相应的收益及承担相应的风险</td></tr>
<tr><td rowspan="2">合并成本的确定</td><td>一次交易实现的企业合并</td><td>企业合并成本包括购买方为进行企业合并支付的现金或非现金资产、发行或承担的债务、发行的权益性证券等在购买日的公允价值</td></tr>
<tr><td>通过多次交换交易分步实现的企业合并</td><td>(1) 在购买方个别财务报表中，应当以购买日之前所持被购买方的股权投资的账面价值与购买日新增投资成本之和，作为该投资的初始投资成本。购买日之前持有的股权投资，根据《企业会计准则第 22 号——金融工具确认和计量》进行会计处理的，应当将按照该准则取得的股权投资的公允价值加上新增投资成本之和，作为按成本法核算的初始投资成本
(2) 在合并财务报表中以购买日之前所持被购买方股权于购买日的公允价值与购买日支付对价的公允价值之和，作为合并成本</td></tr>
</table>

续 表

<table>
<tr><th>项 目</th><th colspan="3">会计处理原则</th></tr>
<tr><td rowspan="2">合并成本的确定</td><td>合并费用的处理</td><td colspan="2">(1) 非同一控制下企业合并进行过程中发生的各项直接相关费用，应于发生时费用化计入当期损益(管理费用)
(2) 以发行债券方式进行的企业合并，与发行债券相关的佣金、手续费等应计入负债的初始计量金额中。折价发行的，应增加折价的金额，溢价发行的，应减少溢价的金额
(3) 发行权益性证券作为合并对价的，与所发行权益性证券相关的佣金、手续费等从所发行权益证券的发行收入中扣除：溢价发行的，从溢价收入中扣除；发行无溢价或溢价金额不足以扣减的，冲减留存收益</td></tr>
<tr><td>或有对价的处理</td><td colspan="2">购买方应当将合并协议约定的或有对价作为企业合并转移对价的一部分，按其在购买日的公允价值计入企业合并成本。符合资产定义并满足资产确认条件的，购买方应当将符合合并协议约定条件的、对已支付合并对价中可收回部分的权利确认为一项资产</td></tr>
<tr><td rowspan="2">企业合并成本在取得的可辨认资产和负债之间的分配</td><td>控股合并</td><td colspan="2">购买方在其个别财务报表中应确认所形成的对被购买方的长期股权投资，该长期股权投资所代表的是购买方在合并中取得的对被给你发各项资产、负债中享有的份额，具体体现在合并财务报表中应列示的有关资产、负债的公允价值</td></tr>
<tr><td>吸收合并</td><td colspan="2">购买方在企业合并中取得的被购买方各项可辨认资产和负债，要作为企业的资产、负债进行确认，并按各项资产、负债在购买日的公允价值进行计量</td></tr>
<tr><td rowspan="4">企业合并成本与合并中取得的被购买方可辨认净资产公允价值份额差额的处理</td><td rowspan="2">合并成本大于份额的差额</td><td>控股合并</td><td>该差额是指在合并财务报表中应予列示的商誉</td></tr>
<tr><td>吸收合并</td><td>该差额是购买方在其账簿及个别财务报表中应确认的尚誉</td></tr>
<tr><td rowspan="2">合并成本小于份额的差额</td><td>控股合并</td><td>该差额应体现在合并当期的合并利润表中，不影响购买方的个别利润表</td></tr>
<tr><td>吸收合并</td><td>该差额应计入购买方的合并当期的个别利润表(营业外收入)</td></tr>
<tr><td rowspan="2">购买日合并财务报表的编制</td><td colspan="3">非同一控制下的控股合并，合并日仅编制合并资产负债表，不编制其他报表</td></tr>
<tr><td colspan="3">(1) 在合并资产负债表中，合并中取得的购买方各项可辨认资产、负债应以其在购买日的公允价值计量
(2) 长期股权投资的成本大于合并中取得的被购买方可辨认净资产公允价值份额的差额，体现为合并财务报表中的商誉
(3) 长期股权投资的成本小于合并中取得的被购买方可辨认净资产公允价值份额的差额，应计入合并利润表中作为合并当期损益
(4) 因购买日不需要编制合并利润表，该差额体现在合并资产负债表上，应调整合并资产负债表的盈余公积和未分配利润</td></tr>
</table>

2. 非同一控制下控股合并的会计处理方法

非同一控制下控股合并的会计处理涉及长期股权投资初始成本和商誉的确定及其账务处理，以及购买日合并报表的编制，具体会计处理如表 10 - 7 所示。

表 10 - 7　非同一控制下控股合并的会计处理方法一览表

<table>
<tr><th colspan="2">项　　目</th><th>会计处理方法</th></tr>
<tr><td colspan="2">长期股权投资的初始调整成本确定</td><td>按照合并成本（不包括应自被调整单位收取的现金股利或利润）作为形成的被购买方长期股权投资的初始投资成本。其会计处理为：
借：长期股权投资
　　应收股利（已宣告但尚未发放的股利）
　　管理费用（相关直接费用）
　贷：银行存款等</td></tr>
<tr><td colspan="2">计算确定商誉</td><td>合并商誉＝企业合并成本－合并中取得被购买方可辨认净资产公允价值的份额</td></tr>
<tr><td rowspan="4">购买日合并财务报表的编制步骤</td><td>第一步：加总</td><td>将购买方与被购买方个别财务报表各项目的数字录入合并工作底稿，并进行加总</td></tr>
<tr><td>第二步：调整（编制调整分录）</td><td>借：存货（公允价值大于账面价值的差额）
　　固定资产
　　无形资产
　贷：资本公积</td></tr>
<tr><td>第三步：抵消（编制抵消分录）</td><td>借：股本（实收资本）　（被购买方股本账面数）
　　资本公积（被购买方经调整后的资本公积数）
　　盈余公积（被购买方盈余公积账面数）
　　未分配利润（被购买方未分配利润账面数）
　　商誉（合并成大于被合并方可辨认净资产公允价值×购买方持股比例）
　贷：长期股权投资（确定的合并成本）
　　　少数股东权益（被合并方可辨认净资产公允价值×少数股权比例）
　　　或营业外收入（合并成本小于被合并方可辨认净资产公允价值×购买方持股比例）</td></tr>
<tr><td colspan="2">第四步：计算合并数（编制合并财务报表）</td></tr>
</table>

【例 10 - 4】甲公司为某省国资委控制的国有企业，2021 年 10 月，因该省国资系统出于整合同类业务的需要，由甲公司通过定向发行其普通股的方式给乙公司部分股东，取得对乙公司控制权。该项交易前，乙公司的股权由该省国资委下属丙投资公司持有并控制。双方签订的协议约定：

(1) 以2021年9月30日为评估基准日，根据独立的评估机构评估确定的乙公司全部股权的公允价值4.02亿元为基础确定甲公司应支付的对价。

(2) 甲公司普通股作价5元/股，该项交易中甲公司向丙投资公司发行3 700万公司普通股取得乙公司46%股权。

(3) 甲公司在本次交易中定向发行的3 700万股向丙投资公司发行后，即有权力调整和更换乙公司董事会成员，该事项不受本次交易中股东名册变更及乙公司有关工商注册变更的影响。

2021年12月10日，甲公司向丙投资公司定向发行了3 700万股并于当日对乙公司董事会进行改选。

【问题】甲公司对乙公司的合并应当属于哪一种类型？

【分析】本案例中合并方甲公司与被合并方乙公司在合并前均为独立的市场主体，其特殊性在于甲公司在合并前直接被当地国资委控制，乙公司是当地国资委通过下属投资公司间接控制。判断本项交易的合并类型关键在于找到是否存在于合并交易发生前后对参与合并各方均能够实施控制的一个最终控制方，本案例中，即当地国资委。虽然该项交易是国资委出于整合同类业务的需要，安排甲公司、乙公司的原控股股东丙投资公司严行的，但交易中作价是完全按照市场价格确定的，同时企业合并准则中明确，同受国家控制的两个企业进行合并，不能仅因为其为国有企业即作为同一控制下企业合并。

该项合并应当作为非同一控制下企业合并处理。

3. 非同一控制下吸收合并的会计处理方法

非同一控制下吸收合并的会计处理涉及购买方取得的资产和负债入账价值、作为对价的非货币性资产处置损益、合并差额的确定，以及相关账务处理和列报，具体会计处理如表10-8所示。

表10-8 非同一控制下吸收合并的会计处理方法一览表

项　目	会计处理方法
入账价值	购买方在购买日将合并中取得的各项资产、负债，按其公允价值确认为本企业的资产和负债
资产处置损益	作为合并对价的有关非货币性资产在购买日的公允价值与账面价值的差额，应作为资产的处置损益计入合并当其的利润表

续　表

项　目	会 计 处 理 方 法
合并差额的处理	合并成本与所取得的被购买方可辨认净资产公允价值的差额，视情况分别确认为商誉或是作为企业合并当其的损益(营业外收入)计入利润表
具体会计处理	其具体处理原则与非同一控制下的控股合并类似，不同点在于在非同一控制下的吸收合并中，合并中取得的可辨认资产和负债是作为个别报表中的项目列示 (1) 以支付现金、非现金资产和发行的权益性证券作为合并对加，合并成本大于所取得的被购买方可辨认净资产公允价值的账务处理如下： 借：有关资产(取得被购买方资产的公允价值) 管理费用(发生的企业合并的直接相关费用) 商誉(合并成本大于取得的可辨认净资产公允价值的差额) 贷：有关负债(承担被购买方负债的公允价值) 固定资产清理等(作为合并对价支付的非现金资产的账面价值) 资产处置损益(固定资产等账面价值与其公允价值的差额) 应交税费——应交增值税(销项税额)(转让资产应交的增值税) 股本(作为对价发行的股票的面值) 资本公积——股本溢价(发行股票的公允价值——面值总额——股票发行费用) 银行存款(支付的合并对价、直接相关费用、股票发行费用) (2) 以支付现金、非现金资产和发行的权益性证券作为合并对价，合并成本小于所取得的被购买方可辨认净资产公允价值的财务处理如下。 借：有关资产(取得被购买方资产的公允价值) 管理费用(发生的企业合并的直接相关的费用) 贷：有关负债(承担被购买方负债的公允价值) 固定资产清理等(作为合并对价支付的非现金资产的账面价值) 资产处置损益(固定资产等账面价值与其公允价值的差额) 应交税费——应交增值税(销项税费)(转让资产应交的增值税) 股本(作为对价发行的股票的面值) 资本公积——股本溢价(发行股票的公允价值—面值总额—股票发行费用) 银行存款(支付的合并对价、直接相关费用和股票发行费用) 营业外收入(合并成本小于取得的可辨认净资产公允价值的差额)

【例 10－5】2019 年 7 月 1 日，甲公司以持有的长期股权投资——A 股票作为合并对价，对 B 公司进行吸收合并。长期股权投资——A 股票的公允价值为 7 000 万元、账面价值为 6 500 万元。甲公司与 B 公司的股东已于当日办妥相关手续。甲公司与 B 公司在合并前不存在关联方关系。假设 2019 年 7 月 1 日 B 公司持有资产。负债的情况如表 10－9 所示。

表 10-9　B 公司持有的资产和负债　单位：万元

项　目	账面价值	公允价值
固定资产	5 000	6 000
无形资产	2 000	3 200
长期借款	3 000	3 000
净资产	4 000	6 200

甲公司吸收合并 B 公司时，应做如下账务处理

借：固定资产　60 000 000
　　无形资产　32 000 000
　　商誉　8 000 000
　贷：长期借款　30 000 000
　　　长期股权投资　65 000 000
　　　投资损益　5 000 000

4. 通过多次交易分步实现的企业合并的会计处理方法

通过多次交易分步骤实现企业合并的会计处理涉及个别财务报表中相关项目和合并财务报表中相关项目的处理，具体会计处理如表 10-10 所示。

表 10-10　通过多次交易分步骤实现企业合并的会计处理方法一览表

项　目	会计处理方法
个别财务报表	在个别财务报表中，购买方应当以购买日之前所持有被购买方的股权投资的账面价值与购买日新增股权投资成本之和，作为该项投资的初始投资成本；购买日之前持有的股权投资，采用金融工具确认和计量准则进行会计处理的，应当将按照该准则确定的股权投资的公允价值加上新增投资成本之和，作为按成本法核算的初始投资成本
	购买日之前持有的股权采用权益法核算的，相关其他综合收益应当在处置该项投资时采用与被投资单位直接处置相关资产或负债相同的基础进行会计处理，因被投资方除净损益、其他综合收益和利润分配以外的其他所有者权益变动而确认的所有者权益，应当在处置该项投资时相应转入处置期间的当期损益。购买日之前持有的股权投资，采用金融工具确认和计量准则进行会计处理的，原计入其他综合收益的累计公允价值变动应当全部转入按成本法核算的当期留存收益

续　表

项　目	会计处理方法
合并财务报表	(1) 购买方对于购买日之前持有的被购买方的股权，按照该股权在购买日的公允价值进行重新计量，公允价值与其账面价值的差额计入当期投资收益，即应编制如下调整分录： 借：长期股权投资(购买日之前持有的被购买方的股权的公允价值大于其账面价值的差额) 　贷：投资收益 (2) 合并成本＝购买日之前持有的被购买方的股权于购买日的公允价值＋新购入股权所支付对价的公允价值 (3) 商誉＝合并成本－购买方享有购买日被购买方可辨认净资产公允价值的份额(如为负债，则计入发生期收益) (4) 购买方于购买日之前持有的被购买方的股权涉及综合收益的，与其相关的其他综合收益应当转为购买日所属当期投资收益(不能重分类进损益的除外)，即应编制如下调整分录： 借：其他综合收益(购买日之前持有的被购买方的股权涉及的综合收益) 　贷：投资收益

第二节　企业合并会计实务

一、同一控制下企业合并的会计处理

(一) 同一控制下企业合并会计处理基本环节

同一控制下企业合并会计处理基本环节包括两个基本环节，一是合并日合并方按照所取得的被合并方的最终控制方合并财务报表中的净资产的账面价值的份额，确认和计量长期股权投资初始投资成本；二是编制合并日合并财务报表。其中在编制合并日合并财务报表时，可按以下步骤进行：

第一步，加总——将合并方与被合并方个别报表相关项目的数字进行加总。

第二步，抵消——将合并方与被合并方之间发生的内部交易予以抵消(编制抵消分录)。

第三步，调整——以合并方资本公积(资本溢价或股本溢价)账面贷方余额为限，将被合并方在合并前实现的留存收益中归属于合并方的部分自“资本公积”调整转入“盈余公积”和“未分配利润”项目(编制调整分录)。

第四步，计算合并数(编制合并财务报表)。

(二) 同一控制下企业合并会计处理实务

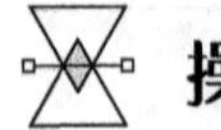

操作实例

【实务资料】

甲公司和乙公司均为M公司控制下的两家子公司。2021年6月30日，甲公司自MGS处取得其持有的乙公司80%的股权。为进行该项企业合并，甲公司增发了面值为每股1元、市价为每股5元的普通股票500万股作为合并对价，相关手续费已办理完毕。假定甲公司与乙公司采用的会计政策相同，甲公司与乙公司在合并前未发生任何交易。甲公司和乙公司在2021年6月30日（合并前）有关资产、负债和所有者权益情况如表10-11所示。

表10-11　2021年6月30日资产负债表(简表)　　单位：万元

项　　目	甲公司	乙公司	
	账面价值	账面价值	公允价值
资产：			
货币资金	1 800	300	300
应收账款	1 600	200	200
存货	2 400	400	500
长期股权投资	1 800	0	0
固定资产	4 600	1 400	1 700
无形资产	1 200	300	600
商誉			
资产总计	13 400	2 600	3 300
负债和所有者权益：			
短期借款	1 400	600	600
应付账款	1 300	350	350
其他应付款	200	150	150
负债合计	2 900	1 100	1 100
股本	4 000	500	

续 表

项目	甲公司	乙公司	
	账面价值	账面价值	公允价值
资本公积(股本溢价)	2 400	200	
盈余公积	1 600	200	
未分配利润	2 500	600	
所有者权益合计	10 500	1 500	2 200
负债和所有者权益合计	13 400	2 600	

甲公司和乙公司 2021 年 1 月 1 日至 6 月 30 日的利润表如表 10-12 所示。

表 10-12 2021 年 1 月 1 日至 6 月 30 日利润表(简表) 单位：万元

项目	甲公司	乙公司
一、营业收入	8 200	2 100
减：营业成本	6 600	1 600
税金及附加	60	20
销售费用	140	50
管理费用	180	60
财务费用	80	30
加：投资收益	160	0
二：营业利润	1 300	340
加：营业外收入	160	60
减：营业外支出	100	80
三、利润总额	1 360	320
减：所得税费用	340	80
四、净利润	1 020	240

【问题】

(1) 分析判断甲公司与乙公司合并的类型及方式，确定合并日。

(2) 合并日,甲公司长期股权投资的确认、计量和账务处理。

(3) 编制合并日合并财务报表抵消分录。

(4) 编制合并日合并财务报表的调整分录。

(5) 编制合并日合并财务报表。

【会计处理】

(1) 合并的类型及方式和合并日:

在该项合并中,由于甲公司与乙公司在合并前及合并后均为M公司所最终控制,且甲公司取得乙公司80%的股权,因此,属于同一控制下的控股合并。自2021年6月30日开始,甲公司能够对乙公司的净资产实施控制,2021年6月30日为合并日。

(2) 合并日,甲公司应确认对乙公司的长期股权投资,其成本为15 000 000×80%=12 000 000元,其账务处理如下。

借:长期股权投资　　12 000 000
　贷:股本　　5 000 000
　　资本公积　　7 000 000

(3) 编制合并日合并财务报表时,因甲公司只取得乙公司80%的股权,其他所有者拥有20%的股权在合并资产负债表中作为"少数股东权益"处理,应编制如下抵消分录。

借:股本　　5 000 000
　资本公积　　2 000 000
　盈余公积　　2 000 000
　未分配利润　　6 000 000
　贷:长期股权投资　　12 000 000
　　少数股东权益　　3 000 000

(4) 编制合并日的合并财务报表时,甲公司的资本公积(股本溢价)贷方余额大于被合并乙公司合并前实现的留存收益中归属于合并方甲公司的部分,因此,应将被合并方乙公司在合并前实现的留存收益中归属于合并方的部分全部自"资本公积"转入"盈余公积"和"未分配利润",应做如下调整分录。

借:资本公积　　6 400 000(8 000 000×80%)
　贷:盈余公积　　1 600 000(2 000 000×80%)
　　未分配利润　　4 800 000(6 000 000×80%)

(5) 甲公司2021年6月30日(合并日)应编制的合并资产负债表和合并利润表如表10-13和表10-14所示。

表 10-13　2021 年 6 月 30 日合并资产负债表(简表)　单位：万元

项　　目	甲公司	乙公司	抵销分录、调整分录		少数股东权益	合并金额
			借方	贷方		
资产：						
货币资金	1 800	300				2 100
应收账款	1 600	200				1 800
存货	2 400	400				2 800
长期股权投资	1 800+1 200	0		1 200		1 800
固定资产	4 600	1 400				6 000
无形资产	1 200	300				1 500
商誉	0	0				0
资产总计	14 600	2 600		1 200		16 000
负债和所有者权益：						
短期借款	1 400	600				2 000
应付账款	1 300	350				1 650
其他应付款	200	150				350
负债合计	2 900	1 100				4 000
股本	4 000+500	500	500			4 500
资本公积	2 400+700	200	200+640			2 460
盈余公积	1 600	200	200	160		1 760
未分配利润	2 500	600	600	480		2 980
少数股东权益						300
所有者权益合计	11 700	1 500	2 140	640		12 000
负债和所有者权益总计	14 600	2 600	2 140	940		16 000

表 10-14 2021 年 1 月 1 日至 6 月 30 日合并利润表(简表) 单位：万元

项　目	甲公司	乙公司	抵销分录		合并金额
			借方	贷方	
一、营业收入	8 200	2 100			10 300
减：营业成本	6 600	1 600			8 200
税金及附加	60	20			80
销售费用	140	50			190
管理费用	180	60			240
财务费用	80	30			110
加：投资收益	160	0			160
二、营业利润	1 300	340			1 640
加：营业外收入	160	60			220
减：营业外支出	100	80			180
三、利润总额	1 360	320			1 680
减：所得税费用	340	80			420
四、净利润	1 020	240			1 260
其中：被合并方合并前实现利润					240

二、非同一控制下企业合并的会计处理

(一) 非同一控制下企业合并会计处理基本环节

非同一控制下企业合并的会计处理包括以下 6 个环节。

(1) 购买方的认定。

(2) 购买日的确定。

(3) 合并成本的确定。

(4) 企业合并成本在取得的可辨认资产和负债之间的分配。

(5) 企业合并成本与合并中取得的被购买方可辨认净资产公允价值份额差额的处理。

(6) 购买日合并财务报表的编制。

（二）同一控制下企业合并会计处理实务

下面以P公司与S公司发生的企业合并事件为例，就合并事件的产生、涉及的相关事项与会计处理进行展示和讲解。

操作实例

【实务资料】

P公司与S公司为不同集团的两家公司。P公司于2021年6月30日发行1 000万股普通股（每股面值1元，市场价格为8.75元），取得了S公司70%的股权。假定当日双方已经办妥相关手续，即2021年6月30日为合并日。P公司与S公司合并前采用的会计政策相同。假定不考虑所得税影响。当日，P公司和S公司资产负债表有关数据下表10－15所示。

表10－15　2021年6月30日P公司和S公司资产负债表（简表）　单位：万元

项　目	P公司	S公司	
	账面价值	账面价值	公允价值
资　产：			
货币资金			
存货	4 312.50	450	450
应收账款	6 200	255	450
长期股权投资	3 000	2 000	2 000
固定资产	5 000	2 150	3 800
无形资产	7 000	3 000	5 500
商誉	4 500	500	1 500
资产总计	0	0	0
负债和所有者权益：	30 012.50	8 355	13 700
短期借款			
应付账款	2 500	2 250	2 250
其他负债	3 750	300	300
负债合计	375	300	300
股本	6 625	2 850	2 850

续 表

项 目	P公司	S公司	
	账面价值	账面价值	公允价值
资本公积	7 500	2 500	
盈余公积	5 000	1 500	
未分配利润	5 000	500	
所有者权益合计	5 887.50	1 005	
负债和所有者权益总计	23 387.50	5 505	
	30 012.50	8 355	

【问题】

(1) 分析判断P公司与S公司合并的类型及方式,确定合并方和合并日。

(2) 合并日,P公司长期股权投资的确认、计量和账务处理。

(3) 合并日,计算确定商誉。

(4) 编制合并日合并财务报表调整分录。

(5) 编制合并日合并财务报表的抵消分录。

(6) 编制合并日合并财务报表。

【会计处理】

(1) 合并的类型及方式和合并日。在该项合并中,由于P公司与S公司在合并前分属于两个集团,合并后均为P公司S公司70%的股权,因此,属于非同一控制下的控股合并;P公司为合并方,S公司为被合并方,2021年6月30日为合并日。

(2) 合并日,P公司应确认对S公司的长期股权投资,其成本为1 000×8.75=8 750万元,其账务处理如下。

借:长期股权投资　　87 500 000

　贷:股本　　10 000 000

　　资本公积——股本溢价　　77 500 000

(3) 计算确定商誉。假定S公司除已确认资产外,不存在其他需要确认的资产及负债,则P公司首先计算合并中应确认的合并商誉:

合并商誉=企业合并成本-合并中取得被购买方可辨认净资产公允价值份额=8 750-[5 505+(13 700-8 355)]×70%=1 155(万元)。

(4) 编制合并日的合并财务报表调整分录。合并日被购买方S公司资产公允价值大于账面价值3 345万元,其中存货为450-255=195万元,长期股权投资为

380－215＝1 650万元，固定资产为5 500－3 000＝2 500万元，无形资产为1 500－500＝1 000万元，应编制如下调整分录。

借：存货　　1 950 000
　　长期股权投资　　1 650 000
　　固定资产　　25 000 000
　　无形资产　　10 000 000
　贷：资本公积　　53 450 000

(5) 编制合并日合并财务报表抵销分录。因P公司只取得S公司70%的股权，其他所有者拥有30%的股权在合并资产负债表中作为“少数股东权益”处理，金额为(2 500＋6 845＋500＋1 005)×30%＝3 255万元，应编制如下抵消分录。

借：股本　　25 000 000
　　资本公积(15 000 000＋53 450 000)　　68 450 000
　　盈余公积　　5 000 000
　　未分配利润　　10 050 000
　　商誉　　11 550 000
　贷：长期股权投资　　87 500 000
　　　少数股东权益　　32 550 000

(6) 编制合并资产负债表如表10-16所示。

表10-16　2021年6月30日资产负债表(简表)　　单位：万元

项　目	P公司	S公司	抵销分录		合并金额
			借　方	贷　方	
资产：					
货币资金	4 312.5	450			4 762.5
存货	6 200	255	195		6 650
应收账款	3 000	2 000			5 000
长期股权投资	13 750 5 000＋8 750	2 150	1 650	8 750	8 800
固定资产：	7 000	3 000	2 500		12 500
无形资产	4 500	500	1 000		6 000
商誉	0	0	1 155		1 155

续 表

项　目	P公司	S公司	抵销分录		合并金额
			借　方	贷　方	
资产总计	38 762.5	8 355			44 867.5
负债和所有者权益：					0
短期借款	2 500	2 250			4 750
应付账款	3 750	300			4 050
其他负债	375	300			675
负债合计	6 625	2 850			9 475
股本	8 500 7 500+1 000	2 500	2 500		8 500
资本公积	12 750 5 000+7 750	1 500	6 845	5 345	12 750
盈余公积	5 000	500	500		5 000
未分配利润	5 887.5	1 005	1 005		5 887.5
少数股东权益				3 255	3 255
所有者权益合计	32 137.5	5 505			35 392.5
负债和所有者权益总计	38 762. 5	8 355			44 867.5

本章实训

【实训目标与能力要求】

本实训目标是培养学生用所学企业合并会计知识进行案例分析的能力。其能力要求如下。

(1) 理解企业合并的定义。

(2) 掌握企业合并的分类和处理方法。

【实训方式】

实训分小组进行，以小组为单位完成案例分析和账务处理，并形成案例分析报告，参加讲评和讨论。

【实训考核】

根据各实训小组提交成果(案例分析报告)的质量和参与讨论的情况进行评分。实训成绩按百分制评定。

小组项目实训成绩＝实训准备(满分10)＋实训成果(满分80)＋小组协作(满分10)。

个人项目实训成绩＝小组项目实训成绩×个人贡献系数(个人贡献系数由组长根据其在实训中的贡献大小决定)。

【实训资料】

甲公司2020年2月通过公开市场购入乙公司600万股股票，占乙公司公开发行在外股份的2%，该部分股份取得以后，甲公司将其作为以公允价值计量且其变动计入当期损益的金融资产核算。2021年，甲公司与乙公司签订以下协议。

(1) 甲公司向乙公司捐赠其100%持股的三家公司股权，按照双方确定的评估基准日2020年6月30日，三家公司股权的评估价值合计为65 000万元。

(2) 双方应于2021年7月31日前办妥上述三家公司股权过户手续。

(3) 乙公司应于2021年8月31日前通过股东大会决议，以公积金转增股本的方式向甲公司发行股份16 250万股(4元/股)。

2021年8月10日，乙公司股东大会通过以公积金转增股本的方式向甲公司发行16 250万股本公司股票。

该股份发行后，甲公司向乙公司董事会派出4名成员(乙公司董事会由7人组成)，日常财务和生产经营决策由董事会决定，所有董事会表决事项均需半数以上董事同意方可表决通过；甲公司持有乙公司发行在外股份为36.43%，除甲公司所持股份外，乙公司其他股东持有其股份如表10－17所示。

表10－17 乙公司其他股东持有其股份情况表

股　　东	持有乙公司股权比例/%
A	10
B	8
C	7
D	6
E	5
F	4.5
其他社会公众股(持股较为分散，最高持有不到1%)	23.07

【实训任务】

分析甲公司合并乙公司的属于哪种类型？

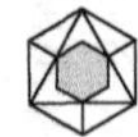

课后练习

一、单项选择题

1. 依据企业会计准则的规定，下列有关企业合并的表述中，不正确的是（　　）。

A. 企业合并是将两个或两个以上单独的企业合并形成一个报告主体的交易或事项

B. 受同一母公司控制的两个企业之间进行的合并，属于同一控制下的企业合并

C. 同一控制下的控制合并发生当期，合并方于期末编制合并利润表时应包括被合并方自合并当期期初至期末的净利润

D. 同一控制下的企业合并中，合并成本是购买方为取得对被购买方的控制权支付对价的公允价值及各项直接相关费用之和

2. 同一控制下的企业合并形成母公司关系的，合并方应在合并日编制合并财务报表，如合并方账面资本公积（资本溢价或股本溢价）贷方余额大于被合并方在合并前实现的留存收益中归属于合并方的部分，在合并资产负债表中，对被合并方在合并前实现的留存收益中归属于合并方的部分（　　）。

A. 不做调整

B. 自“盈余公积”和“未分配利润”转入“资本公积”

C. 自“盈余公积”转入“未分配利润”

D. 自“资本公积”转入“盈余公积”和“未分配利润”

3. 同一控制下的吸收合并中，合并中取得的资产、负债应（　　）。

A. 均按公允价值入账

B. 均按在被合并方的原账面价值入账

C. 资产按在被合并方的原账面价值入账，负债按公允价值入账

D. 资产按公允价值入账，负债按在被合并方的原账面价值入账

4. 非同一控制下企业合并进行过程中发生的各项直接相关费用，应于发生时计入（　　）。

A. 合并成本　　B. 管理费用　　C. 财务费用　　D. 资本公积

5. 非同一控制下企业合并，购买方在对企业合并成本进行分配、确认合并中取得可辨认资产和负债时不予以考虑的项目是（　　）。

A. 公允价值能够可靠计量的无形资产　　B. 固定资产

C. 递延所得税资产　　D. 应付账款

6. 按照我国企业会计准则的规定，非同一控制下企业合并在购买日一般应编制（　　）。

A. 合并资产负债表　　　　　　　　　B. 合并利润表

C. 合并所有者权益变动表　　　　　　D. 合并现金流量表

7. 非同一控制下的控股合并，在编制合并财务报表时对取得的被合并方的可辨认资产、负债应（　　）。

A. 以其公允价值计量

B. 以其在被合并方的原账面价值计量

C. 资产以其在被合并方的原账面价值计量，负债以公允价值计量

D. 包括被合并方在合并之前已经确§认的商誉和递延所得税项目

二、多项选择题

1. 下列各项中，属于企业合并准则中所界定的企业合并的有（　　）。

A. 甲公司通过发行债券自A公司原股东处取得A公司的全部股权，交易事项发生后A公司仍维持其独立法人资格持续经营

B. 甲公司以资产作为出资投入B公司，取得对B公司的控制权，交易事项发生后B公司仍维持其独立法人资格继续经营

C. 甲公司支付对价取得C公司的净资产，交易事项发生后C公司失去法人资格

D. 甲公司购买D公司40%的股权，对D公司的生产经营决策具有重大影响

2. 以发行债券方式进行的企业合并，与发行债券相关的佣金、手续费的处理，正确的说法有（　　）。

A. 债券发行费用应增加合并成本

B. 债券发行费用应计入管理费用

C. 债券如为溢价发行的，该部分费用应减少溢价的金额

D. 债券如为折价发行的，该部分费用应增加折价的金额

3. 下列有关同一控制下权益合并的理解中正确的有（　　）。

A. 合并各方合并前后均受同一方最终控制

B. 合并各方合并前后均受相同的多方最终控制

C. 合并各方在合并之前后较长时间内为最终控制方所控制，一般为1年以上（含1年）

D. 合并成本大于被合并所有者权益的差额确认商誉

4. 按照我国企业会计准则的规定，同一控制下吸收合并在合并日的会计处理中正确的有（　　）。

A. 合并方取得的资产和负债应当按照合并日被合并方的账面价值计量

B. 合并方取得的资产和负债应当按照合并日被合并方的公允价值计量

C. 发生的各项直接相关费用计入管理费用

D. 合并方取得净资产账面价值与支付的合并对价账面价值的差额调整资本公积

5. 同一控制下控股合并在合并日合并报表编报的下列说法中，正确的有（　　）。

A. 合并资产负债表中被合并方的各项资产、负债按其账面价值计量

B. 合并资产负债表中被合并方的各项资产、负债按其公允价值计量

C. 合并留存收益为合并方自身和享有被合并方留存收益份额的合计数确定

D. 被合并方合并前留存收益中归属于合并方的部分应自资本公积转入留存收益

6. 按照我国企业会计准则的规定，同一控制下企业合并在购买日应编制的报表有（　　）。

A. 合并资产负债表　　B. 合并利润表

C. 合并所有者权益变动表　　D. 合并现金流量表

7. 非同一控制下的企业合并中，合并成本包括（　　）。

A. 购买方为进行企业合并支付的现金

B. 购买方为进行企业合并付出的非现金的公允价值

C. 购买方为进行企业合并发行的权益性证券在购买日的公允价值

D. 企业合并中发生的各项直接相关费用

8. 非同一控制下企业合并中发生的与企业合并直接相关的费用，包括（　　）。

A. 为进行合并而发生的咨询费用、审计费用

B. 为进行合并而发生的法律服务费用

C. 为进行企业合并发行的权益性证券相关的手续费、佣金

D. 为进行企业合并发行的债券相关的手续费、佣金

三、判断题

1. 企业合并是指将两个以上单独的企业合并成一个企业的交易或事项。（　　）

2. 同一控制下的企业合并是指参与合并的企业在合并前后均受同一方或相同的多方最终控制且该控制可以是暂时性的。（　　）

3. 同受国家控制的企业之间发生的合并，应作为同一控制下的企业合并。（　　）

4. 对于同一控制下的控股合并，在合并财务报表中，应将合并方在合并日以前期间实现的留存收益自资本公积转入留存收益。（　　）

5. 同一控制下的控股合并，合并方在合并日一般只编制资产负债表。（　　）

6. 同一控制下的吸收合并，合并方取得的资产、负债应当按照相关资产、负债的

被合并方的原账面价值入账。（　）

7. 对于非同一控制下的控股合并，其合并成本大于合并中取得的被购买方可辨认净资产公允价值份额的部分，购买方应在其账簿及个别财务报表中确认为商誉。（　）

四、计算分析题

1. 甲公司和乙公司为同一集团下的两个子公司。2020 年 4 月 1 日，甲公司以一项无形资产为对价取得乙公司 70%的股权，另为企业合并支付了审计咨询等费用 20 万元。甲公司该项无形资产原值 600 万元，预计使用年限 10 年，至购买股权当日已经使用了 4 年，无预计净残值，采用直线法计提摊销，当日该无形资产的公允价值为 500 万元；另约定若乙公司 2020 年度盈利超过 1 000 万元，则甲公司需另向乙公司原股东支付 50 万元。同日，乙公司相对于最终控制方而言的所有者权益账面价值总额为 600 万元，公允价值为 750 万元，甲公司预计乙公司 2020 年度很可能盈利 1 200 万元，假定甲公司和乙公司采用的会计政策及会计期间均相同。

要求：合并日，计算确定甲公司投资成本并进账账务处理。

2. A、B 公司分别为 P 公司控制下的两家子公司。A 公司于 2019 年 3 月 10 日自母公司 P 处取得 B 公司 100%的股权，合并后 B 公司仍维持其独立法人资格继续经营。为进行该项企业合并，A 公司发行了 1 500 万股本公司普通股（每股面值 1 元）作为对价。假定 A、B 公司采用的会计政策相同。合并日，A 公司及 B 公司的所有者权益构成如表 10 - 18 所示。

表 10 - 18　合并日 A 公司及 B 公司的所有者权益构成表　　单位：万元

A 公司		B 公司	
项　目	金　额	项　目	金　额
股　本	9 000	股　本	1 500
资本公积	2 500	资本公积	500
盈余公积	2 000	盈余公积	1 000
未分配利润	5 000	未分配利润	2 000
合　计	18 500	合　计	5 000

要求：

(1) 合并日，计算确定 A 公司投资成本并进账账务处理。

(2) 编制合并日，编制合并资产负债表时的抵销和调整分录。

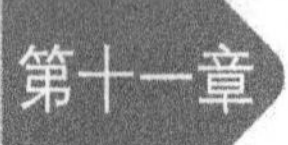

第十一章 合并财务报表

【结构框架】

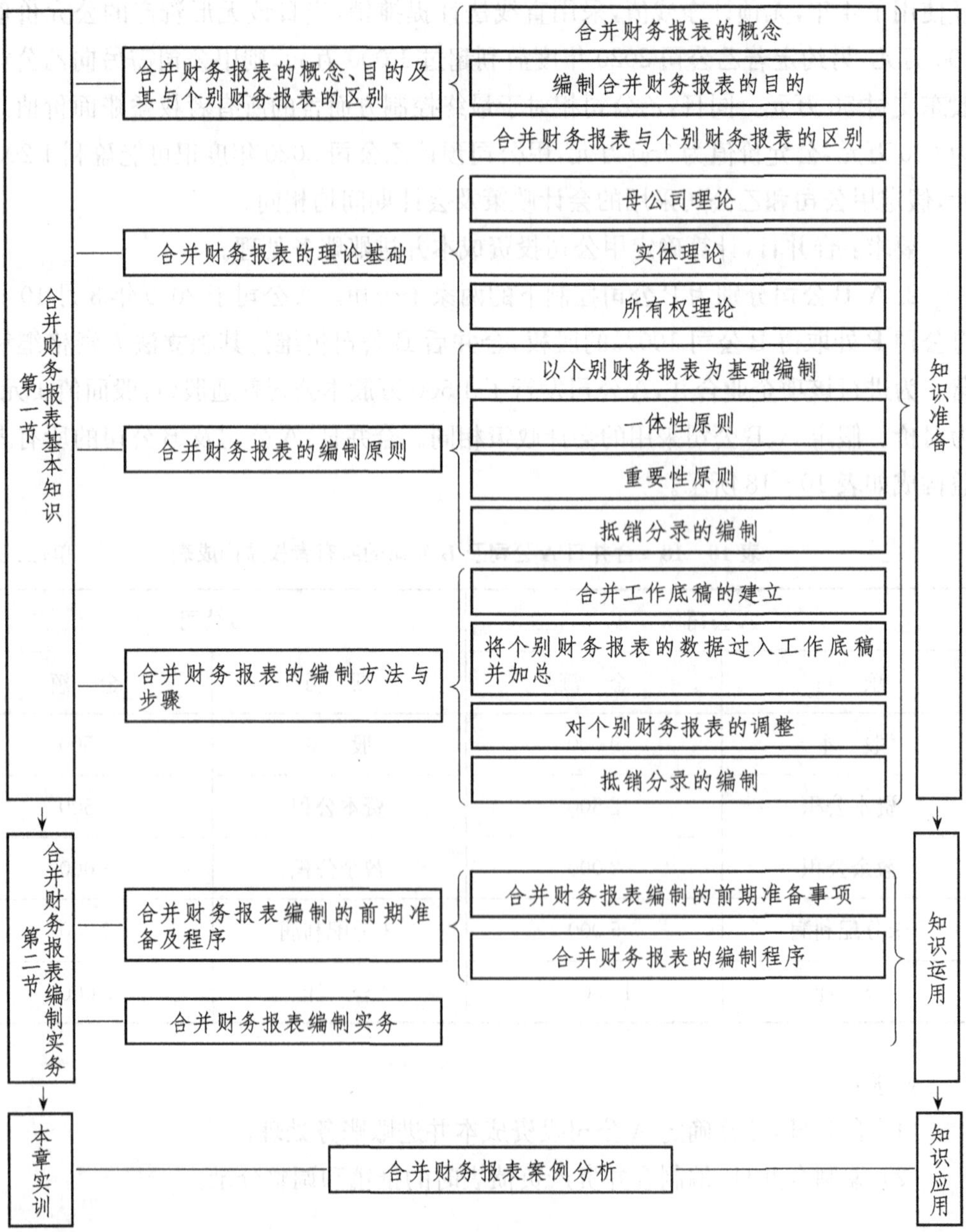

- 第一节 合并财务报表基本知识（知识准备）
  - 合并财务报表的概念、目的及其与个别财务报表的区别
    - 合并财务报表的概念
    - 编制合并财务报表的目的
    - 合并财务报表与个别财务报表的区别
  - 合并财务报表的理论基础
    - 母公司理论
    - 实体理论
    - 所有权理论
  - 合并财务报表的编制原则
    - 以个别财务报表为基础编制
    - 一体性原则
    - 重要性原则
    - 抵销分录的编制
  - 合并财务报表的编制方法与步骤
    - 合并工作底稿的建立
    - 将个别财务报表的数据过入工作底稿并加总
    - 对个别财务报表的调整
    - 抵销分录的编制
- 第二节 合并财务报表编制实务（知识运用）
  - 合并财务报表编制的前期准备及程序
    - 合并财务报表编制的前期准备事项
    - 合并财务报表的编制程序
  - 合并财务报表编制实务
- 本章实训（知识应用）
  - 合并财务报表案例分析

【主要知识点】

(1) 合并财务报表概述。

(2) 合并财务报表的基本理论。

(3) 合并财务报表编制原则。

(4) 合并财务报表的编制方法和步骤。

(5) 合并财务报表编制实务。

【学习目标】

(1) 理解合并财务报表的含义。

(2) 明确合并财务报表的合并范围。

(3) 了解合并财务报表的合并原则。

(4) 掌握合并资产负债表、利润表、现金流量表和所有者权益变动表的编制方法。

【重点难点】

(1) 合并财务报表合并范围的确定。

(2) 合并财务报表调整分录的编制。

(3) 合并财务报表抵销分录的编制。

第一节　合并财务报表基本知识

一、合并财务报表的概念、目的及其与个别财务报表的区别

(一) 合并财务报表的概念

根据《企业会计准则第 33 号——合并财务报表》的规定，合并财务报表是指反映母公司和其全部子公司形成的企业集团整体的财务状况、经营成果和现金流量的账务报表。

《企业会计准则第33号——合并财务报表》

合并账务报表是将母公司和子公司组成的企业集团视为一个会计主体，以母公司和子公司单独编制的个别财务报表为基础，通过对个别财务报表的调整和母公司与子公司相互之间所发生的内部交易的抵销处理，由母公司编制的综合反映企业集团整体财务状况、经营成果和现金流量的财务报表。

合并账务报表按编制时间及目的不同，分为合并日合并账务报表和合并日后合并账务报表两类。本章仅就合并日后合并账务报表进行阐述。合并日后合并财务报

表至少包括资产负债表,合并利润表,合并现金流量表,合并所有者权益变动表和附注。

(二) 编制合并财务报表的目的

编制合并财务报表主要目的是满足母公司的投资者(包括潜在的投资者)、债权人(包括潜在的债权人)、母公司管理者和政府管理机构等对会计信息的需要。

作为母公司的股东,他们需要通过以整个集团为会计主体的合并财务报表为基础,从总体上了解母公司的财务状况、经营成果和现金流量,以便于作出正确的投资决策。

与母公司的股东类似,母公司的债权人也需要从总体上了解整个企业集团的偿债能力、盈利能力等情况,通过分析作出正确的决策。

母公司的管理者必须通过企业集团的合并财务报表,才能对整个企业进行评价,以便作出正确管理决策。

政府管理机构可以通过企业的合并财务报表,评价企业的市场占有情况和对国民经济影响情况,以防止由于控股合并出现市场垄断。

(三) 合并财务报表与个别财务报表的区别

相对于以母公司和子公司各自为会计主体编制的个别财务报表,合并财务报表在反映的对象、编制主体、编制方法有明显的不同。

首先反映的对象不同。个别财务报表反映的是单个独立的法人企业的财务状况、经营成果及现金流量的情况,其反映的对象是单个独立的法人企业。合并财务报表则反映的是由若干法人企业组成的企业集团的财务状况、经营成果及现金流量的情况,其反映的对象是由若干法人企业组成的经济意义上的会计主体,而不是一个法人主体。

其次编制的主体不同。个别财务报表是由个独立的法人企业编制的,而合并财务报表是由对企业集团内其他企业有控制权的控股公司或母公司编制的,不是所有企业都需要编制合并财务报表。

最后编制的方法不同。个别财务报表的编制有其固有的方法和程序,包括设置账户、复式记账、登记账簿、对账、结账和账项调整等一系列方法。而合并财务报表是通过设置工作底稿,在将母公司和纳入合并范围的子公司的个别财务报表各项加总的基础上,根据相关资料,对个别财务报表进行相应的调整,并抵销企业集团内所发生的内部交易事项,最后合并计算确定合并财务报表各项目的数额,需要运用一些特殊的方法。编制合并财务报表不需要在现行会计核算方法之外单独设置一套账簿体系。

二、合并财务报表的理论基础

编制合并财务报表首先需要解决如何界定企业集团的范围、哪些被投资企业需要纳入其投资企业的合并范围，以及确定编制合并财务报表时所采用的合并方法。这些都涉及相关合并理论。编制合并财务报表的合并理论，主要有母公司理论、实体理论以及所有权理论等。

（一）母公司理论

母公司理论是将合并财务报表视为母公司本身的财务报表反映的范围扩大来看待，从母公司角度来考虑合并财务报表的合并范围、选择合并处理方法。母公司理论认为合并财务报表主要是为母公司的股东和债权人服务的，为母公司现实的和潜在的投资者服务的，强调的是母公司股东的利益。

在母公司理论下确定合并范围时，通常是以法定控制为基础，以持有多数股权或表决权作为是否将某一被投资企业纳入合并范围的依据，或者通过一家公司处于另一家公司法定支配下的控制协议来确定合并财务报表的合并范围。

运用母公司理论编制合并财务报表时，所采用的合并处理方法都是从母公司本身的股东利益来考虑的，如对于子公司少数股东的权益，在合并资产负债表中通常视为一项负债来处理；对于企业集团内部销售收入的抵销，需要考虑销售的顺销（母公司将商品销售给子公司）和逆销（子公司将商品销售给母公司）两种情况，对于顺销，编制合并财务报表时只抵销子公司中母公司持有股权相对的份额，即多数股东股权的份额，而对于少数股东股权相对应的份额，则视为实现销售处理，不需要进行抵销处理。这一理论往往忽视了母公司股东以外的少数股东的利润和信息需要。

（二）实体理论

实体理论，也称主体理论，是从企业集团中所有成员企业所构成的经济实体出发，将构成企业集团的持有多数股权的股东和拥有少数股权的股东一视同仁、同等对待，认为合并财务报表是企业集团各成员企业构成的经济联合体的财务报表，是为整个经济体服务的。

在运用实体理论的情况下，对于少数股东权益，通常视为股东权益的一部分，在合并资产负债表中股东权益部分列示和反映。对于企业集团内部各成员企业相互之间发生的销售行为，其内部销售商品或提供劳务过程中所实现的销售损益，均属于未实现内部销售损益，应当予以抵销。无论是顺销还是逆销，其实现的内部销售损益，对于由成员企业全体股东构成的企业集团来说都是未实现内部销售损益，均属于抵销范围。

采用实体理论编制的合并财务报表，有利于企业集团内部管理人员从整体上把握企业集团经营活动的情况，相对来说更能够满足企业集团内部管理人员对财务信息的需要。目前国际财务报告准则及我国企业会计准则主要采用的就是实体理论。

(三) 所有权理论

所有权理论，也称业主主权理论，是指在编制合并财务报表时，既不强调企业集团中存在的法定控制关系，也不强调企业集团各成员企业所构成的经济实体，而是强调编制合并财务报表的企业对另一企业的经济活动和财务决策具有重大影响的所有权。

所有权理论认为，母公司理论和实体理论都不能解决隶属于两个或两个以上企业集团的企业的合并财务报表编制问题。如某一企业的全部股权由两个投资企业投资形成，各拥有其50%的股权，即共同控制企业。在这种情况下，其中任何一个投资企业都不能对该投资实施控制，根据母公司理论和实体理论都很难确定该企业的财务报表由哪一投资企业合并。因为在这种情况下，既没有单一的母公司，也没有少数股权的股东；既不存在法定支配权，也不存在单一的经济主体。为了弥补母公司理论和实体理论的不足，有的国家在编制合并财务报表时，就提出了所有权理论，以期解决共同控制下的合并财务报表的编制问题。

在采用所有权理论的情况下，对于其拥有所有权的企业的资产、负债和当期实现的净损益，均按照一定的比例合并计入合并财务报表。这也是一些国家合并财务报表相关准则规定比例合并法的理论基础。

三、合并财务报表的编制原则

合并财务报表的编制除应遵循真实可靠、内容完整等财务报表编制的一般要求和原则外，还应遵循以下要求和原则：

(一) 以个别财务报表为基础编制

合并财务报表不是直接根据母公司和子公司账簿编制的，而是利用母公司和子公司编制的财务报表所提供的数据，运用合并财务报表的特有编制方法编制的。以纳入合并范围的个别财务报表为基础，可以说是客观性原则在合并财务报表编制时的具体体现。

(二) 一体性原则

合并财务报表反映的是企业集团的财务状况、经营成果和现金流量，是由多个法人企业组成的一个会计主体的财务情况，在编制合并财务报表时应将母公司和所有子公司作为整体来看待，视为一个会计主体，母公司和子公司发生的经营活动都应从企业集团这一整体的角度进行考虑。

(三) 重要性原则

与个别财务报表相比,合并财务报表涉及多个法人主体,涉及的经营活动的范围广泛,母公司与子公司经营活动往往跨越不同的行业,母公司与子公司经营活动可能相差很大。因此,在编制合并财务报表时,必须强调重要性原则的运用。

如一些项目在企业集团中的某一企业具有重要性,但对于整个企业集团则不一定具有重要性,这就需要根据重要性的要求对财务报表项目进行取舍。此外,母公司与子公司、子公司相互之间发生的经济业务,如果对整个企业集团财务状况和经营成果影响不大时,为简化合并手续,也应根据重要性原则进行取舍,可以不抵销而直接编制合并财务报表。

四、合并财务报表的编制方法与步骤

(一) 合并工作底稿的建立

建立合并工作底稿是为合并财务报表的编制提供基础。在合并工作底稿中,应对母公司和子公司的个别财务报表各项目进行汇总,并设置调整分录、抵销分录、小数股东权益和合并金额栏目。合并工作底稿的基本格式如表 11－1 所示。

表 11－1　合并工作底稿(简表)

项　目	母公司	子公司	子公司		合计	调整分录		抵销分录		小数股东权益	合并金额
						借方	贷方	借方	贷方		
利润表项目											
所有者权益变动表项目											
资产负债表项目											
现金流量表项目											

(二) 将个别财务报表的数据过入工作底稿并加总

将母公司纳入合并范围的子公司个别资产负债表、利润表、现金流量表和所有者权益变动表各项目的数据录入合并工作底稿，并进行加总计算出合计数额。

(三) 对个别财务报表的调整

1. 对子公司个别财务报表的调整

对子公司个别财务报表进行的调整包括两方面的内容，一是存在子公司与母公司在会计政策、会计期间不一致的情况下的调整；二是对于非同一控制下企业合并取得的子公司，需要根据母公司在购买日设置的备查账簿中登记的该子公司有关可辨认资产、负债的公允价值，对子公司的个别财务报表进行调整，具体调整内容和方法如表 11－2 所示。

表 11－2　对子公司的个别财务报表调整一览表

<table>
<tr><td>同一控制下企业合并取得的子公司</td><td colspan="2">(1) 子公司采用的会计政策、会计期间与母公司一致的情况下，编制合并财务报表时，应以有关子公司的个别财务报表为基础，不需要进行调整
(2) 子公司采用的会计政策、会计期间与母公司不一致的情况下，则需要考虑重要性原则，子公司按照母公司的会计政策和会计期间，对子公司的个别财务报表进行调整</td></tr>
<tr><td rowspan="3">非同一控制下企业合并取得的子公司</td><td colspan="2">非同一控制下企业合并取得的子公司，除应考虑会计政策及会计期间的差别，需要对子公司的个别财务报表进行调整外，还应当根据母公司在购买日设置的备查簿中登记的该子公司有关可辨认资产、负债的公允价值，对子公司的个别财务报表进行调整，使子公司的个别财务报表反映为在购买日公允价值基础上确定的可辨认资产、负债等在本期资产负债表日应有的金额</td></tr>
<tr><td>对子公司资产负债表的调整</td><td>按公允价值对子公司的个别报表进行调整：
借：固定资产(购买日公允价值大于原账面价值的差额)
　　无形资产(购买日公允价值大于原账面价值的差额)
　　投资性房地产(购买日公允价值大于原账面价值的差额)
　　存货等(购买日公允价值大于原账面价值的差额)
　贷：资本公积</td></tr>
<tr><td>对子公司利润表的调整</td><td>借：未分配利润——年初(以前各年度补提的折旧、摊销等)
　贷：固定资产——累计折旧(以前各年按公允价值应补提的折旧)
　　　无形资产——累计摊销(以前各年按公允价值应补摊销的金额)
　　　存货(存货公允价值与其账面价值的差额×以前各年已销售的比例)
借：管理费用
　贷：固定资产——累计折旧(当期按公允价值应补提的折旧)
　　　无形资产——累计摊销(当期按公允价值应补摊销的金额)
借：营业成本
　贷：存货(存货公允价值与账面价值的差额×当期已销售的比例)</td></tr>
</table>

2. 调整对子公司的长期股权投资

按照会计准则的要求，母公司对子公司的长期股权投资在个别财务报表中是采用成本法进行后续计量的，而在合并财务报表中则要求采用权益法计量。因此，在编制合并财务报表时需要按权益法调整对子公司的长期股权投资，具体调整内容、方法和会计分录如表 11 - 3 所示。

表 11 - 3　按权益法调整对子公司的长期股权投资一览表

调整应享有子公司当期净损益的份额	借：长期股权投资[(调整后子公司以前年度净利润——以前年度分派现金股利)×母公司持股比例] 贷：投资收益 应承担子公司当期发生亏损的份额——做相反的调整分录 注意：应按照对子公司调整后的损益进行调整，即需要将子公司损益调整为按公允价值计量的损益
调整应享有子公司以前年度净损益的份额	借：长期股权投资[(调整后子公司以前年度净利润——以前年度分派现金股利)×母公司持股比例] 贷：未分配利润——年初 应承担子公司当期发生亏损的份额——做相反的调整分录
调整应享有子公司其他综合收益及除净损益、其他综合收益和分红以外的其他所有者权益变动的份额	借：长期股权投资 贷：其他综合收益(子公司各年其他综合收益的净增加额×母公司持股比例) 资本公积(子公司各年除净损益、其他综合收益和分红以外的其他所有者权益变动额×母公司持股比例) 在子公司其他综合收益、资本公积减少的情况下，编制相反的调整分录

需要注意的是，非同一控制下控股合并取得的子公司，应按公允价值对子公司个别报表进行调整后的损益，对长期股权投资按权益法进行调整。

(四) 抵销分录的编制

编制抵销分录的目的，是将企业集团的内部交易中对合并财务报表有关项目的影响进行抵销处理，进而将个别财务报表各项目的加总金额中重复的因素抵销掉。包括内部股权投资、内部债权债务、内部存货交易、内部固定资产交易、内部无形资产交易的抵销，以及合并现金流量表的抵销等，具体抵销的内容、方法和会计分录如表 11 - 4～表 11 - 9 所示。

表 11－4　内部股权投资抵销一览表

<table>
<tr>
<td rowspan="3">母公司对子公司长期股权投资与子长期股权投资与子公司所有者权益项目的抵销</td>
<td>(1) 同一控制下企业合并取得子公司,应编制如下抵销分录(非全资子公司)</td>
<td>借：股本(实收资本)(子公司股本的期末数)
资本公积(子公司资本公积的期末数)
其他综合收益(子公司其他综合收益的期末数)
盈余公积(子公司盈余公积的期末数)
未分配利润——年末(子公司未分配利的期末数)
贷：长期股权投资(母公司对子公司的长期股权投资按权益法调整后的期末数)
少数股东权益(子公司所有者权益总额×少数股权比例)
同一控制下企业合并取得的子公司——抵销时不会产生差额,即不会产生商誉</td>
</tr>
<tr>
<td rowspan="2">(2) 非同一控制下企业合并取得的子公司,应编制如下抵销分录(非全资子公司)</td>
<td>同时编制如下调整分录：
借：资本公积(子公司合并前实现的留存收益×母公司的持股比例)
贷：盈余公积(子公司合并前的盈余公积×母公司的持股比例)
未分配利润——年初(子公司合并前的未分配利润×母公司的持股比例)</td>
</tr>
<tr>
<td>借：股本(实收资本)(子公司实收资本的期末数)
资本公积(子公司资本公积经调整后的期末数)
其他综合收益(子公司其他综合收益的期末数)
盈余公积(子公司资盈余公积的期末数)
未分配利润——年末(经调整后子公司未分配利润的期末数)
商誉(长期股权投资大于应享有子公司可辨认净资产公允价值份额的差额)
贷：长期股权投资(母公司对子公司的长期股权投资按权益法调整后的期末数)
少数股东权益(子公司可辨认净资产公允价值总额×少数股权比例)
需要说明的是,子公司持有母公司的长期股权投资,应当视为企业集团的库存股,作为所有者权益的减项,在合并资产负债表中所有者权益项目下“减：库存股”项目所示,即在合并工作底稿中做如下抵销分录：
借：库存股
贷：长期股权投资
在子公司相互之间持有的长期股权投资,应当比照母公司对子公司的股权投资的抵销方法,将长期股权投资与其对应的子公司所有者权益中所享有的份额相互抵销</td>
</tr>
<tr>
<td colspan="2">内部股权投资收益与子公司利润分配项目的抵销处理</td>
<td>借：投资收益(子公司经调整后的净利润×母公司持有比例)
少数股东损益(子公司经调整后的净利润×少数股东持有比例)
未分配利润——年初(子公司调整后的年初未分配利润)
贷：提取盈余公积(子公司本期提取的盈余公积)
对所有者(股东)分配(子公司利润分配数)
未分配利润——年末(子公司经调整后的年末未分配利润)
应当注意的是,如果子公司当年亏损,投资收益和少数股东损益用负数表示。子公司少数股东分担的当期亏损超过了少数股东在该子公司期初所有者权益中所享有的份额的,其余额仍应当冲减少数股东权益</td>
</tr>
</table>

表 11-5　内部债权债务抵销一览表

<table>
<tr><td rowspan="3">应收账款与应付账款的抵销（连续遍报）</td><td>期末内部应收账款＝期初内部应收账款</td><td>（1）抵销内部应收账款和应付账款
（2）抵销根据期初内部应收账款计提的坏账准备
（3）抵销内部应收账款计提坏账准备的所得税影响</td><td>借：应付账款（期末数）
　贷：应收账款
借：应收账款（内部应收账款计提的坏账准备期初数）
　贷：未分配利润——年初
借：未分配利润——年初（抵销以前期间计提坏账准备×适用税率）
　贷：递延所得税资产</td></tr>
<tr><td>期末内部应收账款大于期初内部应收账款</td><td>（1）抵销内部应收账款和应付账款
（2）抵销根据期初内部应收账款计提的坏账准备
（3）抵销本期根据内部应收账款计提的坏账准备
（4）抵销内部应收账款计提坏账准备的所得税影响</td><td>借：应付账款（期末数）
　贷：应收账款
借：应收账款（内部应收账款计提的坏账准备期初数）
　贷：未分配利润——年初
借：应收账款（本期计提的坏账准备数）
　贷：信用减值损失
借：未分配利润——年初（抵销以前期间计提的坏账准备×适用税率）
　所得税费用（抵销本期补提坏账准备的金额×适用税率）
　贷：递延所得税资产（抵销坏账准备的金额×适用税率）</td></tr>
<tr><td>期末内部应收账款小于期初内部应收账款</td><td>（1）抵销内部应收账款和应付账款
（2）抵销根据期初内部应收账款计提的坏账准备
（3）抵销本期根据内部应收账款冲销的坏账准备
（4）抵销内部应收账款计提坏账准备的所得税影响</td><td>借：应付账款（期末数）
　贷：应收账款
借：应收账款（内部应收账款计提的坏账准备期初数）
　贷：未分配利润——年初
借：信用减值损失
　贷：应收账款（本期冲销的坏账准备数）
借：未分配利润——年初（抵销以前期间计提的坏账准备×适用税率）
　贷：所得税费用（抵销本期冲销坏账准备金额×适用税率）
　　递延所得税资产（抵销坏账准备的金额×适用税率）</td></tr>
<tr><td>债权投资与应付债券的抵销</td><td>（1）抵销债权投资和应付债券</td><td>债券投资的金额大丁应付债券的余额</td><td>借：应付债券（发行方应付债券的期末余额×内部购买比例）
　投资收益（债权投资大于应付债券的差额）
　贷：债权投资（购买方债权投资的期末余额）</td></tr>
</table>

续 表

债权投资与应付债券的抵销	(1) 抵销债权投资和应付债券	债券投资的余额小于应付债券的余额	借：应付债券(发行方应付债券的期末余额×内部购买比例) 　贷：债权投资(购买方债权投资的期末余额) 　　财务费用(债权投资小于应付债券的差额)
	(2) 抵销内部债券的利息收益和利息支出		借：投资收益 　贷：财务费用(费用化的利息) 　　在建工程等(资本化的利息)
	(3) 抵销以前期间资本化的利息支出		借：未分配利润——年初 　贷：在建工程或固定资产等(以前期间资本化的利息)

表 11-6　内部存货交易抵销一览表

内部商品交易当期(初次交易)	(1) 抵销当期内部销售收入	借：营业收入(内部购销时销售方的销售收入) 　贷：营业成本(购买方对外销售的销售成本)
	(2) 抵销期末存货价值中包含的未实现内部销售损益	借：营业成本(期末存货中包括的未实现内部销售利润) 　贷：存货(期末内部购进存货的成本×销售企业的毛利润) 如为逆流交易，应将内部销售形成的存货中包含的未实现内部销售损益进行分摊，即还应做如下抵销分录 借：少数股东权益 　贷：少数股东损益(金额＝存货中包含的未实现内部交易损益×少数股权比例)
	(3) 调整因抵销期末存货中包含的未实现内部销售损益的所得税影响	借：递延所得税资产(抵销期末存货中的未实现内部销售利润×适用税率) 　贷：所得税费用 如为逆流交易，应抵销因逆流交易发生的递延所得税对少数股东损益的份额，即还应做如下抵销分录 借：少数股东损益 　贷：少数股东权益(金额＝抵销因逆流交易发生的递延所得税×少数股东比例)
	(4) 抵销内部购进商品所形成的存货计提的跌价准备	借：存货——存货跌价准备(本期对内部购入存货多计提的存货跌价准备) 　贷：资产减值损失 注意：抵销的金额不能超过存货中包括的毛利(未实现的利润)
	(5) 抵销根据内部购入存货计提的存货跌价准备而确认的递延所得税资产	借：所得税费用(抵销内部购入存货本期计提存货跌价准备×适用税率) 　贷：递延所得税资产

续　表

连续编制合并会计报表（以后各期）	(1) 抵销期初存货价值中包含的未实现内部销售利润	借：未分配利润——年初（期初内部购进存货价值中包含的未实现内部销售损益） 　贷：营业成本（视同上期存货在本已全部销售）
	(2) 抵销本期内部销售收入和销售成本	借：营业收入（本期销售企业内部销售收入的金额） 　贷：营业成本
	(3) 抵销期末内部购入存货中包含的未实现内部销售损益	借：营业成本（期末内部购入存货成本×销售企业的毛利率） 　贷：存货
	(4) 调整因抵销未实现内部销售损益产生的所得税影响	借：递延所得税资产（抵销的期末存货中包含的未实现内部销售毛利×适用税率） 　贷：未分配利润——年初（抵销期初存货中包含的未实现的内部销售毛利×适用税率） 　贷（或借）：所得税费用（差额）
	(5) 抵销上期内部购进存货计提的存货跌价准备	借：存货——存货跌价准备（上期期末抵销内部购进存货计提的存货跌价准备） 　贷：未分配利润——年初 如果上期在本期已全部销售，则直接抵销营业成本
	(6) 抵销本期根据内部购进存货计提或冲销存货跌价准备	借：存货——存货跌价准备（本期内部购入存货多提的存货跌价准备数） 　贷：资产减值损失 或借：资产减值损失（本期冲销内部购进存货多提的存货跌价准备数） 　　贷：存货——存货跌价准备
	(7) 抵销本期销售存货结转的存货跌价准备	借：营业成本（本期已销售内部购进结转的存货跌价准备数） 　贷：存货——存货跌价准备
	(8) 抵销购买企业因计提存货跌价准备而确认的递延所得税资产	借：未分配利润——年初（抵销以前期间存货跌价准备数×适用所得税税率） 　所得税费用（抵销本期存货跌价准备数×适用所得税税率） 　贷：递延所得税资产（抵销存货跌价准备总额×适用所得税税率）

表 11－7　内部固定资产交易抵销一览表

内部固定资产交易发生当期的抵销处理	(1) 企业集团内部买卖固定资产交易的抵销	(1) 抵销固定资产原价中的未实现内部交易损益： 借：资产处置收益（变卖固定资产收入大于固定资产账面价值的金额） 　贷：固定资产——原价 或编制如下抵销分录 借：固定资产——原价 　贷：资产处置收益（变卖固定资产收入小于固定资产价值的金额）

续 表

<table>
<tr><td rowspan="2">内部固定资产交易发生当期的抵销处理</td><td>(1) 企业集团内部买卖固定资产交易的抵销</td><td>(2) 抵销根据包含未实现内部交易损益的固定资产每期多提(或少提)的折旧：
借：固定资产——累计折旧(内部交易固定资产当期多提折旧的数额)
　贷：管理费用等
或编制如下抵销分录
借：管理费用等
　贷：固定资产——累计折旧(内部交易固定资产当期少提折旧的数额)
(3) 调整因抵销未实现内部交易损益产生的所得税影响：
借：递延所得税资产[(抵销原价中的未实现内部交易损益－抵销的折旧)×适用税率]
　贷：所得税费用</td></tr>
<tr><td>(2) 企业集团内部企业将产品销售给其他企业作为固定资产的交易的抵销</td><td>(1) 抵销固定资产原价中的未实现内部交易损益：
借：营业收入(内部销售企业销售产品的售价)
　贷：营业成本(内部销售企业销售产品的成本)
　　固定资产——原价(固定资产原价中包含的未实现内部销售利润)
(2) 抵销根据包含未实现内部交易损益的固定资产每期多计提(或少计提)的折旧：
借：固定资产——累计折旧(根据包含未实现内部交易损益的原价多计提的折旧)
　贷：管理费用等
(3) 调整因抵销未实现内部交易损益产生的所得税影响
借：递延所得税资产[(抵销原价中的未实现内部交易损益－抵销的折旧)×适用税率]
　贷：所得税费用</td></tr>
<tr><td>内部交易固定资产取得后至处置前各期间的抵销处理</td><td colspan="2">(1) 抵销固定资产原价中包含的未实现交易损益：
借：未分配利润——年初(固定资产原价中包含的未实现内部交易损益的金额)
　贷：固定资产——原价
(2) 抵销以前期间根据包含未实现内部交易损益的固定资产原价多提的折旧：
借：固定资产——累计折旧(以前期间内部交易固定资产多提的折旧额)
　贷：未分配利润——年初
(3) 抵销本期根据包含未实现内部交易损益的固定资产原价多提的折旧：
借：固定资产——累计折旧(本期内部交易固定资产多提的折旧额)
　贷：管理费用等
(4) 调整因抵销未实现内部交易损益及多提折旧所产生的抵扣暂时性的所得税影响：
借：递延所得税资产[(抵销原价中包含的未实现内部交易损益－抵销至本期累计多提折旧)×适用税率]
　所得税费用(抵销的本期多提的折旧×适用税率)
　贷：未分配利润——年初[(抵销原价中包含的未实现内部交易损益－抵销至上期累计多提的折旧)×适用税率]</td></tr>
</table>

续 表

<table>
<tr><td rowspan="3">内部交易固定资产清理期间的抵销处理</td><td>期满清理时的抵销</td><td>借：未分配利润——年初（内部交易固定资产清理当期多计提的折旧额）
贷：管理费用等</td></tr>
<tr><td>超期使用后清理的抵销</td><td>内部交易固定资产超期使用后的清理期间编制合并财务报表时，不需要再进行抵销处理</td></tr>
<tr><td>提前进行清理期间的抵销</td><td>（1）抵销内部交易时确认的未实现内部交易损益（调整年初未分配利润）：
借：未分配利润——年初（固定资产交易中确认的未实现内部交易利润）
贷：资产处理收益
（2）抵销内部交易固定资产以前年度多计提的折旧：
借：资产处置收益（以前期间内部交易固定资产多计提的累计折旧）
贷：未分配利润——年初
（3）抵销清理当期内部交易固定资产多计提的折旧：
借：资产处置收益（清理当期内部交易固定资产多计提的折旧额）
贷：管理费用等
如果是报废损毁，则将上述抵销分录中的资产处置收益改为营业外支出
（4）调整因抵销未实现内部销售损益和折旧产生的所得税影响：
借：所得税费用[（抵销原价中包含的未实现毛利－抵销至上期累计多提的折旧）×适用税率）]
贷：未分配利润——年初</td></tr>
</table>

表 11－8 内部无形资产交易抵销一览表

<table>
<tr><td>（1）内部固定资产交易发生当期的抵销处理</td><td>抵销无形资产成本中的未实现内部交易损益：
借：资产处置收益（变卖无形资产收入大于账面价值的金额）
贷：无形资产
或编制如下抵销分录
借：无形资产
贷：资产处置收益（变卖无形资产收入小于账面价值的金额）</td></tr>
<tr><td>（2）内部固定资产交易产生当期的抵销处理</td><td>抵销根据包含未实现内部交易损益的无形资产多摊销的金额：
借：无形资产——累计折旧（内部交易无形资产当期多摊销的数额）
贷：管理费用等
或编制如下抵销分录
借：管理费用等
贷：无形资产——累计折旧（内部交易无形资产当期少摊销的数额）
调整因抵销未实现内部销售损益产生的所得税影响：
借：递延所得税资产[（抵销无形资产成本中的未实现内部交易损益－抵销的摊销金额）×适用税率]
贷：所得税费用</td></tr>
</table>

续 表

内部交易固定资产取得后至处置前各期间的抵销处理	(1) 抵销无形资产成本中包含的未实现内部交易损益： 借：未分配利润——年初(无形资产成本中包含的未实现内部交易损益的金额) 贷：无形资产——成本 (2) 抵销以前期间根据包含未实现内部交易损益的无形资产成本多摊销的金额： 借：无形资产——累计摊销(以前期间内部交易无形资产多摊销的金额) 贷：未分配利润——年初 (3) 抵销本期根据包含的未实现内部交易损益的无形资产成本多摊销的金额： 借：无形资产——累计摊销(本期内部交易无形资产多摊销的金额) 贷：管理费用等 (4) 调整因抵销实现内部交易损益及多摊销的无形资产所产生的所得税影响： 借：递延所得税资产[(抵销包含的未实现内部交易损益－抵销至本期累计多提摊销的金额)×适用税率] 所得税费用(抵销的本期多摊销的无形资产×适用税率) 贷：未分配利润——年初[(抵销的未实现内部交易损益－抵销的至上期累计多摊销的无形资产)×适用税率]
内部交易无形资产摊销完毕期间	抵消当期多摊销的无形资产： 借：未分配利润——年初(内部交易无形资产处置当期多摊销的金额) 贷：管理费用等
	调整因抵销未实现内部销售损益的所得税影响 借：所得税费用(抵销内部交易无形资产处置当期多摊销的金额×适用税率) 贷：未分配利润——年初

表 11－9 合并现金流量表抵销一览表

母公司与子公司、子公司相互之间当期以现金投资或收购股权增加的投资产生的现金流量的抵销处置	(1) 母公司直接以现金对子公司进行的长期股权投资： 借：投资支付的现金(母公司以现金向子公司投资的金额) 贷：吸收投资收到的现金 (2) 母公司与子公司、子公司相互之间买卖其持有的其他企业的股票： 借：投资支付的现金(内部购买投资实际支付的购买价款) 贷：收回投资收到的现金
母公司与子公司、子公司相互之间取得投资收益收到的现金与分配股利、利润或偿付利息支付的现金的抵销处理	借：分配股利、利润或偿付利息支付的现金 贷：取得投资收益收到的现金(内部投资实际收到的现金股利或利息)

续　表

母公司与子公司、子公司相互之间以现金结算债权与债务所产生的现金流量的抵销处理	(1) 母公司与子公司、子公司相互之间以现金结算应收账款与应付账款等： 借：购买商品、接受劳务支付的现金(当期以现金偿付以应付账款等金额) 　贷：销售商品、提供劳务收到的现金 (2) 母公司与子公司、子公司相互之间以现金结算其他应收账款与其他应付款： 借：支付的其他与经营活动有关的现金(当期以现金偿付其他应付款等金额) 　贷：收到的其他与经营活动有关的现金 (3) 母公司与子公司、子公司相互之间发行和购买债券： 借：投资支付的现金(内部购买债券实际支付的购买价款) 　贷：吸收投资收到的现金 (4) 母公司与子公司相互之间兑付到期债券： 借：偿还债务支付的现金(实际兑付债券的本金,不包括支付的利息) 　贷：收回投资收到的现金
母公司与子公司、子公司相互之间当期销售商品所产生的现金流量的抵销处理	(1) 母公司与子公司、子公司相互之间当期购买商品没有形成固定资产的： 借：购买商品、接受劳务支付的现金(当期内部购买商品实际支付的价款和增值税) 　贷：销售商品、提供劳务收到的现金 (2) 母公司与子公司、子公司相互之间当期购买商品形成固定资产的： 借：购建固定资产、无形资产和其他长期资产所支付的现金 　贷：销售商品、提供劳务收到的现金(当期内部销售商品实际收到的价款和增值税)
母公司与子公司、子公司相互之间处置固定资产等收回的现金净额与购建固定资产等支付的现金的抵销处理	借：购建固定资产、无形资产和其他长期资产支付的现金 　贷：处置固定资产、无形资产和其他长期资产收到的现金净额(内部购买固定资产等支付的价款)

第二节　合并财务报表编制实务

一、合并财务报表编制的前期准备及程序

(一) 合并财务报表编制的前期准备事项

(1) 统一母、子公司的会计政策。

(2) 统一母、子公司的资产负债表日及会计期间。

(3) 对子公司以外币表示的财务报表进行折算。

(4) 收集编制合并财务报表的相关资料。

(二) 合并财务报表的编制程序

合并财务报表的编制程序如下。

(1) 设置合并工作底稿。

(2) 将母公司,纳入合并范围的子公司的个别资产负债表、利润表及所有者权益变动表各项目的数据录入合并工作底稿,并在合并工作底稿中对母公司和子公司的个别财务报表的各项目数据进行加总,从而计算得出个别资产负债表、个别利润表及个别所有者权益变动表各项目的合计数额。

(3) 编制调整分录与抵销分录。

(4) 计算合并财务报表各项目的合并金额。

(5) 填列合并财务报表。

二、合并财务报表编制实务

合并财务报表是一项十分复杂而又细致的工作,需要编制人员站在母公司或企业集团的角度,将母公司或集团公司,以及所属子公司的个别财务报表,按照企业会计准则的要求进行编制,其工作量浩大。考虑到同一控制下企业合并财务报表与非同一控制下企业合并财务报表在编制的程序相同、方法相近,故本章仅就同一控制下企业合并财务报表的编制实务进行讲述;另外,合并现金流量表的编制相对比较简单,因篇幅原因不做实务讲述。以下实务中各表均将企业不存在相应业务的项目去掉后以简表的形式呈现。

操作实例

【实务资料】

甲公司和乙公司均为江东公司控制下的两家子公司,且均为非金融企业。2021 年 1 月 1 日,甲公司自江东公司处取得其持有的乙公司 80%的股权,使其成为子公司。甲公司和乙公司在 2021 年 12 月 31 日有关资产、负债和所有者权益情况如表 11-10、表 11-11、表 11-12 所示。甲公司与乙公司之间本年度没有发生交易事项。

表 11-10　资产负债表(简表)

会企 01 表

编制单位　　　　2021 年 12 月 31 日　　　　金额单位：万元

资　产	甲公司	乙公司	负债及所有者权益(或股东权益)	甲公司	乙公司
流动资产			**流动负债**		
货币资金	5 700	6 500	短期借款	10 000	4 800
交易性金融资产	3 000	5 000	交易性金融负债	4 000	2 400
应收票据	7 200	3 600	应付票据	13 000	3 600
应收账款	8 500	5 100	应付账款	18 000	5 200
应收款项融资			预收款项	4 000	3 900
预付款项	1 500	2 500	应付职工薪酬	5 000	1 600
应收利息			应交税费	2 700	1 400
应收股利	3 600		应付股利		3 600
其他应收款	1 900	1 300	其他应付款	5 300	1 600
存货	37 000	18 000			
一年内到期的非流动资产			一年内到期的非流动负债		
其他流动资产	1 800	1 000	其他流动负债	2 000	900
流动资产合计	70 000	43 000	流动负债合计	64 000	29 000
非流动资产			**非流动负债**		
债权投资	8 000	0			
其他债权投资	13 000	4 000			
可供出售金融资产			长期借款	4 000	5 000
持有至到期投资			长期应付款	6 000	0
长期应收款			应付债券	20 000	7 000
长期股权投资	40 000	0	递延所得税负债		
投资性房地产			其他非流动负债	0	0
固定资产	28 000	26 000	非流动负债合计	30 000	12 000
在建工程	13 000	4 200	负债合计	94 000	41 000

续 表

资　　产	甲公司	乙公司	负债及所有者权益（或股东权益）	甲公司	乙公司
无形资产	6 000	1 800	**所有者权益**		
开发支出			实收资本(或股本)	40 000	20 000
商誉	2 000	0	资本公积	10 000	8 000
长期待摊费用			减：库存股		
递延所得税资产			其他综合收益		
其他非流动资产			盈余公积	18 000	3 200
非流动资产合计	110 000	36 000	未分配利润	18 000	6 800
			归属于母公司股东权益合计		
			少数股东权益		
			所有者权益(或股东权益)合计	86 000	38 000
资产总计	180 000	79 000	**负债和所有者权益(或股东权益)总计**	180 000	79 000

表 11－11　利润表(简表)

会企 02 表

编制单位：　　　　2021 年 12 月　　　　(单位：万元)

项　　目	甲公司	乙公司
一、营业收入	150 000	94 800
减：营业成本	96 000	73 000
营业税金及附加	1 800	1 000
销售费用	5 200	3 400
管理费用	6 000	3 900
财务费用	1 200	800
资产减值损失	600	300
加：公允价值变动收益(损失以“－”号填列)	0	0

续　表

项　　　目	甲公司	乙公司
投资收益(损失以"-"号填列)	9 800	200
信用减值损失(损失以"-"号填列)	200	140
资产减值损失(损失以"-"号填列)	400	160
二、营业利润(损失以"-"号填列)	49 000	12 600
加：营业外收入	1 600	2 400
减：营业外支出	2 600	1 000
三、利润总额(损失以"-"号填列)	48 000	14 000
减：所得税费用	12 000	3 500
四、净利润(损失以"-"号填列)	36 000	10 500
(一) 持续经营净利润(净亏损以"-"号填列)	36 000	10 500
(二) 终止经营净利润(净亏损以"-"号填列)		
五、其他综合收益的税后净额	0	0
六、综合收益总额	36 000	10 500
七、每股收益		
(一) 基本每股收益		
(二) 稀释每股收益		

表 11-12　股东权益变动表(简表)

会企 04 表

2021 年度　　　　(单位：万元)

项　　目	甲公司						乙公司					
	股本	资本公积	减：库存股	盈余公积	未分配利润	股东权益合计	股本	资本公积	减：库存股	盈余公积	未分配利润	股东权益合计
一、上年末余额	40 000	10 000		11 000	9 000	70 000	20 000	8 000		1 200	2 800	32 000
二、本年初余额	40 000	10 000		11 000	9 000	70 000	20 000	8 000		1 200	2 800	32 000
三、本年增减变动金额												

续 表

项目	甲公司						乙公司					
	股本	资本公积	减：库存股	盈余公积	未分配利润	股东权益合计	股本	资本公积	减：库存股	盈余公积	未分配利润	股东权益合计
（一）综合收益总额					36 000	36 000					10 500	10 500
（二）所有者投入和减少资本												
（三）利润分配												
1. 提取盈余公积				7 000	7 000					2 000	2 000	
2. 对股东的分配					20 000	20 000					4 500	4 500
（四）所有者权益内部结转												
四.本年末余额	40 000	10 000		18 000	18 000	86 000	20 000	8 000		3 200	6 800	38 000

【问题】

(1) 编制合并资产负债表。

(2) 编制合并利润表。

(3) 编制合并股东权益变动表。

【会计处理】

1. 长期股权投资成本法核算的结果调整为权益法核算的结果

乙公司 2021 年 1 月 1 日股东权益总额为 32 000 万元，其中，股本为 20 000 万元，资本公积为 8 000 万元，盈余公积为 1 200 万元，未分配利润为 2 800 万元；2021 年 12 月 31 日，股东权益总额为 38 000 万元，其中，股本为 20 000 万元，资本公积为 8 000 万元，盈余公积为 3 200 万元，未分配利润为 6 800 万元。

本实务中，乙公司当年实现净利润 10 500 万元，经公司董事会提议并经股东会批准，2021 年提取盈余公积 2 000 万元，向股东宣告分派现金股利 4 500 万元。甲公司对乙公司长期股权投资取得时的账面价值为 25 600 万元，2021 年 12 月 31 日仍为 25 600 万元，甲公司当年确认投资收益 3 600 万元。

将成本法核算的结果调整为权益法核算的结果相关的调整分录如下。

借：长期股权投资——乙公司　　8 400①

　贷：投资收益　　8 400

借：投资收益　　3 600②

　贷：长期股权投资——乙公司　　3 600

经过上述调整分录后，甲公司对乙公司长期股权投资的账面价值 30 400 万元(25 600+8 400−3 600)。甲公司对乙公司长期股权投资的账面价值 30 400 万元正好与母公司在乙公司股东权益中所拥有的份额相等。

2. 合并抵销处理

(1) 母公司对子公司长期股权投资与子公司股东权益项目的抵销。经过上述调整后，甲公司对乙公司长期股权投资的金额为 30 400 万元；乙公司股东权益总额为 38 000 万元，甲公司拥有 80%的股权，即在子公司股东权益中拥有 30 400 万元；其余 20%则属于少数股东权益。

长期股权投资与子公司股东权益相互抵销时，其抵销分录如下：

借：股本　　20 000③

　　资本公积　　8 000

　　盈余公积　　3 200

　　未分配利润　　6 800

　贷：长期股权投资　　30 400

　　　少数股东权益　　7 600

(2) 母公司内部股权投资收益与子公司利润分配项目的抵销。通过以上调整、抵销处理后，还必须将母公司对子公司的投资收益与子公司当年利润分配相抵销，使合并财务报表反映母公司股东权益变动的情况。也就是将子公司当年实现的净利润分为两部分：一部分属于母公司所有，即母公司的投资收益；另一部分则属于少数股东所有，即少数股东本期收益。需要将母公司投资收益、少数股东收益和期初未分配利润与子公司当年利润分配以及未分配利润的金额相抵销。

甲公司进行上述抵销处理时，其抵销分录如下：

借：投资收益　　−8 400④

　　少数股东损益　　2 100

　　年初未分配利润　　2 800

　贷：提取盈余公积　　2 000

　　　向股东分配利润　　4 500

　　　年末未分配利润　　6 800

(3) 内部债权债务的抵销。本实务中乙公司本年宣告分派现金股利 4 500 万元，股利款项尚未支付，乙公司已将其计列应付股利 4 500 万元。甲公司根据乙公司宣告的分派现金股利的公告，按照其所享有的金额，已确认应收股利，并在其资产负债表中计列应收股利 3 600 万元。这属于母公司与子公司之间的债权债务(甲公司与乙公司仅此一项)，在编制合并财务报表时必须将其予以抵销，其抵销分录如下：

借：应付股利　　3 600⑤

　贷：应收股利　　3 600

根据上述调整分录①和②和抵销分录③至⑤，编制合并工作底稿如表 11－13 所示。

表 11－13　合并工作底稿(简表)

2021 年度　　单位：万元

项　目	母公司	子公司	合计数	调整分录		抵销分录		少数股东权益	合并数
				借方	贷方	借方	贷方		
流动资产									
货币资金	5 700	6 500	12 200						12 200
交易性金融资产	3 000	5 000	8 000						8 000
应收票据	7 200	3 600	10 800						10 800
应收账款	8 500	5 100	13 600						13 600
应收款项融资									
预付款项	1 500	2 500	4 000						4 000
应收股利	3 600		3 600				3 600⑤		
其他应收款	1 700	1 300	6 600						3 000
存货	37 000	18 000	55 000						55 000
其他流动资产	1 800	1 000	2 800						2 800
流动资产合计	70 000	43 000	113 000				3 600		109 400
非流动资产									
债权投资	8 000	0	8 000						8 000
其他债权投资	13 000	4 000	17 000						17 000
长期股权投资	40 000	0	40 000	8 400①	3 600②		30 400③		14 400
固定资产	28 000	26 000	54 000						54 000
在建工程	13 000	4 200	17 200						17 200
无形资产	6 000	1 800	7 800						7 800

续　表

项　目	母公司	子公司	合计数	调整分录		抵销分录		少数股东权益	合并数
				借方	贷方	借方	贷方		
商誉	2 000	0	2 000						2 000
其他非流动资产	0	0	0						0
非流动资产合计	110 000	36 000	146 000	8 400	3 600		30 400		120 400
资产总计	180 000	79 000	259 000	8 400	3 600		34 000		229 800
流动负债									
短期借款	10 000	4 800	14 800						14 800
交易性金融负债	4 000	2 400	6 400						6 400
应付票据	13 000	3 600	16 600						16 600
应付账款	18 000	5 200	23 200						23 200
预收款项	4 000	3 900	7 900						7 900
应付职工薪酬	5 000	1 600	6 600						6 600
应交税费	2 700	1 400	4 100						4 100
应付股利		3 600	3 600			3 600⑤			
其他应付款	5 300	1 600	6 900						6 900
其他流动负债	2 000	900	2 900						2 900
流动负债合计	64 000	29 000	93 000			3 600			89 400
非流动负债									
长期借款	4 000	5 000	9 000						9 000
长期应付款	6 000	0	6 000						6 000
应付债券	20 000	7 000	27 000						27 000
其他非流动负债	0	0	0						0
非流动负债合计	30 000	12 000	42 000						42 000
负债合计	94 000	41 000	135 000			3 600			131 400
股东权益									
股本	40 000	20 000	60 000			20 000③			40 000

续　表

项　目	母公司	子公司	合计数	调整分录		抵销分录		少数股东权益	合并数
				借方	贷方	借方	贷方		
资本公积	10 000	8 000	18 000			8 000③			10 000
盈余公积	18 000	3 200	21 200			3 200③			18 000
未分配利润	18 000	6 800	24 800	3 600	8 400	18 000	13 300	2 100④	22 800
股东权益合计	86 000	38 000	124 000	3 600	8 400	49 200	13 300	2 100	90 800
少数股东权益								7 600③	7 600
负债和所有者权益(或股东权益)总计	180 000	79 000	259 000	3 600	8 400	52 800	13 300	5 500	229 800
一、营业总收入	150 000	94 800	244 800						244 800
二、营业总成本									
减：营业成本	96 000	73 000	169 000						169 000
营业税金及附加	1 800	1 000	2 800						2 800
销售费用	5 200	3 400	8 600						8 600
管理费用	6 000	3 900	9 900						9 900
财务费用	1 200	800	2 000						2 000
资产减值损失	600	300	900						900
投资收益(损失以"-"号填列)	9 800	200	10 000	3 600②	8 400①	8 400④			6 400
三、营业利润(损失以"-"号填列)	49 000	12 000	61 600	3 600	8 400	8 400			58 000
加：营业外收入	1 600	2 400	4 000						4 000
减：营业外支出	2 600	1 000	3 600						3 600
四、利润总额(损失以"-"号填列)	48 000	14 000	62 000	3 600	8 400	8 400			58 400
减：所得税费用	12 000	3 500	15 500						15 500
五、净利润(损失以"-"号填列)	36 000	10 500	46 500	3 600	8 400	8 400			42 900
(一)按经营持续性分类									

续 表

项 目	母公司	子公司	合计数	调整分录		抵销分录		少数股东权益	合并数
				借方	贷方	借方	贷方		
1. 持续经营净利润（净亏损以“-”号填列）									42 900
2. 终止经营净利润（净亏损以“-”号填列）									
（二）按所有权归属分类									
1. 归属于母公司股东的净利润（净亏损“-”号填列）									40 800
2. 少数股东损益（净亏损以“-”号填列）								2 100④	2 100
六、其他综合收益的税后净额									
七、综合收益总额	36 000	10 500	46 500	3 600	8 400	8 400			42 900
归属于母公司股东的综合收益总额									40 800
归属于少数股东的综合收益总额								2 100④	2 100
八、年初未分配利润	9 000	2 800	11 800			2 800④			9 000
九、本年增减变动金额									
其中：利润分配									
1. 提取盈余公积	7 000	2 000	9 000				2 000④		7 000
2. 对股东的分配	20 000	4 500	24 500				4 500④		20 000
十、年末未分配利润	18 000	6 800	24 800	3 600	8 400	6 800③ 18 000	6 800④ 13 300	2 100④	22 800*

注：*22 800=24 800+(8 400−3 600)+(13 300−18 000)−2 100。

根据上述合并工作底稿，可以编制甲公司2021年度合并资产负债表、合并利润表和合并股东权益变动表，如表11-14～表11-16所示。

表11-14 合并资产负债表

编制单位：甲公司(母公司)　　2021年12月31日　　金额单位：万元

资　　产	期末余额	上年年末余额	负债及所有者权益（或股东权益）	期末余额	上年年末余额
流动资产			**流动负债**		
货币资金	12 200		短期借款	14 800	
交易性金融资产	8 000		交易性金融负债	6 400	
衍生金融资产			衍生金融负债		
应收票据	10 800		应付票据	16 600	
应收账款	13 600		应付账款	23 200	
应收款项融资			预收款项	7 900	
预付款项	4 000		应付职工薪酬	6 600	
应收利息			应交税费	4 100	
应收股利			应付利息		
其他应收款	3 000		其他应付款	6 900	
存货	55 000				
一年内到期的非流动资产			一年内到期的非流动负债		
其他流动资产	2 800		其他流动负债	2 900	
流动资产合计	109 400		流动负债合计	89 400	
非流动资产			**非流动负债**		
债权投资	8 000				
其他债权投资	17 000				
可供出售金融资产			长期借款	9 000	
持有至到期投资			长期应付款	6 000	

续　表

资　　产	期末余额	上年年末余额	负债及所有者权益（或股东权益）	期末余额	上年年末余额
长期应收款			应付债券	27 000	
长期股权投资	14 400		递延所得税负债		
投资性房地产			其他非流动负债		
固定资产	54 000		非流动负债合计	42 000	
在建工程	17 200		负债合计	131 400	
无形资产	7 800		**股东权益**		
开发支出			股本	40 000	
商誉	2 000		资本公积	10 000	
长期待摊费用			减：库存股		
递延所得税资产			其他综合收益		
其他非流动资产			盈余公积	18 000	
非流动资产合计	120 400		未分配利润	22 800	
			归属于母公司股东权益合计	90 800	
			少数股东权益	7 600	
资产总计	229 800		**负债和股东权益总计**	229 800	

表 11－15　合并利润表

编制单位：甲公司(母公司)　　2021 年度　　金额单位：万元

项　　目	本期金额	上期金额
一、营业总收入	244 800	
二、营业总成本		
减：营业成本	69 000	
营业税金及附加	800	

续　表

项　　目	本期金额	上期金额
销售费用	8 600	
管理费用	9 900	
财务费用	2 000	
资产减值损失	900	
加：公允价值变动收益(损失以"-"号填列)	0	
投资收益(损失以"-"号填列)	6 400	
三、营业利润(损失以"-"号填列)	58 000	
加：营业外收入	4 000	
减：营业外支出	3 600	
其中：非流动资产处置损失		
四、利润总额(损失以"-"号填列)	58 400	
减：所得税费用	15 500	
五、净利润(损失以"-"号填列)	42 900	
(一) 按经营持续性分类：		
1. 持续经营净利润(净亏损以"-"号填列)	42 900	
2. 终止经营净利润(净亏损以"-"号填列)		
(二) 按所有权归属分类		
1. 归属于母公司股东的净利润(净亏损"-"号填列)	40 800	
2. 少数股东损益(净亏损以"-"号填列)	2 100	
六、其他综合收益的税后净额		
七、综合收益总额	42 900	
1. 归属于母公司股东的综合收益总额	40 800	
2. 归属于少数股东的综合收益总额	2 100	

表 11－16 合并股东权益变动表

编制单位：甲公司(母公司) 2021 年度 单位：万元

项目	本年金额								上年金额							
	归属于母公司股东权益						少数股东权益	股东权益合计	归属于母公司股东权益						少数股东权益	股东权益合计
	股本	其他权益工具	资本公积	其他综合收益	盈余公积	未分配利润			股本	其他权益工具	资本公积	其他综合收益	盈余公积	未分配利润		
一、上年末余额	40 000		10 000		11 000	9 000		70 000								
其他							6 400	6 400								
二、本年初余额	40 000		10 000		11 000	9 000	6 400	76 400								
三、本年增减变动金额						40 800	2 100	42 900								
(一) 净利润																
(二) 综合收益总额						40 800	2 100	42 900								
(一) +(二)																
(三) 所有者投入和减少资本																
(四) 利润分配					7 000	27 000	900	20 900								
1. 提取盈余公积					7 000	7 000										
2. 对股东的分配						20 000	900	20 900								
(五) 所有者权益内部结转																
四、本年末余额	40 000		10 000		18 000	22 800	7 600	98 400								
其他综合收益年末余额																
年末归属于母公司股东权益合计																

本章实训

【实训目标与能力要求】

本实训目标是培养学生用所学企业合并财务报表知识进行案例分析的能力。其能力要求如下。

(1) 掌握企业合并财务报表的编制要求和方法。

(2) 能够针对具体的案例事件，通过分析提出处理意见，并进行相应会计处理。

【实训方式】

实训分小组进行，以小组为单位完成案例分析和账务处理，并形成案例分析报告，参加讲评和讨论。

【实训考核】

根据各实训小组提交成果(案例分析报告)的质量和参与讨论的情况进行评分。实训成绩按百分制评定。

小组项目实训成绩＝实训准备(满分 10)＋实训成果(满分 80)＋小组协作(满分 10)。

个人项目实训成绩＝小组项目实训成绩×个人贡献系数(个人贡献系数由组长根据其在实训中的贡献大小决定)。

【实训资料】

甲股份有限公司(以下简称“甲公司”)系非上市公司，需要对外提供合并会计报表。甲公司拥有家子公司 A 公司，系 2020 年 1 月 5 日以 4 000 万元购买其 60%股份而取得的子公司(非同一控制)。购买日，A 公司的净资产公允价值和账面价值均为 6 000 万元，其中实收资本为 4 000 万元，资本公积为 2 000 万元。

A 公司 2020 年度、2021 年度分别实现净利润 1 000 万元和 800 万元。A 公司除按净利润的 10%提取法定盈余公积外，未进行其他利润分配。假定除净利润外，A 公司无其他所有者权益变动事项。

甲公司 2021 年 12 月 31 日应收 A 公司账款余额为 600 万元，年初应收 A 公司账款余额为 500 万元。假定甲公司计提坏账准备的综合比例为 10%。

A 公司 2021 年 12 月 31 日的无形资产中包含有一项从甲公司购入的无形资产。该无形资产系 2020 年 1 月 10 日以 500 万元的价格购入的，甲公司转让该无形资产时的账面价值为 400 万元。假定 A 公司对该无形资产采用直线法摊销，摊销年限为 10 年。

甲公司所得税采用资产负债表债务法核算，所得税税率为 25%。

【实训任务】

(1) 制订公司合并财务报表编制工作方案。

(2) 编制 2021 年度甲公司合并财务报表有关的调整分录和抵销分录。

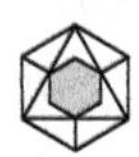

课后练习

一、单项选择题

1. M公司拥有A公司70%的股权，持有B公司30%的股权，A公司持有B公司40%股权，则M公司合计拥有B公司的表决权比例为(　　)。

A. 30%　　B. 40%　　C. 70%　　D. 100%

2. 对于上一年度抵销的内部应收账款计提的坏账准备金额，在本年度编制合并抵销分录时，应当(　　)。

A. 借：应收账款——坏账准备
　　贷：信用减值损失

B. 借：信用减值损失
　　贷：应收账款——坏账准备

C. 借：未分配利润——年初
　　贷：应收账款——坏账准备

D. 借：应收账款——坏账准备
　　贷：未分配利润——年初

3. 某公司采用备抵法核算坏账损失，坏账准备的综合计提比例为应收账款余额的10%。上年年末该公司对其子公司内部应收账款余额为4 000万元，本年年末对其子公司内部应收账款余额为6 000万元。该公司本年编制合并财务报表时应抵销"未分配利润——年初"项目的金额为(　　)万元。

A. 600　　B. 200　　C. 0　　D. 400

4. 甲公销售子一批产品给其子公司。销售成本600万元，售价800万元。子公司购进后，已销售50%万元，取得收入500万元，另外50%作为存货。甲公司销售毛利润为25%。甲公司编制合并财务报表时应抵销的未实现内部销售的利润为(　　)万元。

A. 100　　B. 200　　C. 300　　D. 0

5. 企业对于期初存货价值中包含的未实现内部销售利润应当编制的抵销分录是(　　)。

A. 借：未分配利润——年初
　　贷：存货

B. 借：未分配利润——年初
　　贷：营业成本

C. 借：营业收入
　　贷：存货

D. 管理费用
　　贷：存货

6. 2021年6月，甲公司以1 000万元的价格(不含增值税税额)，将其生产的设备销售给其全资子公司作为管理用固定资产，当月投入使用。该设备的生产成本为800万元。子公司采用年限平均法对该设备计提折旧，该设备预计使用年限为5年，预计净残值为零。甲、乙公司的所得税税率为25%。编制2021年合并财务报表时，因该设备相关的未实现内部销售利润的抵销而影响合并净利润的金额为(　　)。

A. 200万元　　B. 160万元　　C. 135万元　　D. 180万元

7. 甲公司拥有乙和丙两家子公司。2020 年 6 月 15 日,乙公司将其产品以市场价格销售结丙公司,售价为 100 万元(不考虑相关税费),销售成本为 76 万元。丙公司购入后作为管理用固定资产,当月投入使用,按 4 年的使用期限采用年限平均法对该项固定资产计提折旧,预计净残值零。甲公司在编制 2021 年末合并资产负债表时,应调减"固定资产"项目金额(　　)万元。

A. 24　　B. 15　　C. 9　　D. 6

8. 将期初内部交易无形资产多摊销额抵销时,应编制的抵销处理是(　　)。

A. 借:未分配利润——年初
贷:管理费用

B. 借:无形资产——累计摊销
贷:管理费用

C. 借:无形资产——累计摊销
贷:未分配利润——年初

D. 借:未分配利润——年初
贷:无形资产——累计摊销

二、多项选择题

1. 合并财务报表的特点有(　　)。

A. 合并财务报表反映的是经济意义主体的财务状况、经营成果及现金流量

B. 合并财务报表的编制主体是母公司

C. 合并财务报表的编制基础是构成企业集团的母、子公司的个别报表

D. 合并财务报表就是各个子公司个别报表的汇总

2. 下列公司的股东均按所持股份行使表决权并按表决权比例享有相关可变回报,拥有权力的一方能够运用权力影响其回报的金额,W 公司编制合并报表时应纳入合并范围的公司包括(　　)。

A. 甲公司(W 公司拥有其 60%的股权)

B. 乙公司(甲公司拥有其 55%的股权)

C. 丙公司(W 公司拥有其 30%的股权,甲公司拥有其 40%的股权)

D. 丁公司(W 公司拥有其 20%的股权,乙公司拥有其 40%的股权)

3. 下列被投资企业的股东均按所持股份行使表决权并按表决权比例享有相关可变回报,拥有权力的方能够运用权力影响其回报的金额,投资企业应当将其纳入合并会计报表范围的有(　　)。

A. 直接拥有其半数以上权益性资本的被投资企业

B. 通过子公司间接拥有其半数以上权益性资本的被投资企业

C. 直接和通过子公司合计拥其半数以上权益性资本的被投资企业

D. 拥有其 35%的权益性资本并能主导其相关活动的被投资企业

4. 下列情况中,W 公司没有拥有该投资单位半数以上权益性资本,但可以纳入合并报表合并范围的有(　　)

A. 通过与被投资企业其他投资者间的协议，持有该被投资企业半数以上表决权

B. 根据公司章程或协议，有权控制被投资企业财务和经营政策

C. 有权任免董事会等类似权力机构的多数成员

D. 在董事会或类似权力机构的会议上有多数投票权

5. W公司拥有甲、乙、丙、丁四家公司的权益性资本比例分别是63%、32%、25%和28%。此外，甲公司拥有乙公司26%的权益性资本，丙公司拥有丁公司30%的权益性资本，各公司均按所持股份行使表决权并按表决权比例享有相关可变回报，拥有权利的一方能够运用权力影响其回报的金额。则应纳入W公司合并会计报表合并范围的有(　　　)。

A. 甲公司　　B. 乙公司　　C. 丙公司　　D. 丁公司

6. 在内部销售商品未实现对外销售的情况下，编制抵销分录涉及的项目有(　　　)。

A. 营业收入　　B. 营业成本

C. 未分配利润——年初　　D. 存货

7. 在连续编制合并会计报表时，有些业务要通过“年末分配利润——年初”项目予以抵销。这些经济业务有(　　　)。

A. 上期内部固定资产交易未实现利润抵销

B. 本期内部存货交易中期末存货未实现利润抵销

C. 内部存货交易中期初存货未实现利润抵销

D. 上期内部固定资产交易后多计提折旧的报销

8. 内部交易固定资产的当期，抵销固定资产原价中包含的未实现内部销售利润时，应做的抵销处理有(　　　)。

A. 借：营业收入
　　贷：营业成本

B. 借：营业利润
　　贷：固定资产

C. 借：净利润
　　贷：固定资产

D. 借：资产处置收益
　　贷：固定资产

三、判断题

1. 合并财务报表与个别报表一样是每个独立的法人企业都应编制的财务报表。(　)

2. 合并财务报表是通过将母公司和纳入合并范围的子公司的个别财务报表汇总而成。(　)

3. 合并财务报表和汇总财务报表都是经过汇总而成，所以两者没有区别。(　)

4. 母公司在编制合并财务报表时，根据重要性原则对于规模较小的子公司可以

不纳入合并财务报表的合并范围。 ( )

5. 母公司应当将其全部子公司纳入合并财务报表的合并范围。 ( )

6. 根据现行会计准则规定,“少数股东权益”在合并资产负债表中应作为负债项目单独列示。 ( )

7. 同一控制下企业合并和非同一控制下企业合并取得的子公司在抵销内部股权投资时会产生商誉。 ( )

8. 对于同一控制下企业合并和非同一控制下企业合并增加的子公司,均不应该调整合并资产负债表的期初数。 ( )

四、计算及会计处理题

1. A公司上期从其母公司甲公司购入500万元存货,本期全都实现了对外销售,取得700万元的销售收入,该项存货在母公司的销售成本为400万元。

要求:甲公司当年年末编制合并报表时,为该笔存货交易编制相关抵销分录。

2. 甲公司2月10日从其拥有80%股份的被投资企业A公司购进设备一台,该设备成本70万元,售价100万元,增值税13万元,另支付运输安装费7万元,甲公司已付款且该设备当月投入使用,预计使用5年,净残值为0,采用年限平均法计提折旧。

要求:甲公司当年年末编制合并报表时,为该笔设备交易编制相关抵销分录。

3. 甲股份有限公司于2020年通过投资成为乙股份有限公司的母公司。2020年年末,甲公司应收乙公司账款为600万元;2021年末,甲公司应收乙公司账款为800万元。假设甲公司坏账准备的综合计提比例为10%.在编制合并财务报表时不考虑所得税的影响。

要求:甲公司2021年编制合并财务报表时,为甲公司编制相关抵销分录。

4. 甲公司2018年2月2日向拥有80%股份的被投资企业乙公司销售其生产设备一台。甲公司销售该产品的销售成本为84万元,销售价款为120万元,销售毛利利率为30%乙公司支付价款总额为120万元,另支付运杂费2万元,发生安装调试费用7.6万元,于2018年6月10日竣工验收交付使用。乙公司采用年限平均法计提折旧,该设备用于行政管理,使用年限为3年,预计净残值为原价的4%。乙公司所得税采用资产负债表债务法核算,所得税税率为25%。假设不考虑增值税等相关税费。

要求:

(1) 假定该设备在使用期满时进行清理,甲公司2018年度、2019年度、2020年度、2021年度编制合并财务报表时有关购买、使用该设备的抵销分录。

(2) 假定该设备于2020年6月20日被出售给A公司,在出售过程中发生清理费用5万元。设备出售价款65万元(为简化核算,有关税费略)。编制甲公司2020年度合并会计报表时有关该设备的抵销分录。

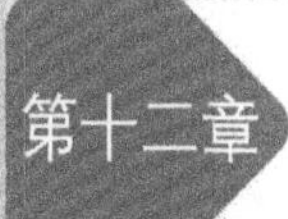

清算会计

【结构框架】

- 第一节 清算会计基本知识（知识准备）
  - 企业清算概念、原因和类型
    - 企业清算的定义
    - 企业清算的原因
    - 企业清算的类型
  - 企业清算基本程序
    - 企业非破产清算的程序
    - 企业破产清算的程序
    - 企业破产清算与非破产清算的程序比较
  - 清算会计的目标和内容
    - 清算会计的目标
    - 清算会计的内容
  - 破产清算会计的特点、要素设置和会计科目
    - 破产清算会计的特点
    - 破产清算会计的要素设置
    - 破产清算会计的会计科目
    - 破产清算会计的一般核算程序
  - 破产清算的会计处理
    - 破产清算的会计计量
    - 破产清算的主要账务处理
    - 其他相关账务处理
- 第二节 破产清算会计实务（知识运用）
  - 企业破产的法律处理程序
  - 破产清算的会计处理实务
    - 破产清算的主要会计处理步骤
    - 破产清算会计处理实务
- 本章实训（知识应用）
  - 破产清算会计案例分析

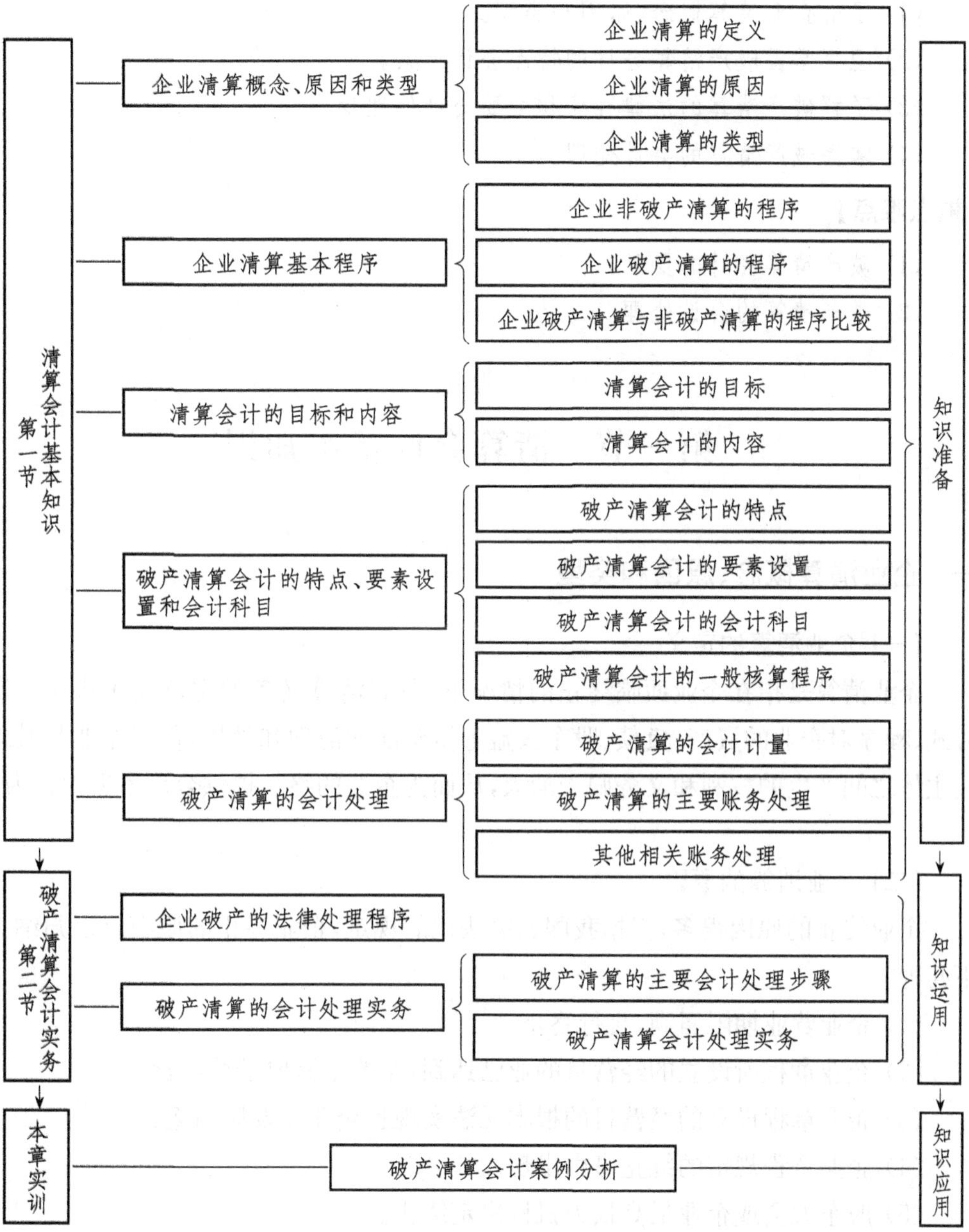

【主要知识点】

(1) 企业清算概念、原因和类型。

(2) 企业破产清算的基本程序。

(3) 破产清算会计的特点、要素和会计科目。

(4) 破产清算的会计处理方法。

(5) 破产清算的会计处理实务。

【学习目标】

(1) 了解企业清算概念、原因和类型。

(2) 理解掌握破产清算会计的特点会计要素。

(3) 了解破产清算的法律程序和主要会计处理步骤。

(4) 掌握破产清算的会计处理。

【重点难点】

(1) 破产清算会计的要素。

(2) 破产清算的会计处理。

第一节　清算会计基本知识

一、企业清算概念、原因和类型

(一) 企业清算的定义

企业清算是指在企业面临终止的情况下,负有清算义务的主体按照法律规定的方式、程序对企业的资产、负债、股东权益等做全面的清理和处置,使得企业与其他社会主体之间产生的权利和义务归于消灭,从而为企业的终止提供合理依据的行为。

(二) 企业清算的原因

企业终止的原因很多,根据我国相关法规的规定,企业终止的原因可以归纳为以下几种。

(1) 企业营业期限届满,自行终止。

(2) 企业章程所设立的经营目的业已达到,企业不需要继续经营。

(3) 企业章程设立的经营目的根本无法实现且企业无发展前途。

(4) 企业章程规定的终止事由出现。

(5) 股东大会或企业最高权力机构决定终止。

(6) 企业合并或分立,要求企业终止。

(7) 企业违反国家法律、法规,危害社会公共利益被依法撤销。

(8) 企业宣告破产。

(三) 企业清算的类型

根据《中华人民共和国公司法》(以下简称《公司法》)的规定,公司清算的最基本分类是破产清算与非破产清算。

非破产清算是指在公司法人资产足以清偿债务的情况下,依照《公司法》的规定所进行的清算,包括自愿的解散清算和强制的解散清算。此种清算的财产除用以清偿公司的全部债务外,还要将剩余的财产分配给债权人和股东。

破产清算是指在企业不能清偿到期债务的情况下,依照《中华人民共和国企业破产法》(以下简称《破产法》)的规定所进行的清算。《公司法》规定,公司被依法宣告破产的,依照有关企业破产的法律实施破产清算。

此二者区分的依据主要是企业依法清算的程序不同。

企业终止时,如果财产足以偿还债务,所进行的清算为非破产清算,理论上全部债权人的债权均能实现,而且往往还存在剩余财产可供分配;如果财产已不足以偿还全部债务,则必须按照破产清算程序进行清算,按照法定程序和公平受偿原则清偿破产企业职工工资、劳动保险费用、所欠税款、破产债权后,企业终止。

实践中也存在一种特殊的情况,即公司终止时,由于尚未进行清算,对其资产负债情况并不十分清楚,可能首先启动的是非破产清算,但清理公司的财产和债权债务关系后,发现其财产不足以偿还全部债务,这时,非破产清算程序将无法进行下去。这就需要清算组织或者债权人按照破产法的有关规定向人民法院提起破产清算程序,从而由非破产清算程序转为破产清算程序。

二、企业清算基本程序

(一) 企业非破产清算的程序

一个企业的非破产清算,必须按一定程序分清企业应负的责任,及时处理债权债务,合理地分配财产、费用,避免因企业清算所造成的各种经济损失和纠纷。

《公司法》有关公司解散清算的规定

根据我国《公司法》的规定,公司清算的一般程序如下。

(1) 组织清算组。

(2) 公告和通知债权人,催报债权。清算组成立后应在 10 日内通知已知的债权人并于 60 日内在报纸上至少公告 3 次,债权人应当在接到通知书之日起 30 日内,未接到通知书的自第一次公告之日起 90 日内,向清算组申报债权,逾期未申报者,即视为放弃债权，不列入清算债权。

(3) 编造财产账册，制订清算方案。清算组登记债权，清理财产，编制资产负债表和财产清单，然后制订清算方案，并报股东会或者有关主管机关确认。

(4) 清偿债务。公司财产足以清偿全部债务的，按下列顺序清偿。

第一，支付清算费用。

第二，支付职工工资和劳保费用。

第三，缴纳所欠税款。

第四，清偿公司债务。

(5) 分配剩余财产。

在清偿债务后，公司的剩余财产由公司的股东按持股的比例进行分配。清算完毕向登记机关申请公司注销登记或登记机关公告注销登记，注销登记的同时，法人资格即告终止。

(二) 企业破产清算的程序

企业的破产清算往往要履行严格的法律程序，按照《破产法》的相关规定，公司破产清算的程序主要包括以下内容。

《破产法》有关企业破产清算的规定

1. 成立破产管理人(清算机构)

人民法院应当在宣告企业破产之日起十五日内成立破产管理人，接管破产企业，破产管理人应当由股东、有关机关及专业人士组成。

2. 破产管理人接管破产公司

《破产法》规定，法院裁定受理破产申请的，应当同时指定管理人。管理人可以由有关部门、机构的人员组成的清算组或者依法设立的律师事务所、会计师事务所、破产清算事务所等社会中介机构担任。人民法院宣告企业破产后，破产企业由破产管理人接管，负责对破产企业的财产进行管理、清理、估价、处理、分配，代表破产企业参与民事活动，其行为对人民法院负责并向人民法院汇报工作。

3. 破产财产分配

由破产管理人提出破产财产分配方案，在债权人会议上讨论通过，报人民法院批准后由破产管理人具体执行。

破产管理人分配破产财产前，首先应拨付清算费用，包括：① 破产财产管理、交易、分配所需的费用；② 破产案件诉讼费；③ 为债权人的共同利益而在破产程序中支付的其他费用。

破产财产在优先支付清算费用后，按以下顺序清偿：① 破产企业拖欠的职工工资、劳动保险费用；② 破产企业拖欠税款；③ 破产债权。

4. 清算终结

破产财产清算分配完毕，由破产管理人向人民法院汇报清算分配工作的情况，并申请人民法院裁定破产终结，未得到清偿的债权，不再进行清偿。

5. 注销登记

企业破产，破产财产分配完毕，企业法人依法终止其民事行为能力，破产管理人向破产公司的原登记机关申请注销原公司登记。

(三) 企业破产清算与非破产清算的程序比较

破产清算和非破产清算两者相同之处在于企业面临终止，需要清理资产和债权债务，最终向企业登记机关办理注销手续，退出市场。两者的主要不同有以下几点。

1. 清算的条件不同

破产清算以企业法人的财产不能清偿全部债务为条件，资不抵债、缺乏现金流使企业丧失清偿能力，只有通过破产清算借助司法强制力才能使债权人公平受偿。引起非破产清算的原因是企业解散，常见的有企业经营期满、股东大会决定解散等事由，理论上资产大于负债，清偿债务后还有剩余资产分配给出资人。

2. 清算的法律依据不同

企业破产清算依据的主要有《破产法》《中华人民共和国民事诉讼法》《最高人民法院〈关于审理企业破产案件若干问题的规定〉》等法律、司法解释。非破产清算主要适用于《公司法》《中华人民共和国全民所有制工业企业法》《中华人民共和国企业法人登记管理条例》等法律法规。

3. 是否进入破产程序不同

破产清算是法院受理破产申请，经审查裁定宣告破产后进行的清算，法院指定管理人履行清算职责，债权异议的审查、财产的变价和财产的分配方案，都由法院最终确定，当清算完毕后，法院裁定终结破产程序。可以说，整个破产清算工作在法院的主持和监督下进行。

非破产清算则是由企业的清算义务主体组成清算组进行清算，如有限责任公司的清算组由股东组成，股份有限公司的清算组由董事或股东大会确定的人员组成，按照《公司法》确定的程序进行清算。

4. 财产执行程序是否中止不同

破产清算以全体债权人公平受偿为目的，因此，法律规定破产案件受理后，禁止对个别债权人进行清偿，防止其他债权人的利益受损。为了加大对债务人财产保护的力度，保护措施及破产中请受理前六个月内，当债务人达到破产界限时，仍对个别债权人进行清偿，经管理人申请，法院有权撤销。

在非破产清算中，虽然《公司法》第一百八十六条规定，在申报债权期间，清算组不得对债权人进行清偿,但该规定不能对抗法院或行政机关采取的执行措施。

5. 债务人是否免责不同

破产清算的最大优势是将破产财产公平地分配给债权人,破产程序终结后,债务人对未能清偿的债务不再清偿,即所谓的破产免责主义。

非破产清算必须保证每个债权人都得到清偿,如果减免债务,除非得到债权人的同意。

三、清算会计的目标和内容

(一) 清算会计的目标

企业清算会计是财务会计的一个分支,它专门从事对清算企业在清算期间的财务信息进行记录、核算和报告的会计管理活动。当企业进入清算状态后,正常的生产经营活动已经停止,清算业务的主要活动是财产清理变现、债务清偿和剩余财产分配等。此时,清算会计的主要活动是要反映清算过程中的财务状况,它所提供的会计信息,已不再用来说明生产经营过程中销售、成本、费用、盈利等方面的情况,而是用来说明清算过程中的财产变现、债务清偿、资金流转和清算净损益等方面的情况。

(二) 清算会计的内容

非破产清算与破产清算,两者在会计确认、计量与报告等会计处理上大同小异,具体如表 12-1 所示。

表 12-1 非破产清算与破产清算比较表

非破产清算会计的主要内容	破产清算会计的主要内容
(1) 编制清算日的资产负债表 (2) 核算清算费用 (3) 核算变卖财产物资的损益 (4) 核算收回的债权和偿还的债务 (5) 结转剩余所有者权益 (6) 向所有者归还剩余财产 (7) 编制清算费用表、清算利润表和清算结束日的资产负债表	(1) 将破产企业会计科目余额结转至清算机构新设的会计科目体系中 (2) 处置破产财产 (3) 清偿破产费用 (4) 清偿破产债务 (5) 核算其他相关收益、费用与支出 (6) 核算并结转清算净损益 (7) 在破产报表日编制清算财务报表

四、破产清算会计的特点、要素设置和会计科目

(一) 破产清算会计的特点

破产清算会计是财务会计的一个特殊领域,是以现有会计方法为基础,以破产法律为依据,对破产企业在破产清算期间的各项经济业务和事项进行、确认、计量、记录和报告的

一种程序和方法。相对于持续经营的财务会计而言，破产清算会计具有以下特点。

1. 传统财务会计的一些基本假设对破产清算会计不再适用

财务会计基本假设包括：会计主体、会计分期、持续经营和货币计量。进入清算破产以后，清算组作为一个新的会计主体出现。由于企业宣告破产以后，其经营活动终止，持续经营和会计分期假设不再适用，建立在持续经营假设的会计处理程序和方法也不能再经继续使用，如对资产的计量不再使用历史成本等。

2. 破产清算会计超越了传统财务会计一些基本原则的规范

在破产清算的情况下，企业所处的经济环境的限制，资产的计量更注重可变现价值，历史成本原则不再适用；建立在持续经营和会计分期假设基础上的权责发生制原则也不再适用。

3. 破产清算会计的计量属性特殊

企业财务会计的计量属性包括：历史成本、重置成本、可变现净值、现值和公允价值。但破产清算会计采用的是清算价值、可变现净值、破产资产清算净值、破产债务清偿价值等计量属性，具有其自身的特殊性。

4. 财务报告的目标、种类、格式、基本内容以及报告的使用者有较大变化

与持续经营下财务会计的目标不同，破产清算会计的目标在于向债权人、管理人、法院等利益相关者提供破产企业的财产处理情况和债务的清偿情况等会计信息，反映管理人的受托责任履行情况。与此相应的财务报告的格式、内容等按照使用者的要求而定，常规的财务报告已经不再适用。

(二) 破产清算会计的要素设置

由于破产清算会计背离了企业财务会计基本假设，超越了传统财务会计一些基本原则的规范，原有的会计要求已经不适用，必须为其设置专门的会计要素。破产清算会计的要素设置如表 12-2 所示。

表 12-2 破产清算会计要素一览表

要素	涵义
资产	(1) 破产资产是指企业被宣告破产后，用以支付破产费用、偿付破产债务的资产。破产资产的确认标准如下：第一，破产资产必须是具有一定货币价值的、能够清偿债务的资产或财产权利；第二，破产资产必须是破产企业可以独立支配的资产；第三，破产资产必须是符合法律规定时限的资产；第四，破产资产必须是可以依照破产程序强制清偿的资产 (2) 非破产资产是指根据破产法以及有关法律法规的规定，具有专门用途的、不能用于偿付破产债务的资产，主要包括担保资产、抵消资产、委托资产、其他非破产资产等

续 表

要 素	涵 义
负 债	(1) 破产债务是指在破产宣告前成立的依法申报确认，并应从破产财产中公平、强制清偿的债务 破产债务具有以下特点：第一，破产资产只能通过破产程序强制履行，第二，破产债务偿付需要根据破产资产来确定，第三，破产债务包括无担保债务；第四，破产债务一般由普通债务转化而来；第五，破产债务的诉讼时效为 3 个月 破产债务的确认标准：第一，是在配置宣告前成立的债权；第二，破产债务必须是按照破产程序申报、经人民法院和债权人会议确认、清算组核实的债务；第三，破产债务必须是债权人对债务人整体财产的财产请求权 (2) 非破产债务，是指根据有关法律的规定，不属于破产债务的范围、由特定资产偿付的债务，包括担保债务、优先清偿债务、抵销债务、委托债务等
清算净值	破产企业的清算净值等于破产企业资产减去负责后的净额
清算损益	清算损益是指在清算期间产生的收益或者损失
破产费用	破产费用是指在清算过程中发生的各种清算费用，根据我国《破产法》的规定，破产费用应包括各项清算管理费用、破产案件诉讼费用、公益费用、破产安置费用等

(三) 破产清算会计的会计科目

破产企业的会计档案等财务资料经法院裁定由破产管理人接管的，应当在企业被法院宣告破产后，可以比照原有资产、负债类会计科目，根据实际情况设置相关科目，并增设相关负债类、清算净值类和清算损益类会计科目。一般企业破产清算的科目体系如表 12 - 3 所示。

表 12 - 3　破产清算会计科目及核算内容一览表

科目类别	会计科目及其核算内容
负债类	(1)“应付破产费用”科目，本科目核算破产企业在破产清算期间发生的《破产法》规定的各类破产费用 (2)“应付共益债务”科目，本科目核算破产企业在破产清算期间发生的《破产法》规定的各类共益债务。共益债务，是指在人民法院受理破产申请后，为全体债权人的共同利益而管理、变卖和分配破产财产所负担的债务，主要包括因管理人或者债务人(破产企业，下同)请求对方当事人履行双方均未履行完毕的合同所产生的债务、债务人财产受无因管理所产生的债务、因债务人不当得利所产生的债务、为债务人继续营业而应当支付的劳动报酬和社会保险费用以及由此产生的其他债务、管理人或者相关人员执行职务致人损害所产生的债务以及债务人财产致人损害所产生的债务
清算净值类	“清算净值”科目核算破产企业在破产报表日结转的清算净损益科目余额，破产企业资产与负债的差额，也在本科目核算

续 表

科目类别	会计科目及其核算内容
清算损益类	(1) "资产处置净损益"科目,本科目核算破产企业在破产清算期间处置破产资产产生的、扣除相关处置费用后的净损益 (2) "债务清偿净损益"科目,本科目核算破产企业在破产清算期间清偿债务产生的净损益 (3) "破产资产和负债净值变动净损益"科目,本科目核算破产企业在破产清算期间按照破产资产清算净值调整资产账面价值,以及按照破产债务清偿价值调整负债账面价值产生的净损益 (4) "其他收益"科目,本科目核算除资产处置、债务清偿以外,在破产清算期间发生的其他收益 (5) "破产费用"科目,本科目核算破产企业破产清算期间发生的《破产法》规定的各项破产费用,主要包括破产案件的诉讼费用,管理、变价和分配债务人资产的费用,管理人履行职能的费用、报酬和聘用工作人员的费用。本科目应按发生的费用项目设置明细账 (6) "共益债务支出"科目,本科目核算破产企业破产清算期间发生的《破产法》规定的共益债务相关的各项支出 (7) "其他费用"科目,本科目核算破产企业破产清算期间发生的除破产费用和共益债务支出之外的各项其他费用 (8) "所得税费用"科目,本科目核算破产企业破产清算期间发生的企业所得税费用 (9) "清算净损益"科目,本科目核算破产企业破产清算期间结转的上述各类清算损益科目余额

破产企业可根据具体情况增设、减少或合并某些会计科目。

(四) 破产清算会计的一般核算程序

企业法人破产清算中会计核算的一般程序如下。

(1) 设置会计科目,建立新的账户体系。

(2) 结转各破产清算账户的期初余额。

(3) 在财产清查的基础上,编制清查后的财产盘点表和资产负债表。

(4) 核算和监督破产企业财产的处置。

(5) 核算和监督清算费用的支付。

(6) 核算和监督破产企业财产的分配,结平各账户。

(7) 编制清算会计报表。

五、破产清算的会计处理

(一) 破产清算的会计计量

1. 破产清算期间资产的计量

破产企业在破产清算期间的资产应当以破产资产清算净值计量。

破产资产清算净值，是指在破产清算的特定环境下和规定时限内，最可能的变现价值扣除相关的处置税费后的净额。最可能的变现价值应当为公开拍卖的变现价值，但是债权人会议另有决议或国家规定不能拍卖或限制转让的资产除外；债权人会议另有决议的，最可能的变现价值应当为其决议的处置方式下的变现价值；按照国家规定不能拍卖或限制转让的，应当将按照国家规定的方式处理后的所得作为变现价值。

2. 破产清算期间负债的计量

破产企业在破产清算期间的负债应当以破产债务清偿价值计量。

破产债务清偿价值，是指在不考虑破产企业的实际清偿能力和折现等因素的情况下，破产企业按照相关法律规定或合同约定应当偿付的金额。

(二) 破产清算的主要账务处理

破产清算的主要账务处理包括：破产日相关账户余额结转、破产日相关账户余额调整、破产报表日资产与负债账面价值调整、处置资产、清偿债务和破产终结结转六个方面，基体账务处理如表 12-4 所示。

表 12-4 破产清算基本账务处理一览表

业务或事项类型	业务或事项内容	会计分录
破产宣告日余额结转	(1) 原“应付账款”“其他应付款”等科目中属于破产法所规定的破产费用的余额结转 (2) 原“应付账款”“其他应付款”等科目中属于破产法所规定的共益债务的余额结转 (3) 原“商誉”“长期待摊费用”“递延所得税资产”等科目的余额结转 (4) 原“递延所得税负债”“递延收益”“股本”“资本公积”“盈余公积”“其他综合收益”“未分配利润”等科目的余额结转	借：应付账款、其他应付款 贷：应付破产费用 借：应付账款、其他应付款 贷：应付共益债务 借：清算净值 贷：商誉、长期待摊费用 借：递延所得税负债、递延收益、股本、资本公积、盈余公积等 贷：清算净值
破产宣告日余额调整	(1) 对登记在册的破产资产进行评估确认，按照其破产资产清算净值对各资产科目余额进行调整 (2) 对破产企业各类负债进行核查，按规定对各负债科目余额进行调整	借：清算净值 贷：资产科目 借：负债科目 贷：清算净值
破产报表日资产、负债账面价值调整	对所有资产项目按其于破产报表日的破产资产清算净值重新计量 对所有负债项目按照破产债务清偿价值重新计量	借或贷：破产资产和负债净值变动损益 贷或借：资产科目 借或贷：负债科目 贷或借：破产资产和负债净值变动净损益

续 表

业务或事项类型	业务或事项内容	会计分录
处置资产	(1) 收回应收票据、应收账款、其他应收款等	借：银行存款 资产处置净损益 贷：应收票据、应收账款等
	(2) 出售各类投资	借：银行存款 资产处置净损益 贷：长期股权投资等
	(3) 出售存货、固定资产、无形资产等	借：银行存款 资产处置净损益 贷：原材料、库存商品 固定资产、无形资产 应交税费——应交增值税
	(4) 破产企业的划拨土地使用权被国家收回，国家给予一定补偿的	借：银行存款 贷：其他收益
	(5) 破产企业处置破产资产发生的各类评估、变价、拍卖等费用	借：破产费用 贷：银行存款
清偿债务	(1) 清偿破产费用和共益债务	借：应付破产费用、应付共益债务 贷：银行存款
	(2) 支付担保债务	借：短期借款等 贷：银行存款
	(3) 按照经批准的职工安置方案，支付的所欠职工的工资和医疗、伤残补助、抚恤费用，应当划入职工个人账户的基本养老保险、基本医疗保险费用和其他社会保险费用，以及法律、行政法规规定应当支付给职工的补偿金	借：应付职工薪酬 借或贷：债务清偿净损益 贷：银行存款
	(4) 支付所欠税款	借：应交税费 贷：银行存款
	(5) 清偿破产债务	借：应付票据、短期借款等 贷：银行存款
破产终结结转	(1) 结转未偿还的债务	借：应付票据、短期借款等 贷：债务清偿净损益
	(2) 结转资产处置净损益、其他收益、债务清偿净损益、破产资产和负债净值变动净损益、破产费用等	借：清算净损益 其他收益 债务清偿净损益 借或贷：破产资产和负债净值变动净损益 贷：资产处置净损益 破产费用
	(3) 结转清算净损益(亏损)	借：清算净值 贷：清算净损益

(三) 其他相关账务处理

破产清算的其他相关账务处理主要涉及在破产清算期间未入账资产、未入账负债和依法追回相关破产资产等业务和事项的处理,具体账务处理如表 12-5 所示。

表 12-5 破产清算其他相关账务处理一览表

业务或事项内容	会 计 分 录
在编制破产清算期间的财务报表时,有已实现的应纳税所得额的,考虑可以抵扣的金额后应当提存的应交所得税	借:所得税费用 贷:应交税费
在破产清算期间通过清查、盘点等方式取得的未入账资产,应当按照取得日的破产资产清算净值入账	借:相关资产科目 贷:其他收益
在破产清算期间通过债权人申报发现的未入账债务,应当按照破产债务清偿价值确定计量金额入账	借:其他费用 贷:相关负债科目
破产管理人依法追回相关破产资产的,按照追回资产的破产资产清算净值入账	借:相关资产科目 贷:其他收益
破产企业收到的利息、股利、租金等孳息	借:库存现金、银行存款等 贷:其他收益

第二节 破产清算会计实务

一、企业破产的法律处理程序

根据我国《破产法》的规定,企业破产要经历一个从企业申请破产起到破产财产分配为止的全过程。这一过程,可能要经过破产申请和受理、指定管理人、债权申报、召开债权人会议、重整、和解、破产宣告、破产清算、破产程序终结等程序。

1. 破产的申请和受理

破产的申请和受理,标志着破产程序的开始。无论是债权人还是债务人均可以提出破产申请,破产申请应采用书面申请的形式。

2. 指定管理人

人民法院裁定受理破产申请的,应当同时指定管理人。债权人会议认为管理人不能依法、公正执行职务或者有其他不能胜任职务情形的,可以申请人民法院予以更换。管理人依照《破产法》规定履行职能,向人民法院报告工作,并接受债权人会议和债权人委员会的监督。管理人应当列席债权人会议,向债权人会议报告职务执行情况、并回答询问。

3. 债权申报

人民法院受理破产申请后、应当确定债权人申报债权的期限。债权申报期限自人民法院发布受理破产申请公告之日起计算,最短不得少于三十日,最长不得超过三个月。债权人应当在人民法院确定的债权申报期限内向管理人申报债权。

4. 召开债权人会议

依法申报债权的债权人为债权人会议的成员,有权参加债权人会议,享有表决权。债权尚未确定的债权人,除人民法院能够为其行使表决权而临时确定债权额的外,不得行使表决权。

5. 重整

债权人申请对债务人进行破产清算的,在人民法院受理破产申请后、宣告债务人破产前,债务人或者出资额占债务人注册资本 1/10 以上的出资人,可以向人民法院申请重整。在重整期间,经债务人申请,人民法院批准,债务人可以在管理人的监督下自行管理财产和营业事务。

6. 和解

和解是指在法院受理破产申请后,债务人和债权人会议就企业延期清偿债务、减免债务数额、进行整顿等问题的解决达成协议。债务人可以依照《破产法》的规定,在人民法院受理破产申请后、宣告债务人破产前,向人民法院申请和解。

和解程序并不是破产处理的必经程序,如果被申请破产的企业与债权人没有达成和解协议,或者和解协议未获得人民法院认可,就无此程序。

7. 破产宣告

破产宣告是人民法院裁定宣布债务人破产,并予以公告的一种法律行为。《破产法》规定,人民法院依照本法规定宣告债务人破产的,应当自裁定作出之日起五日内将裁定送达债务人和管理人,自裁定作出之日起十日内通知已知债权人,并予以公告。债务人被宣告破产后,债务人称为破产人,债务人财产称为破产财产,人民法院受理破产申请时对债务人享有的债权称为破产债权。

8. 破产清算

(1) 确认债务人财产。破产申请受理时属于债务人的全部财产,以及破产申请受理后至破产程序终结前债务人取得的财产,为债务人财产。

(2) 拨付破产费用。破产费用指在破产程序中为维护破产债权人的共同利益而从破产财产中支付的费用,主要包括: ① 破产案件的诉讼费用;② 管理、变价和分配债务人财产的费用;③ 管理人履行职务的费用、报酬和聘用工作人员的费用。

为了给处理各项破产问题创造必要的工作条件,保障破产费用的及时支付,破产费用应当从破产财产中优先拨付。在进行破产处理之前,管理人应先作破产费用的预算，如果破产财产较少，不足以支付破产费用，便不能按法定程序进行破产处理，管理人应尽快将此情况通知债权人会议，并报人民法院裁定；经人民法院查证属实，即可宣告破产程序终结。

(3) 破产财产清偿顺序。破产财产在优先清偿破产费用和共益债务后，依照下列顺序清偿：① 破产人所欠的职工工资和医疗、伤残补助、抚恤费用，破产人所欠的应当划入职工个人账户的基本养老保险、基本医疗保险费用，以及法律、行政法规规定应当支付给职工的补偿金；② 破产人欠缴的除前项规定以外的社会保险费用和破产人所欠税款；③ 普通破产债权。破产财产不足以清偿同一顺序的清偿要求的，按照比例分配。

9. 破产程序的终结

破产人无财产可供分配的，管理人应当请求人民法院裁定终结破产程序。管理人在最后分配完结后，应当及时向人民法院提交破产财产分配报告，并提请人民法院裁定终结破产程序。人民法院应当自收到管理人终结破产程序的请求之日起十五日内作出是否终结破产程序的裁定。裁定终结的，应当予以公告。管理人应当自破产程序终结之日起十日内，持人民法院终结破产程序的裁定，向破产人的原登记机关办理注销登记。管理人于办理注销登记完毕的次日终止执行职务。但是，存在诉讼或者仲裁未决情况的除外。

二、破产清算的会计处理实务

(一) 破产清算的主要会计处理步骤

法院宣告企业破产后则进入破产清算程序，破产清算过程中发生的业务或事项均属于破产清算会计核算的内容。破产清算的主要会计处理步骤如下。

(1) 编制破产报表日的清算报表。

(2) 核算清算费用。

(3) 核算变价收入。

(4) 核算收回的债权及清偿的债务。

(5) 核算清算净值。

(6) 编制清算财务报表。

(7) 归还股东权益。

(二) 破产清算会计处理实务

下面以 ABC 股份公司破产清算为例，就公司破产的原因、公司破产清算过程、涉及的相关业务事项与会计处理进行展示和讲解。

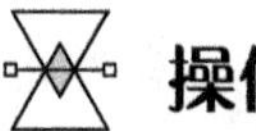

操作实例

【实务资料】

ABC股份公司2014年开业，由于经营管理不善，连年发生亏损，现有资产不能抵偿债务，经全体股东大会讨论决定申请破产，经人民法院裁定，自2021年9月1日起按破产程序进行清算。该公司清算前的资产负债表如表12-6所示。

表12-6 2021年8月31日资产负债表(清算前)

单位：元

资产	金额	负债和股东权益	金额
流动资产：		流动负债：	
货币资金	3 852 000	短期借款	2 400 000
其中：库存现金	12 000	应付票据	1 200 000
银行存款	3 840 000	应付账款	22 800 000
应收票据	480 000	应付职工薪酬	1 200 000
应收账款	13 200 000	应交税费	720 000
减：坏账准备	360 000	流动负债合计	28 320 000
应收账款净额	12 840 000	非流动负债：	
存货	8 400 000	长期借款	12 000 000
		非流动负债合计	12 000 000
流动资产合计	25 572 000	负债合计	40 320 000
		股东权益：	
非流动资产：		股本	48 000 000
固定资产原值	9 120 000	资本公积	4 800 000
减：累计折旧	3 000 000	盈余公积	2 400 000
固定资产净值	6 120 000	未分配利润	(63 828 000)
非流动资产合计	6 120 000	股东权益合计	(8 628 000)
资产总计	31 692 000	负债和股东权益总计	31 692 000

在清算过程中,发生如下经济业务。

(1) 支付各项清算费用 1 212 000 元,包括清算人员酬金 168 000 元,公告费用 48 000 元,咨询费用 48 000 元,诉讼费用 60 000 元,利息净支出 888 000 元。

(2) 处理存货共获得价款 8 400 000 元,其中,原材料和产成品溢价出售超过账面价值 720 000 元,在产品和低值易耗品折价出售低于账面价值 720 000 元。

(3) 处理固定资产收入 6 840 000 元,超过账面价值 720 000 元。

(4) 在上述被处理固定资产中有一建筑物原来作价 2 400 000 元,用作长期借款的担保品,现在应当优先偿还有抵押的借款。

(5) 收回应收票据 480 000 元,应收账款 12 000 000 元,冲销坏账准备后还有 840 000 元无法收回,作为坏账损失,记入"清算损益"科目的借方。

(6) 经过上述处理后,剩余财产仅剩下银行存款 27 960 000 元。

【问题】

对该公司进行相关的清算会计处理,编制相关的报表。

【会计处理】

1. 破产宣告日余额结转

将企业"应付账款""其他应付款"等科目中属于破产法所规定的破产费用的余额转入"应付破产费用"科目。属于破产法所规定的共益债务的余额,转入"应付共益债务"科目。

相关会计处理如下。

本例中,为计算方便,假定 50%的应付职工薪酬和应交税费归属于破产费用。

借:应付账款　600 000
　　应交税费　360 000
　贷:应付破产费用　960 000

借:应付账款　600 000
　　应交税费　360 000
　贷:应付共益债务　960 000

2. 处置破产财产的账务处理

借:银行存款　480 000
　贷:应收票据　480 000

借:银行存款　12 000 000
　　资产处置净损益　840 000
　贷:应收账款　12 840 000

借:银行存款　8 400 000
　贷:存货　8 400 000

借：银行存款 6 840 000

　贷：固定资产 6 120 000

　　资产处置净损益 720 000

3. 清偿债务的账务处理

在进行破产公司剩余财产的分派时，必须按照法律规定的程序清偿。

(1) 清偿相关破产费用 960 000 元，清偿相关共益债务 960 000 元。

借：应付破产费用 960 000

　应付共益债务 960 000

　贷：银行存款 1 920 000

(2) 清偿应归还债权人款项。该公司所欠债权人款项达 36 000 000 元，包括短期借款 2 400 000 元，应付票据 1 200 000 元，应付账款 22 800 000 元，长期借款 9 600 000 元(12 000 000—2 400 000)，而现有的剩余财产只有银行存款 26 040 000 元(27 960 000—1 920 000)。因此，只能按 72.33%的比例部分偿还债权(偿还比例用 26 040 000÷36 000 000 来求得)。

通过计算，可以归还的负债按比例计算的金额分别为：短期借款 1 736 000 元，应付票据 868 000 元，应付账款 16 492 000 元，长期借款 6 944 000 元。账务处理为。

借：短期借款 1 736 000

　应付票据 868 000

　应付账款 16 492 000

　长期借款 6 944 000

　贷：银行存款 26 040 000

剩余无力归还的部分总额 9 960 000 元，应当转入“清算损益”科目。

借：短期借款 664 000

　应付票据 332 000

　应付账款 6 308 000

　长期借款 2 656 000

　贷：清算损益 9 960 000

(3) 将清算费用转入“清算损益”科目，并结转“清算损益”。

借：清算损益 1 212 000

　贷：清算费用 1 212 000

(4) 经过上述会计处理后，编制清算费用表(略)、清算利润表(见表 12－7)、清算后资产负债表(见表 12－8)。

表 12-7 清算利润表

编制单位：ABC 股份公司　　2021 年 9 月 1 日—2021 年 9 月 30 日　　单位：元

清算损失及清算费用	金　额	清算收益	金　额
清算费用	1 212 000	变卖存货溢价收入	720 000
应收账款坏账损失	840 000	变卖固定资产溢价收入	720 000
变卖存货损失	720 000	短期借款按比例偿还后的差额转入	664 000
		应付票据按比例偿还后的差额转入	332 000
		应付账款按比例偿还后的差额转入	6 308 000
		长期借款按比例偿还后的差额转入	2 656 000
合计	2 772 000	合计	11 400 000

表 12-8 资产负债表(清算后)

编制单位：ABC 股份公司　　2021 年 9 月 30 日　　单位：元

资　产	金　额	股东权益	金　额
未弥补亏损	55 200 000	股本	48 000 000
		资本公积	4 800 000
		盈余公积	2 400 000
资产总计	55 200 000	股东权益总计	55 200 000

同时，表中清算收益与清算损失及清算费用两项的差额为 8 628 000 元，账务处理如下：

借：清算净损益　　8 628 000

　贷：利润分配　　8 628 00

这样结转后，该公司清算后剩余的未分配亏损为 5 520 万元。

最后，进行账务处理。

由于该公司资产不能抵偿负债，除按比例偿还的债务外，作结清账务的处理为：

借：股本　　　　48 000 000
　　资本公积　　4 800 000
　　盈余公积　　2 400 000
　贷：利润分配　　55 200 000

本章实训

【实训目标与能力要求】

本实训目标是培养学生用所学清算会计知识进行案例分析的能力。其能力要求如下。

(1) 掌握企业清算工作的主要内容以及清算业务的会计处理。

(2) 能够针对具体的案例事件，通过分析提出处理意见，并进行相应账务处理。

【实训方式】

实训分小组进行，以小组为单位完成案例分析和账务处理，并形成案例分析报告，参加讲评和讨论。

【实训考核】

根据各实训小组提交成果(案例分析报告)的质量和参与讨论的情况进行评分。实训成绩按百分制评定。

小组项目实训成绩＝实训准备(满分 10)＋实训成果(满分 80)＋小组协作(满分 10)。

个人项目实训成绩＝小组项目实训成绩×个人贡献系数(个人贡献系数由组长根据其在实训中的贡献大小决定)。

【实训资料】

案例背景：甲公司于 2021 年 3 月 25 日被人民法院宣告破产。2021 年 3 月 31 日，经过财产清查等必要的手续后，甲公司编制的资产负债表表 12－9 所示。

表 12－9　资产负债表

编制单位：甲公司　　　　2021 年 3 月 31 日　　　　单位：万元

资　　产	金　　额	负债和所有者权益	金　　额
货币资金	6 000	应付账款	130 000
交易性金融资产	14 000	应付票据	60 000
应收账款	50 000	应付职工薪酬	26 000
存货	100 000	应交税费	4 000
长期待摊费用	8 000	其他应付款	14 000

续 表

资　产	金　额	负债和所有者权益	金　额
固定资产	170 000	长期借款	100 000
无形资产	12 000	股本	200 000
		资本公积	120 000
		盈余公积	80 000
		未分配利润	—374 000
资产总计	360 000	负债和所有者权益总计	360 000

其他资料如下。假设应付账款中有 2 000 万元、其他应付款中有 1 000 万元属于共益债务；职工遣散安置费 1 400 万元；全部存货出售得款 10 600 万元(不含增值税)，增值税税率 13%，款项已收存银行；设备清算净值为 0.44 亿元，出售得到 0.4 亿元，不含增值税，增值税税率 13%，款项已存入银行；房屋清算净值为 1 亿元，出售价款为 0.9 亿元(不含增值税)，增值税税率 13%，款项已存入银行；处置交易性金融资产，取得银行存款 0.152 3 亿元；应收款项收回 0.43 亿元，剩余的 0.01 亿元无法收回；支付清算期间管理人薪酬 280 000 元、诉讼费 100 000 元、审计评估费 20 000 元，同时支付财产保管费 6 000 元、设备设施维护费 24 000 元；假设借款中有 2.5 亿元的工商银行借款有担保，应付票据中应付乙企业的票据 3.5 亿元有担保。

在破产宣告日，甲公司的资产和负债的清算净值如表 12 - 10 所示。

表 12 - 10　甲公司资产和负债账面价值与清算价值对照表　　单位：万元

资产项目	账面价值	清算价值	负债项目	账面价值	清算价值
货币资金	6 000	6 000	应付账款	128 000	128 000
交易性金融资产	14 000	14 000	应付票据	60 000	60 000
应收账款	50 000	44 000	其他应付款	13 000	13 000
存货	100 000	110 000	应付共益债务	3 000	3 000
固定资产	170 000	144 000	应付职工薪酬	26 000	26 000
无形资产	12 000	0	应交税费	4 000	4 000
			长期借款	100 000	100 000
合　计	352 000	318 000	合　计	334 000	334 000

【实训任务】 完成破产清算管理人相关业务的会计处理及报表编制。

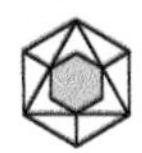

课后练习

一、单项选择题

1. 企业清算的下列说法中，正确的是(　　)。

A. 清算的会计处理由清算企业的财务部门负责

B. 清算的结果是消灭了企业的法人资格

C. 清算过程中要定期编制财务报表

D. 清算的原因是企业资不抵债

2. 破产清算过程中发生的下列支出中，属于共益债务的是(　　)。

A. 应支付处置破产财产的评估费用

B. 应支付管理人执行职务的费用

C. 应支付的破产案件的诉讼费用

D. 债务人财产致人损害所产生的债务

3. 破产清算组工作人员的酬金及劳务费应计入(　　)，在破产财产中拨付。

A. 清算损益　　B. 管理费用　　C. 清算费用　　D. 工作费用

4. 下列业务中，不再适用持续经营假设的是(　　)。

A. 合并会计报表　B. 破产清算　　C. 债务重组　　D. 固定资产折旧

5. 清算费用应从企业的清算财产中于(　　)支付。

A. 清偿债务后　　　　B. 分配剩余财产时

C. 取得清算收益后　　D. 费用发生时优先

6. 破产清算会计依旧遵循的是(　　)。

A. 历史成本原则　　B. 持续经营假设

C. 会计分期假设　　D. 货币计量假设

7. 下列不属于破产财产的是(　　)。

A. 宣告破产时破产企业经营管理的全部财产

B. 已作为担保物的财产

C. 应当由破产企业行使的其他财产权利

D. 破产企业在破产宣告后至破产程序终结前取得的财产

8. 破产清算会计的计量基础是(　　)。

A. 历史成本　　B. 现值　　C. 重置成本　　D. 变现价值

9. 企业破产清算后，在清算组接管企业后的会计主体为(　　)。

A. 被清算企业　　B. 清算组　　C. 债权人　　D. 人民法院

10. 企业进入破产清算后,“固定资产”账户核算的是(　　)。

A. 固定资产变现价值　　B. 固定资产原值

C. 固定资产重置价值　　D. 固定资产清算净值

11. 企业进入破产清算后,清算报表中“借款”项目反映的是(　　)。

A. 短期借款　　B. 长期借款

C. 应付债券　　D. 短期借款与长期借款

12. 清算会计中清算收益不包括(　　)。

A. 经营收益　　B. 无法收到的债权

C. 资产出售收益　　D. 无法支付的负责

13. 清算期间下列(　　)费用不能计入破产费用。

A. 清算人员工资　　B. 企业职工工资

C. 公告费　　D. 评估费

二、多项选择题

1. 下列有关普通清算与破产清算的区别的描述正确的有(　　)。

A. 普通清算属于自愿清算或行政清算,一般由企业或企业主管机关成立清算组进行清算

B. 破产清算属于司法清算,要依照法律的规定组织清算组进行清算

C. 普通清算的重点是将剩余财产在企业内部各投资者之间进行分配

D. 破产清算主要是将有限的财产在企业外部债权人之间进行分配

2. 在企业宣布经营终止前6个月至终止之日的期间内,应作为清算资产予以追回的财产有(　　)。

A. 隐匿、私分或无偿转让的财产

B. 非正常压价处理的财产

C. 对原来没有财产担保的债务提供的财产担保

D. 提前清偿的未到期债务和放弃的债权

3. 下列有关清算会计的表述正确的有(　　)。

A. 企业进入清算后,在终止经营的前提下,资产在按实际成本计价的同时,为维护债权人的利益,更注重以现时价格来计价,即按可变现价值来计价

B. 清算会计的终止经营假设决定了清算企业必须以收付实现制取代权责发生制,即以实际收付款项为标准来确认收入和费用

C. 企业进入清算后,由于否定了持续经营假设和会计分期假设,也就废除了资本性支出原则,而只遵循收益性支出原则,对于发生的各项支出均作为清算期间的支出

D. 清算会计的目标尽管仍然是向企业外部提供信息，但信息的使用者除企业的债权人、投资人、政府有关部门外，还包括管理破产案件的法院

三、判断题

1. 在全面清查企业财产、债权和债务后，首先应将清算财产用于支付企业清算期间为开展清算工作所支出的全部费用，之后剩余财产应依照下列顺序逐项清偿企业的债务：① 缴纳所欠税款；② 支付应付未付的职工工资、劳动保险费等；③ 清偿其他各项无担保债务。（　）

2. 如果企业财产不足以清偿债务，要立即向法院申请宣告破产，待法院宣告破产后，清算组应将清算事务移交给法院。对宣告破产的企业，当破产财产不足以清偿同一顺序债务时，则在同一顺序内按比例清偿。（　）

3. 在清算的过程中企业一直作为一个独立的会计主体存在。（　）

四、计算分析题

1. 甲公司因经营不善连年亏损，出现严重资不抵债，经全体股东大会讨论决定申请破产，经人民法院裁定，自 2021 年 2 月 1 日起进行破产清算，至 2021 年 2 月末，清算过程中发生了如下业务：

(1) 通过清查、盘点等方式取得一批未入账原材料，经评估其清算净值为 30 000 元；

(2) 通过债权人申报发现有两笔未入账的应付购货款，经评估该债务清偿价值为 70 000 元；

(3) 破产企业作为买入方继续履行尚未履行完毕的购货合同，收到的资产的破产资产清算价值为 50 000 元，增值税进项税额为 8 500 元，用现金支付了其中的 3 000 元；

(4) 破产企业收到 2 000 元现金股利。

要求：根据上述资料，计算相关业务对 2021 年 2 月清算净损益的影响金额。

2. 甲公司 10 月 5 日申报破产，其资产负债表如表 12 - 11 所示。

表 12 - 11　资产负债表　　单位：万元

资　　产	金　　额	负债及所有者权益	金　　额
流动资产	1 400	应付账款	400
土地及厂房	1 000	应付职工薪酬	60

续 表

资　产	金　额	负债及所有者权益	金　额
设备	600	应交税费	40
		应付票据	500
		抵押债券	500
		股东权益	1 500
资产合计	3 000	负责及股东权益合计	3 000

其中抵押债券以土地和厂房为抵押，公司破产时变现的资产有：流动资产 700 万元，土地及厂房 450 万元，设备 250 万元，总计 1 400 万元，破产清算的费用为 50 万元。

要求：(1) 计算破产债务的清偿比例；(2) 计算应付账款的清偿金额。

3. 甲公司为增值税一般纳税人，2019 年 10 月 20 日宣告破产清算，有关经济业务如下。

(1) 账面 300 万元的应收账款，清算组确认坏账 50 万元，实际收回 230 万元。

(2) 收回各种应收票据款 80 万元，存入银行，应收票据的账面金额为 86 万元。

(3) 处置产成品获得价款 500 万元，该批商品成本为 550 万元，收取增值税 65 万元。变卖材料收入 30 万元，收取增值税 3.9 万元，材料的账面价值为 36 万元。

(4) 将账面价值 100 万元的固定资产对外转让，收进价款 60 万元存入银行。

(5) 收取处置固定资产增值税 7. 8 万元。

(6) 发生各类清算费用 20 万元，直接用银行存款支付。

(7) 支付企业尚未支付的职工工资 10 万元。

(8) 支付税费共计 100 万元。

要求：根据以上经济业务，编制会计分录。

参考文献

[1] 中国注册会计师协会. 会计[M]. 北京：中国财政经济出版社，2021.

[2] 财政部会计司. 企业会计准则(CAS)[S]. 北京：经济科学出版社，2006.

[3] 中华人民共和国财政部. 企业会计准则——应用指南(2019年版)[M]. 北京：中国财政经济出版社，2019.

[4] 王奇杰，滕晓梅. 高级财务会计[M]. 北京：高等教育出版社，2020.

[5] 黄中生，路国平. 高级财务会计[M]. 北京：高等教育出版社，2019.

[6] 王慧，李敏，石玉杰. 高级财务会计[M]. 成都：四川大学出版社，2018.

[7] 林波，徐玄玄. 高级财务会计[M]. 上海：上海交通大学出版社，2017.

[8] 刘永泽，傅荣. 高级财务会计[M]. 大连：东北财经大学出版社，2016.

[9] 中国注册会计师协会. 企业会计准则案例讲解[M]. 上海：立信会计出版社，2016.

[10] 中华人民共和国公司法[S]. 2018.

[11] 中华人民共和国破产法[S]. 2006.

[12] 中华人民共和国财政部. 企业破产清算有关会计处理规定. 2016.